A Study on the Mechanism of Cross-linguistic Lexical
Inferencing Among Chinese Students

北京外国语大学学术著作系列

中国学生跨语言词汇推理加工机制研究

范 琳 吕新博 / 著

北京大学出版社
PEKING UNIVERSITY PRESS

图书在版编目(CIP)数据

中国学生跨语言词汇推理加工机制研究 / 范琳, 吕新博著. —北京: 北京大学出版社, 2018.6

(语言学论丛)

ISBN 978-7-301-29950-0

Ⅰ. ①中… Ⅱ. ①范… ②吕… Ⅲ. ①英语—词汇—语言学习—研究—中国 Ⅳ. ①H313

中国版本图书馆 CIP 数据核字(2018)第 225052 号

书　　　名	中国学生跨语言词汇推理加工机制研究 ZHONGGUO XUESHENG KUAYUYAN CIHUI TUILI JIAGONG JIZHI YANJIU
著作责任者	范　琳　吕新博　著
责任编辑	郝妮娜
标准书号	ISBN 978-7-301-29950-0
出版发行	北京大学出版社
地　　　址	北京市海淀区成府路 205 号　100871
网　　　址	http://www.pup.cn　新浪微博:@北京大学出版社
电子信箱	bdhnn2011@126.com
电　　　话	邮购部 010-62752015　发行部 010-62750672　编辑部 010-62759634
印　刷　者	北京虎彩文化传播有限公司
经　销　者	新华书店
	730 毫米×980 毫米　16 开本　14.75 印张　310 千字 2018 年 6 月第 1 版　2018 年 6 月第 1 次印刷
定　　　价	48.00 元

未经许可,不得以任何方式复制或抄袭本书之部分或全部内容。

版权所有,侵权必究

举报电话: 010-62752024　电子信箱: fd@pup.pku.edu.cn

图书如有印装质量问题,请与出版部联系,电话: 010-62756370

目 录

总 论 / 1
  1.1 研究背景 / 1
  1.2 研究目的 / 2
  1.3 研究意义和价值 / 2
  1.4 本书结构 / 4

第一部分
语篇阅读推理、词汇推理理论及研究方法

第一章 语篇阅读推理及其理论加工模型 / 7
  1.1 推理的界定 / 7
  1.2 语篇阅读推理类型 / 9
  1.3 语篇阅读推理理论模型 / 11
  1.4 小结 / 15

第二章 词汇推理及其理论加工模型 / 16
  2.1 词汇推理的界定 / 16
  2.2 词汇推理加工理论模型 / 17
  2.3 词汇推理作为阅读技能和阅读策略 / 22
  2.4 小结 / 24

第三章 语言学习者词汇推理加工过程的跨语言问题 / 25
  3.1 语言迁移的界定 / 25
  3.2 一语对二语词汇推理加工过程的影响 / 26
  3.3 语言类型距离对跨语言词汇推理加工的影响 / 27
  3.4 小结 / 31

第四章　词汇推理加工过程中运用的知识源及影响因素 / 32
    4.1　词汇推理加工过程中使用的知识源 / 32
    4.2　词汇推理加工过程的影响因素 / 34
    4.3　小结 / 40

第五章　词汇推理研究方法 / 41
    5.1　延时方法 / 41
    5.2　实时方法 / 42
    5.3　词汇推理加工研究需要注意的问题 / 46
    5.4　小结 / 47

第二部分
词汇推理影响因素实验研究

第六章　语言水平和语篇主题熟悉度对中国学生词汇推理影响的研究 / 51
    6.1　相关研究回顾 / 51
    6.2　实验一 / 53
    6.3　实验二 / 60
    6.4　小结 / 63

第七章　语境因素和语篇句法复杂度对中国学生词汇推理影响的研究 / 65
    7.1　相关研究回顾 / 65
    7.2　实验一 / 67
    7.3　实验二 / 71
    7.4　小结 / 79

第八章　阅读水平与语境支持度对中国学生词汇推理加工过程影响的研究 / 81
    8.1　研究问题 / 82
    8.2　研究方法 / 82
    8.3　研究结果 / 84
    8.4　讨论 / 87
    8.5　小结 / 88

第三部分
词汇推理跨语言加工实验研究

第九章　汉语词汇化对中国学生英语词汇推理加工过程影响的研究 / 93
    9.1　研究问题 / 93
    9.2　研究方法 / 94

9.3　研究结果／95
9.4　讨论／100
9.5　小结／101

第十章　一语词汇化对中国学生二语英语词汇推理加工时间进程影响的研究／103
10.1　研究问题／104
10.2　研究方法／104
10.3　研究结果／105
10.4　讨论／107
10.5　小结／109

第十一章　中国学生汉英跨语言词汇推理加工模式研究／111
11.1　研究问题／111
11.2　研究方法／112
11.3　研究结果／113
11.4　讨论／119
11.5　小结／122

第十二章　中国学生汉英跨语言词汇推理发展研究／124
12.1　研究问题／124
12.2　研究方法／125
12.3　研究结果／126
12.4　讨论／130
12.5　小结／132

第十三章　中国学生汉英日词汇推理加工模式研究／134
13.1　研究问题／134
13.2　研究方法／134
13.3　研究结果／136
13.4　讨论／146
13.5　小结／148

第四部分　跨语言词汇推理加工理论模型及研究结论

第十四章　语言学习者跨语言词汇推理加工理论模型／151
14.1　词汇推理实验研究发现概述／151

14.2 跨语言词汇推理加工理论模型建构/ 152
14.3 小结/ 157

第十五章 结论与展望/ 159
15.1 主要研究发现/ 159
15.2 研究启示/ 160
15.3 研究局限和未来研究方向/ 162

参考文献/ 164
附　录/ 181
表　目/ 227
图　目/ 229

总 论

1.1 研究背景

词汇推理(lexical inferencing/inference)是读者利用所有可能的语言线索并结合自身的世界知识、语境意识以及相关语言知识对非熟悉单词意义进行推理的过程(Haastrup,1991:13),其对读者阅读过程中词汇知识发展及语篇意义理解均有重要作用。继 Carton(1971)关于二语(L2)词汇推理的深度论文后,研究者针对词汇推理加工过程进行了大量研究。研究发现读者的陈述性知识,其词汇推理过程中利用的知识源、推理策略、词汇水平等读者因素(reader-based factors)以及语篇语境、语篇复杂度等语篇因素(text-based factors)均影响读者词汇推理加工过程。在考察词汇推理影响因素的基础上,国外研究者进而考察了读者跨语言的词汇推理加工机制。这涉及词汇推理加工过程中一语(L1)对知识源(knowledge sources, KSs)类型使用模式和频率的影响(如:Paribakht & Wesche,2006)、L2 目标词汇在 L1 中的词汇化地位对词汇推理加工的作用(如:Paribakht,2005;Paribakht & Tréville,2007)。国外学者还对受试 L1 和 L2 词汇推理加工的发展模式进行对比研究(Albrechtsen, Haastrup & Henriksen,2008),并对受试 L1 和 L2 跨语言词汇推理加工机制进行系统考察(如:Wesche & Paribakht,2009)。然而,现存跨语言词汇推理研究涉及的读者 L1 和 L2 均为拼音文字;L1 和 L2 语言类型相距遥远语言(如:汉语和英语)间的词汇推理跨语言加工机制和发展模式究竟如何,尚不得而知。其次,迄今为止,国内也非常缺乏读者跨语言视角的词汇推理加工机制和发展研究。再次,以往词汇推理加工研究多采用问卷调查或内省方法,没有进一步考察读者词汇推理加工的时间进程。因此,需要综合运用问卷调查、内省(有声思维和回溯)以及反应时等多种方法,对影响中国学生词汇推理加工过程的因素及其跨语言词汇推理认知加工机制和发展模式进行系统研究,以更好地揭示语言学习者词汇推理加工过程的实质。

1.2 研究目的

推理是阅读理解过程中最重要的认知加工形式之一,也被称为"理解过程的核心"(Schank,1976:168)。词汇推理,即读者综合利用背景知识及语篇语境线索等,获取非熟悉单词词义的一种认知策略,对读者阅读过程中词汇发展及语篇意义理解有着重要作用(王震、范琳,2012)。因此,考察影响中国学生词汇推理加工的因素及其跨语言加工机制有着重要意义。本研究旨在系统考察影响中国学生词汇加工过程的读者因素(如:语言水平、词汇知识水平、阅读能力、主题熟悉度)、语篇因素(如:语境支持度、句法复杂度、母语词汇化)以及词汇推理跨语言加工机制和发展模式。具体来讲,本研究在考察词汇推理加工过程影响因素的基础上,采用问卷调查、内省(有声思维和回溯)以及反应时方法对中国高中生、大学生和硕士研究生汉英、汉英日词汇推理认知加工过程进行研究,揭示影响其词汇推理加工过程的因素及其跨语言词汇推理加工机制和发展模式。

1.3 研究意义和价值

本研究考察中国学生词汇推理加工的影响因素及其跨语言词汇推理加工机制,在词汇推理研究领域做出了有意义的创新,具体反映在以下几个方面:

1.3.1 理论意义

(1)词汇推理加工能力对语言学习者阅读过程中的词汇知识发展和语篇意义理解有着极为重要的作用,但在语篇阅读与推理研究领域,国内关于词汇推理加工过程的系统研究相对缺乏。尤其是,国内语篇阅读与词汇推理研究领域尚缺乏关于第二语言学习者跨语言视角的词汇推理实时认知加工过程的研究。本研究对该认知加工过程进行具有创新性的系统研究,揭示了中国学生词汇推理加工的影响因素(包括跨语言因素)以及汉英、汉英日词汇推理跨语言加工机制和发展模式。

(2)语言类型距离远近在语言迁移中起着重要作用,国外研究考察了 L1 和 L2 同属印欧语系的拼音文字跨语言词汇推理的加工机制和发展模式。汉语为世界上唯一的表意文字,与拼音文字有着截然不同的特点。因此,研究汉英跨语言词汇推理认知加工机制,有着特别重要的意义。本研究在词汇推理研究领域,首次进行了语言类型相距遥远的汉英、汉英日这些语言间跨语言词汇推理认知加工机制研究,这为建立更具普遍意义的词汇及词汇推理加工理论和理论模型做出贡献。

(3) 国内外关于语言学习者跨语言词汇推理能力发展模式的研究极为缺乏,同属印欧语系的丹麦语和英语跨语言词汇推理发展模式研究(Albrechtsen, Haastrup & Henriksen, 2008)是迄今唯一一项此类研究。本研究对处于中国中学、大学、研究生阶段这些处于不同教育阶段的学生汉英、汉英日词汇推理加工机制进行研究,揭示其汉英、汉英日跨语言词汇推理加工的发展模式,在这一领域做出具有创新意义的贡献。

(4) 在综合本研究实验发现和现存语篇阅读推理理论模型及词汇推理加工相关理论及实证研究成果的基础上,我们尝试建构了跨语言视角的词汇推理加工理论模型,系统阐述了影响词汇推理成功率及其意义保持的因素以及这些因素间的相互作用,为词汇和词汇推理的理论研究做出贡献,并对词汇和词汇推理加工的进一步深入研究提供理论指导。

1.3.2 实践意义

(1) 本研究成果可以应用于外语和对外汉语词汇教学实践,为这两个应用学科提供有关参考资料和实证数据,并提供理论和方法方面的指导。本研究明确了影响语言学习者词汇推理加工过程的主要读者因素、语篇因素以及跨语言因素,可以为学习者掌握有效的词汇推理技能,进而为提高其词汇学习效果和语言水平提供指导与启示。

(2) 本研究采用问卷调查、有声思维、反应时等多种方法,可以为对词汇推理和语篇阅读推理研究感兴趣的研究者提供研究范式和研究方法方面的借鉴,并为词汇推理加工研究提供实证研究资料,为开展进一步的词汇推理加工研究服务。

(3) 在国内外跨语言视角的词汇推理研究相对匮乏的今天,本研究成果可以引发国内语言研究者对跨语言词汇推理研究的关注,进行更多此类研究,以进一步揭示语言学习者跨语言词汇推理加工模式及影响因素,进而为挖掘切实能够提高外语学习者词汇推理加工能力及词汇学习能力的办法与对策,提供建议和启示。

1.3.3 研究方法上的创新

以往词汇推理研究多采用问卷调查(延时)或有声思维(实时)方法。本书所汇报的研究在研究方法上进一步扩展思路,采用实时和延时相结合的方法,尤其是采用了移动窗口反应时方法。本研究采用的内省方法也是有声思维(实时方法)和回溯(延时方法)相结合,回溯数据作为有声思维数据的有效补充,以克服单纯使用有声思维方法的缺陷,如受试汇报不充分以及口头报告内容不易诠释等;对词汇推理影响因素的研究还采用了问卷调查和有声思维等相结合的方法。另外,本研究还使用移动窗口技术,即采用 E-prime 心理实验软件编写和呈现实验材料,测试受试推断语篇中不熟悉单词意义的反应时间,具体采用词汇判断任务(lexical decision tasks),考察一语词汇化(lexicalization)这一跨语言因素对二语词汇推理加工时间进程的影响。多种研究方法和手段相结合,可以更为深入地揭示中国学生词汇推理认知加工过程的实质,也符合二语习得研究方法的最新发展趋势,扩展了二语习得研究的方法论视角。

本研究首次系统考察了中国学生语篇阅读词汇推理加工过程,考察了其影响因素和跨语言视角下词汇推理加工的一些关键问题,揭示了语言学习者汉英、汉英日词汇推理加工的特点和运作机制。本研究进一步丰富了词汇推理研究成果,发展了相关理论,对我们了解语篇理解与词汇推理加工过程的本质具有重要意义,也为后续词汇推理研究提供可供参考的实证资料和方法论上的指导,并为词汇推理理论研究的发展做出贡献。

1.4 本书结构

本书分为十五章,另加总论。总论阐述研究背景、研究目的、意义和价值及本书结构。十五章内容分为三大部分,其中第一部分主要论述语篇阅读推理、词汇推理理论与研究方法,共包括五章。第一、第二章分别对语篇阅读过程的推理、词汇推理的概念及其理论模型加以阐释,第三章探究词汇推理过程的跨语言问题,第四章论述词汇推理过程运用的知识源及其影响因素,第五章阐述词汇推理的研究方法。第二部分汇报词汇推理加工过程影响因素的实验研究,共有三章。具体包括语言水平和主题熟悉度(第六章)、语境因素和语篇句法复杂度(第七章)、阅读能力和语境支持度(第八章)对中国英语学习者词汇推理加工过程影响的研究。第三部分汇报词汇推理跨语言加工实验研究,共包括五章。第九、第十章为汉语词汇化对中国学生英语词汇推理加工过程和时间进程影响的研究,第十一、第十二章为中国英语学习者汉英跨语言词汇推理加工模式和发展研究,第十三章为中国学生汉英日词汇推理加工机制研究。第四部分包括两章。第十四章对研究发现进行了总体概述,并汇报了我们尝试建构的语言学习者跨语言词汇推理加工理论模型,第十五章为结论与展望,总结主要的研究发现,阐述研究启示、研究存在的局限,并对该领域未来研究方向进行展望。

第一部分

语篇阅读推理、词汇推理理论及研究方法

本部分对语篇阅读推理与词汇推理理论、词汇推理加工跨语言问题与影响因素及其研究方法加以论述。语篇阅读推理和词汇推理两章阐明了推理、词汇推理的定义及理论模型,并对推理类型加以论述,也着重阐述了词汇推理的心理模型、词位/词目模型、二语词汇加工模型、二语词汇推理认知加工模型和词汇重复模式理论。词汇推理加工跨语言问题一章(第三章)论述了语言迁移、语言类型距离远近对跨语言词汇推理加工的影响。第四章阐述语言学习者词汇推理过程中运用的知识源类型及影响词汇推理加工的学习者因素和语篇因素。词汇推理研究方法(第五章)主要阐述了词汇推理加工研究采用的延时方法,如问卷调查法、回溯法;实时方法,如有声思维、反应时方法、眼动记录法、事件相关电位法和功能性磁共振成像。

语篇阅读推理及其理论加工模型

本章对本研究涉及的核心概念——推理(inference),进行界定,依据推理与语篇阅读的关系及语篇阅读中推理的生成方式,对阅读中不同类型的推理加以区分,并对语篇阅读推理的理论与模型加以阐释。

1.1 推理的界定

推理加工在阅读过程中必不可少,因为语篇永远不可能完全明确详述所有要表达的意义(Chikalanga, 1992: 697)。在很大程度上,语篇理解取决于推理的产生;推理涉及领悟字里行间的意思(read between the lines)或者领悟作者没有明确表达的意图以及借助语篇提供的信息和语篇背景知识来重新建构语篇表征(Matsumura, 2010: 18)。早在20世纪70年代,国外研究者业已对语篇推理研究予以极大关注,到90年代该领域的研究更是受到诸多相关领域更为密切的关注,取得了一些重要研究成果。其中 Rickheit, Schnotz 和 Strohner(1985)所著《语篇推理加工》(*Inferences in Text Processing*)、Graesser 和 Bower(1990)的《推理与语篇理解》(*Inferences and Text Comprehension*)以及 Gernsbacher(1994),Traxler 和 Gernsbacher(2006,第二版)编著的《心理语言学手册》(*Handbook of Psycholinguistics*),Schmalhofer 和 Perfetti(2007)《大脑高级语言加工:推理与理解》(*Higher Level Language Processes in the Brain: Inference and Comprehension*),O'Brien, Cook 和 Lorch(2015)《阅读中的推理》(*Inferences During Reading*)等著作汇集了阅读推理的主要研究成果。国内研究者也对语篇阅读推理加工过程和影响因素进行了大量研究,发表了诸多相关研究论文,并出版了《语篇理解研究》(鲁忠义、彭聃龄,2003)、《二语叙事语篇主题推理研究》(范琳,2009)、《二语语篇阅读推理的心理学研究》(范琳、周红、刘振前,2011)等专著。

尽管对阅读推理的关注由来已久,但由于研究者从不同的角度对这一术语进行界定,目前对这一概念的界定尚未完全达成一致。Carton(1971:45)将推理界定为识别非熟悉刺激的认知过程;在这一过程中,读者利用熟悉的特征和语境来识别不熟悉的信息。Bialystok(1979)认为推理就是利用已知信息激活显性语言假设,实现该目标的已知信息可以是语言或非语言信息,可能来自说话者或环境,也可能与语言结构或意义有关。Bialystok(1983:105)进一步把推理界定为已知策略加工过程,称之为"合理猜测"或"假设验证"。Grellet(1981)则认为推理就是利用句法、逻辑和文化线索发现非熟悉元素意义的过程。还有学者认为推理是读者努力解读语篇时建立的联系(Brown & Yule, 1983),是语篇中没有被明确提到,但以语篇为基础的论题和命题(Singer & Ferreira, 1983)。Kintsch(1988, 1998)从认知心理学的角度对推理进行界定,认为推理是读者为获得意义而对语篇进行的预测和解读。van den Broek(1994)将推理定义为激活语篇中没有明确提到的信息或从语篇已知语义信息中产生新语义信息的过程。

  综上所述,尽管研究者对推理这一概念的界定不尽一致,但这些定义都体现了推理的共性特征,即读者在阅读过程中激活长时记忆中的知识经验,使其与输入信息和最近加工过的信息之间建立联系,以使阅读能够顺利进行并形成连贯的语篇心理表征(参见井世洁,2002)。然而,对于什么样的激活具有推理的性质,研究者却持有不同的观点。总体而言,对推理概念界定的争议主要集中在以下四个方面。第一,短暂激活是否可称为推理。阅读过程中信息激活的发生可以是短暂的,有时甚至持续不到一秒,不会留下永久痕迹(Till, Mross & Kintsch, 1988);也可以是持久的,在语篇永久记忆表征中被激活并编码(Sanford, 1990)。语篇理解领域的研究者普遍认同在相对持久表征中编码的激活信息构成推理,但对短暂激活是否属于推理未达成一致。Keenan等人(1990)指出,推理可能会在不同程度上产生,有些只是短暂激活后便消失,有些会保持在读者的工作记忆中,有些则编码于语篇长时记忆表征中。换言之,不管持续时间长短,短暂激活和永久编码都属于推理范畴。van den Broek(1994)也支持这一观点,认为两者是阅读过程中不可或缺的成分,相互影响,不孤立存在;其稳定性差异仅仅是程度上的不同,并不绝对,短暂激活消失后,记忆表征也有可能发生转化。如预期推理引起的激活可以是短暂的,也可以在一定条件下维持较长时间,并产生较大范围的影响。有研究者也认为预期推理的保持受到工作记忆能力个体差异、阅读材料熟悉度及焦点转移等因素的制约(崔耀、陈永明,1996)。第二,词汇层面的激活是否属于推理。学者通常认为词汇层面的激活本身并不能构成推理(如:Singer, 1994),但他们不否认词汇层面的激活可能为推理的生成提供有力的支持。van den Broek(1994)认为,与短暂激活一样,基于词汇联想的激活也应纳入阅读推理生成模式。第三,具有何种强度和具体程度(specificity)的激活才能称之为推理。有学者认为通过其强度和具体程度来判断推理忽视了概念激活的动态特征和激活程度差异性(Just & Carpenter, 1992; Kintsch, 1988)。推理应包含部分或全部来自背景知识和先前语篇记忆信息激活的任何变化(van den Broek, 1994: 557)。第四,如何区分读者引发的(reader-induced)与任务引发的推理(task-induced inferences)。尽管理论上似乎很容易区分这两种推理,但由于受到语境制约和读者因素的影响,实验中读者和任务引发的推理同时或交替发生,很难区分。因此,研究者倾向于采用多元任务来收集阅读过程中推理生成的证据(van den Broek, 1994)。

1.2　语篇阅读推理类型

　　语篇中含有大量的隐含信息,通常来讲,读者在阅读语篇时会根据需要进行多种不同类型的推理。基于不同视角,研究者对推理类型也有不同划分。通过下面的短文,我们来分析在阅读过程中可能产生的一些推理。

　　Della finished her cry and attended to her checks with the power rag. Tomorrow would be Christmas Day, and she had only $1.87 with which to buy Jim something fine and rare. (改写自《麦琪的礼物》——欧·亨利)

　　为了理解以上这两句话,读者要进行如下推理:第一句的"her"所指的是"Della"。阴性代词"her"指代的是前面所指的一个实体,而"Della"是唯一的选择。这种推理被称作回指推理(anaphoric inferences)。当读者读完第一句话时可能会推测"Della"哭泣以及后来又停止哭泣的原因,这种推测是因果推理(causal inferences)。具体来讲,属于后向因果推理(backward causal inferences)。后向因果推理也叫做搭桥推理或连接推理(bridging inferences),为当前语句和先前语句提供因果连接。因果推理也可以是前向的,前向因果推理也叫做因果后果(causal consequences)或预期推理(predictive inferences),是读者对语篇中将要发生事件的预测。它可以促进后续匹配信息的加工,能使阅读快速顺利地进行且预期事件的信息也容易整合进读者的语篇表征。当读者读到第二句时,他或她有可能推测"Della"后面应该会去买礼物,而且会推知"something fine and rare"应该是圣诞节礼物。这个推理就是一种前向因果推理,是基于读者的普遍世界知识,即在圣诞节时人们通常互赠礼物。读者也可能会对"Della"用1.87美元能买到什么特别的礼物进行预期推理。另外,读者也可能会对"Jim"的身份和他收到礼物时的心情做出推测。在这些推理的基础上,读者就会形成一个关于语篇的连贯心理表征。

由以上例子可以看出，叙事语篇阅读加工过程中隐含的推理覆盖面广，关系复杂。除上面所引例子中根据推理生成的信息与阅读进程方向的关系划分前向推理和后向推理之外，推理还可以按照其他标准进行归类。

按照所需的知识种类不同，推理可以划分为基于语言的推理（language-based inferences）和基于知识的推理（knowledge-based inferences）。如回指推理主要是基于语言知识，而因果推理主要是基于普遍世界知识。Gagne, Yekovich 和 Yekovich（1993）根据推理在获取语篇深层含义时的不同功能，将其区分为总结（summarization）、整合（integration）及精加工（elaboration）三类。总结是概括语篇主要内容，帮助读者形成对语篇大意的宏观、概括结构的过程；整合是运用衔接标记连接语篇中概念的过程；精加工是根据读者对先前知识和即将理解的信息的反应进行信息添加、补充或扩展的过程（Gagne, Yekovich & Yekovich, 1993）。

推理也可以根据它们在语篇表征建构中的作用划分为维持局部连贯的推理，又名为必要推理（necessary inferences）；维持语篇整体连贯的推理和形成更完整语篇表征的预期推理，又名为精加工推理（elaborative inferences）。在上面所引例子中，为了理解第二个句子，必须解决代词"she"的指代的问题，否则，这两句就无法衔接。这种为语篇理解所需的语篇局部连贯就是必要推理。例子中关于"Della"用1.87美元能买到什么特别礼物的推理，有助于读者形成语篇整体表征，是维持语篇整体连贯的推理。例子中关于人物情绪的推理是给语篇表征添加细节，使之更丰富、完整，在语篇表征建构中不是必需的，这样的推理可大致归为精加工推理。根据信息丰富性，精加工推理可进一步划分为内涵推理（connotation inferences）和外延推理（extension inferences）。信息丰富性，即构建精加工推理时可以从语篇中获得的信息容量。如果精加工推理需要语篇中的许多信息来支持，则称之为内涵推理；反之，如果语篇为之提供的可利用信息很少，根据这些少量信息产出的推理则为外延推理。根据距离，精加工推理可划分为近推理（near inferences）和远推理（far inferences）。距离指根据语篇信息进行精加工推理所需要的努力程度。近推理的产生仅需要将语篇中的信息整合在一起以解释这些信息所表达的含义；远推理的产生则需要对语言内容的预测、假设、类比或者把获得的信息应用到新情境中去。依据推理生成的时间，可以区分即时推理（on-line inferences）和延时推理（off-line inferences）。即时推理指在语篇阅读过程中，读者随着阅读活动自动、即时地运用文章先前信息和背景信息与新信息进行整合而产出的推理。延时推理则指读者在阅读完语篇后进行的策略性推理，该类型推理的基本原则是意义后搜索（search after meaning）。

可以看出,推理加工作为阅读理解的关键认知过程之一,发生在语篇阅读理解的各个层面,从整合语篇与背景知识到连接语篇的各个部分,它决定着读者是否能够建立完整、连贯的语篇表征。读者在解读语篇过程中,不断建构各种联系,产出诸如预期推理、因果推理、主题推理、连接推理等不同类型的推理。目前,在相关推理研究文献中,研究者对推理的总体界定已基本达成共识,但关于推理的划分和具体什么样的激活具有推理的性质还存在分歧。从事语篇阅读推理加工研究的学者基于不同研究视角,按照自己的研究取向和研究需要对推理加工类型进行了不同划分。虽然研究者对推理加工类型划分标准有所不同,但它们之间又有一定的共同点,并不矛盾或重复(范琳、周红、刘振前,2011)。随着阅读推理加工过程研究的不断拓展和深入,关于推理的内涵、分类等将会越来越清晰。

1.3 语篇阅读推理理论模型

研究者采用实时研究方法与技术,对语篇阅读推理认知加工过程进行了大量深入的研究,提出了一系列新的理论模式,具有代表性的语篇阅读推理理论与模型有:Graesser,Singer 和 Trabasso(1994)的建构主义理论(constructionist theory),McKoon 和 Ratcliff(1992)的最小假设模式(minimalist hypothesis),McKoon,Gerrig 和 Greene(1996)的基于记忆的语篇加工理论(memory-based text processing theory)以及 van den Broek(1994)推理产生的过程模型。本节将对以上模型的主要观点加以阐释。

1.3.1 建构主义理论

Graesser,Singer 和 Trabasso(1994)提出的建构主义理论强调读者背景知识在推理中的作用,认为当长时记忆中的背景信息部分被激活并在语篇的意义表征中形成编码时,以知识为基础的推理得以建构(参见范琳、刘振前,2005)。语篇的意义表征包括语篇基面及情境模式。前者是以命题网络的形式存储在记忆中的语篇意义(Kintsch & van Dijk, 1978),而后者则是对故事中的人物、背景和事件形成的心理表征(Graesser, Singer & Trabasso, 1994)。总之,建构主义理论主张阅读是根据语篇内容,结合读者背景知识,不断形成文章情境模式的过程,强调背景信息提取的策略性、主动性,是随着阅读过程不断发生的主动的、策略性的推理。同样,词汇推理过程也是搜索语义网络中词义的过程,读者会基于语篇语境以及背景知识,对非熟悉单词意义进行推理,从而促进其对语篇的理解和把握。

Graesser,Singer 和 Trabasso(1994)在 Bartlett(1932)研究的基础上,提出阅读是探求意义的过程。他们用三个假设对读者的语篇阅读过程加以解释。第一,读者目标假设(the reader goal assumption)。读者在阅读过程中,需要尝试进行多种推理,以建构与其目标相一致的意义表征;这些目标及意义表征通常不是词汇和语法层次的浅层加工,而是类似语义和参照情境模式层次的深层加工。第二,连贯假设(the coherence assumption)。读者在阅读中努力尝试建构起局部和整体都连贯的意义表征。语篇中相邻的有关成分(如:短语、命题和小句)或一两个句子的联结是局部连贯(local coherence);语篇中主题所能覆盖的多数或全部成分的联结,即将局部信息块组织成更高级的信息块,如语篇的要点和主题,则是整体连贯(global coherence)(Graesser, Singer & Trabasso,1994)。建构主义理论认为,在阅读过程中,读者力图构建整体与局部均连贯的意义表征(参见范琳、刘振前,2005)。第三,解释假设(the explanation assumption)。读者试图解释语篇情节发生的所有可能的原因,如语篇中为什么会发生某些情节?为何要安排这些行为、事件和场面?作者又为什么会在语篇中明确提及一些特定信息?要回答和解释这些问题,形成语篇整体连贯,就需要进行各种推理。除以上三个假设外,建构主义理论还强调读者对语篇意义的主动搜索,认为阅读过程中读者总是不断尝试寻找能够解释文章中行为、事件及目标等的各种信息源。

1.3.2 最小假设模型

McKoon 和 Ratcliff(1992)提出的最小假设模型也得到了心理学界和语言学界的广泛关注。根据最小假设模型,在没有特定目标策略机制时,阅读过程中只有最低限度的自动推理,读者不会自动建构语篇所描述的整体情境推理。最小推理建构的是语篇的最小表征,即局部连贯表征,是整体目标和策略加工的资料库(database)。最小假设理论主张,语篇的情境模式不随阅读进程不断建构,是在阅读后才形成的;读者在阅读过程中并不即时地产生精加工推理或目标推理(参见范琳、刘振前,2005)。

McKoon 和 Ratcliff(1992)认为,阅读分为两种类型:有明确阅读目的的阅读与没有明确阅读目的的阅读(即自然阅读)。与前者有关的推理被称为策略性推理(strategic inference),而与后者有关的推理则被称为自动推理(automatic inference)。自动推理是读者在没有明确目标指向时形成的推理,具有无意识性,这是最小假设模式的核心。自动推理通常是在加工过程最初的几百毫秒之内建构的,而策略推理的建构则耗时较长(一般多于 500 毫秒)(McKoon & Ratcliff, 1992)。根据最小假设理论,自动推理需要满足以下两个条件才能得以产生:首先是有建构必要的局部连贯表征的需要;其次是读者必须能够通过语篇的明示命题或一般知识快速、容易地获取推理所依据的信息。读者自动推理只是为了达到保持局部连贯的最低需要,只有在局部信息连贯中断,无法形成命题时,读者才需要提取语篇的整体目标信息来建立整体连贯以进行策略推理,继而完成完整表征的建构(McKoon & Ratcliff, 1992:440)。当然,读者在绝大多数情况下都有特定阅读目的,没有阅读目的的情况是极少的。同时,在阅读过程中,读者也会运用多种策略以实现其阅读目的。然而,研究推理的产生,必然要从最简单的自动推理入手,这是由于读者的阅读目的千差万别,相应的策略也多种多样,只有清楚地了解读者的自动推理,才能为全面、深入的语篇推理研究奠定基础(参见范琳、刘振前,2005)。

1.3.3 基于记忆的语篇加工理论

McKoon,Gerrig 和 Greene(1996)在最低限度假设理论的基础上,明确提出了基于记忆的语篇加工观。该理论强调,背景信息的加工激活是一个快速、消极的自动化过程,其核心观点是记忆中的信息使语篇理解成为可能(Albrecht & Myers, 1998; McKoon & Ratcliff, 1998; Murray & Engle, 2005; Radvansky, 1999; Zwaan & Madden, 2004)。这一理论取向强调处于长时记忆中的一般知识和语篇中先前出现信息的激活对理解的作用;对语篇中字、词、概念、命题以及整体语篇的理解与加工必须以激活记忆中相关的信息为基础(McKoon & Ratcliff, 1998)。由于研究者的研究侧重点不同,基于记忆的语篇加工理论包括了许多模型,如基于剧景的模型、共振模型等。基于记忆的语篇加工理论的兴起,使语篇阅读研究者兴趣从最小假设关注的自动推理和策略推理与建构主义理论关注的实时、非实时推理问题转到对阅读过程背景信息激活与语篇整体信息的整合上来,沿着这一理论方向的研究也在日趋增多。

1.3.4 van den Broek 推理产生的过程模型

在总结不同种类的推理研究基础上,van den Broek(1994)提出了一个描述阅读过程中推理产生的过程模型。van den Broek 认为根据推理产生的环境,推理机制有两种:一种是基于语篇约束的扩散激活,如联想。这样产生的推理称为基于联想的推理(association-based inferences)或简称为联想推理,此类推理在语篇和孤立的句子层面都会产生。第二种是为构建语篇连贯所需的推理,这类推理只在语篇层面产生,如代词回指(pronominal anaphora)和连接推理。基于连贯的推理(coherence-based inferences)或连贯推理是确保读者最低水平上理解语篇所必需的。

根据 van den Broek 的推理产生过程模型,联想推理和连贯推理相互依存,交互作用,引发多种推理(van den Broek,1994:577)。当一个语句成为焦点时,它就在读者的背景知识中激活与之相关联的概念。如果这些激活,加上先前理解周期的激活超过一定的水平,就会产生推理。这些联想性推理可以是前向的、垂直的或后向的。这种多向的联想激活模式能够产生后向的连接推理(connecting backward inferences),整合当前事件与先前语篇表征。对理解尤为重要的,是在后向搜索过程中激活的信息和当前状态(语句)相对照。然而,当简单联想过程不能提供足够的连贯,阅读加工情形就会更为复杂。这时,连贯的中断会激发额外的、用于保持连贯的加工过程,如对先前语篇的再次激活和(或)背景知识的提取。这个搜索对照过程无论是有意识的还是自动的,均耗费认知资源,是无固定顺序,受语义、程序和资源的限制(van den Broek,1994:577—579)。尽管在阅读当前语句时,即时激活的信息可能是自动加工的结果,但反过来则不尽然。因为信息获得的延迟并不一定说明加工过程就是有意识的,而可能仅仅反映出是一个慢自动化过程。因此,在解释信息获得的不同时间进程时应该多加注意。在这一过程中会引发复述(reinstatements)和修饰性后向推理(elaborative backward inferences)的产出,语篇连贯得以建立,之后推理过程结束(van den Broek,1994)。

因果推理(causal inferecnes)是叙事类和非叙事类语篇(non-narrative text)理解的核心(Singer et al.,1992)。然而,因文体不同,读者在阅读记叙文时偏向于进行前向推理,而在阅读说明文时偏向于进行后向推理(Horiba,2000)。而且相对于记叙文,说明文维持局部连贯因果推理所付出的认知代价更高,需要更多心理努力。Singer,Revlin 和 Halldorson(1990)提出了说明文后向因果推理加工的推理验证模型(inference validation model),也有研究者开展实验研究验证这一模型(如:Noordman,Vonk & Kempff,1992;Singer et al.,1992;Singer,Harkness & Stewart,1997;Singer & O'Connell,2003)。根据该模型,在读者接受不确定的连接推理(tentative bridging inferences)前,它必须经世界知识证实(Singer & O'Connell,2003),即鉴别结果及其对应的原因并评估该可能原因的因果效力,进而验证产出的因果连接推理(Singer et al.,1992)。该模型认为,心理结构中的原因和结果类似于省略三段论(enthymeme)中的大/小前提(major/minor premise)和结论。读者要借助有关知识才能证实这个省略三段论的合理性。以下面的三段论(syllogism)为例:A. X(大前提);B. Sharon took the aspirins(小前提);C. Her headache went away(结论)。这个三段论中大前提是省略的,读者必须通过激活、提取有关世界知识来评估缺失的大前提,即"如果某人头痛,吃了阿司匹林,头会不痛",从而验证该例中的后向因果关系。如果读者缺乏相关背景知识,他们则会基于 Grice (1975)的关系原则和合作原则,假定作者表达的信息是可靠的,继而接受不确定的推理(Singer et al.,1992)。

1.4 小结

可以看出,研究者提出了多种推理理论模型,加深了我们对语篇表征认知加工过程的认识,为进行全面、深入的语篇推理研究提供了理论框架和可资借鉴的启示。当然,目前国内该领域的研究在研究深度和广度、研究手段和技术方面还存在一些不足。今后我们尚需借鉴国外学者在这一领域已进行的研究,采用多种手段开展对语篇阅读推理加工,尤其是二语阅读推理过程以及二语阅读推理理论模型建构的进一步研究,以丰富和发展二语阅读和阅读推理理论。未来研究也需要更强调推理加工的实时研究,强调多种研究手段获得的研究结论的一致性以及从其他学科引入新的研究方法(刘晓玲、阳志清,2002)。总之,语篇阅读推理研究已经取得长足进展,但距离全面深入了解推理过程的内部机制以及学习者阅读推理过程的实质,依然很远。对阅读推理有关问题的进一步深化研究无疑会有助于建构更为完善的语篇阅读推理理论和理论模型。

第二章 词汇推理及其理论加工模型

本章着重对本研究涉及的最为核心的概念,即词汇推理,进行界定,并对词汇推理相关理论模型以及词汇推理作为一种阅读技能和阅读策略这一问题加以阐述。

2.1 词汇推理的界定

词汇推理这一概念在20世纪70年代初提出,研究者们对其进行了界定,但由于定义角度不同,界定也不够统一。Carton(1971)认为词汇推理是读者借助熟悉的词汇特征及语境对非熟悉单词进行识别的过程。Carton将词汇推理的知识源分为语境线索(contextual cues)、语内线索(intralingual cues)和语际线索(interlingual cues)。语境线索包括语境和世界知识,语内线索包括测试词和含有测试词的语句,语际线索则包括母语和目的语提供的线索(Carton,1971:56)。Widdowson(1983)基于图式理论对词汇推理进行了界定,认为词汇推理是搜寻并运用相关图式来确定非熟悉语言刺激的过程。Oxford(1990:47)认为词汇推理是指学习者遇到非熟悉单词时,利用各种语言及非语言线索去推理词汇意义的过程。Haastrup(1991:13)则从认知心理学角度对词汇推理加以界定,认为词汇推理是基于所有可能的语言线索以及读者的世界知识、语境意识和相关语言学知识对单词意义进行推理的过程。Chikalanga(1992)把阅读过程中的推理分为词汇推理、命题推理、语用或脚本式推理(pragmatic or scriptal inferences)三大类。其中,Chikalanga把词汇推理定义为通过语境线索推断代词指称和有歧义及非熟悉词汇项目意义的过程(Chikalanga,1992:704)。Frantzen(2003:168)给出了更为简洁的定义,他认为词汇推理是读者利用非熟悉单词所处语境,推测其意义的过程。Matsumura(2010:16—17)指出,词汇推理可以被认为是读者有意识地进行心理加工,以推测出非熟悉单词意义,而不是跳过或者忽视它们的一种策略。纵观国外有关词汇推理加工过程的研究,

Haastrup(1991)对词汇推理概念的界定得到研究者较为普遍的认可。国内学者也尝试对词汇推理进行了界定。如罗迪江(2008:84)基于心理模型,指出词汇推理是学习者对词汇的构词、语义、形态、句法等进行推论的心理过程。魏蓉和范琳(2013:30)认为,词汇推理是学习者目标定向的认知和元认知行为,是他们在语篇理解过程中利用一切可能的线索,诸如构词法、句间关系等语言线索,并结合世界知识、逻辑关系等非语言线索对非熟悉单词意义进行反复推理和验证,以正确理解语篇意义的过程。

2.2 词汇推理加工理论模型

本节首先阐述主要的词汇推理理论模型,这包括心理模型(mental model)、词位/词目模型(lexeme/lemma model)、二语词汇加工模型(model of L2 processing at word level)、二语词汇推理认知加工模型(cognitive processing model of L2 lexical inferencing)。其次,由于读者对语篇意义的理解需要借助词汇推理策略,词汇推理策略的有效使用则依赖词汇重复模式理论的指导。因此,本节最后也将对词汇重复模式理论(lexical repetition theory)加以阐述。

2.2.1 心理模型

心理模型是一切推理活动的认知与心理基础,是心智对客观与主观世界的一种心理表征。读者通常会建构一个相对完整的关于语篇所描述情景和事件的心理模型,该模型是一种信息的心理表征,涉及推理的内部过程和心理机制,且推理过程就是创建和检验心理模型的过程(Johnson-Laird,1983)。心理模型所包含的信息可以超越语篇包含的信息,且这些信息均通过推理加工获取(van Dijk & Kintsch,1983)。阅读过程中,读者必须建构一个或多个内在、有序及连贯的心理表征或模型来获取整体目标信息以进行推理加工。

心理模型是词汇推理的认知基础,它是二语词汇构词、语义、形态、句法等信息在人们心理上的一致反应,是人的大脑对词汇信息的一致储存、加工与表征的方式(罗迪江,2008:85)。当读者推断非熟悉单词的意义时,会启动相关的心理模型对这个单词进行投射映现。投射映现的结构就是读者对词汇进行心理计算,即建构词汇推理的心理模型并运行与之相关的系统的程序性知识(李建平,2008)。因此,词汇推理的心理模型关注词汇的规则集,即通过认知语境关注词汇之间的认知机制与规律。

根据Gernsbacher(1990)的结构构建框架(structure building framework),记忆细胞被激活后,会传输加工信号,这些加工信号可加强或抑制其他记忆细胞的激活。这些记忆细胞可被视为词汇推理加工过程中建构的心理模型。就是说,当正在构建的词汇心理模型不再需要某一心理模型所携带的信息时,该心理模型的激活会被压制;而当正在构建的词汇心理模型与某个心理模型所携带的信息相关时,则对该心理模型的激活就会加强(Gernsbacher, Varnes, & Faust,1990:146)。因此,词汇推理过程是一个动态、实时在线构建的过程,相互关联的心理模型之间动态生成且相互作用(罗迪江,2008)。

2.2.2 词位/词目模型

词汇知识是一个多维结构(multidimensional construct),其子结构包括拼写、语音、语义、句法特征等。Levelt(1989)假设这些词汇知识的结构特征均存储在心理词典中,分为词位和词目两个层面。前者指某一词项(lexical item)的语音和拼写信息;后者指该词项的语义和句法信息(Matsumura,2010:25)。

De Bot,Paribakht 和 Wesche(1997)将 Levelt(1989)的母语话语加工模式(speech processing model)应用于母语和二语的理解和产出,描述了从词位到词目,再到概念的书面/口头输入(written/oral input)过程(参见Matsumura,2010)。在阅读过程中遇到非熟悉单词时,学习者将该目标词的拼写特征与心理词典中某一词条的词位信息相匹配,充分的匹配又激活词目信息;如果理解得以发生,又会进一步触发其与概念之间的匹配(Matsumura,2010)。在此基础上,De Bot,Paribakht 和 Wesche(1997)又将 Levelt(1989)的言语生成模型(speech production model)应用于非熟悉单词的推理加工过程,即非熟悉单词词目的建构(lemma construction)过程。就非熟悉单词而言,假设学习者在阅读过程中多次遇到该生词,并顺利将拼写特征与心理词典中某一词条词位的信息相匹配,随后学习者需要从语境中汲取词汇知识并不断填入空缺的词目当中,当空缺的词目被填满之后,词汇加工就会进入概念层面,对该词的理解就得以完成(骆涵,2006:60)。为了将 Levelt(1989)的言语生成模型用于解释语言理解加工,De Bot,Paribakht 和 Wesche(1997)提出语言生成和语言理解的主要差别在于前者包括自下而上(bottom-up)的加工,而后者则是自下而上和自上而下(top-down)间的交互作用。同样的,词汇推理也可称作是一种交互过程,在该过程中,学习者调用各种信息源以建立非熟悉单词词形和意义间的关联;为了建构非熟悉单词词目,二语学习者会借助于自下而上和自上而下的加工,利用所有可能的信息来解释和推测非熟悉单词的意义(Matsumura,2010)。

2.2.3 二语词汇加工模型

基于 Flores d'Arcais 和 Schreuder(1983:9)对交互模型(interactive model)中刺激信息(stimulus information)和概念知识(conceptual knowledge)的区分,Haastrup(1991:124)提出二语词汇加工模型,该模型涉及分析加工(analytic processing)和整体加工(holistic processing)两种加工类型(见图2.1)。分析加工涉及上、下两个线索层级(hierarchy of cue levels)。上层线索包括语境和语义线索;下层线索则包括语音、拼写、形态、词汇、词源、词类、句法、搭配等线索。整体加工,是基于语境的自上而下的加工,仅涉及上层线索,只包括利用图式或概念知识呈现的世界知识。

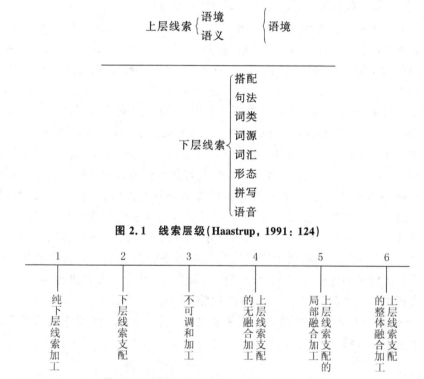

图 2.1　线索层级(Haastrup, 1991:124)

图 2.2　跨话语连续体(Haastrup, 1991:129)

Flores d'Arcais 和 Schreuder(1983)认为,加工类型可分为交互加工(interactive processing)和非交互加工(non-interactive processing)。交互加工是指刺激信息和概念知识发生交互作用,即交互运用上、下层线索;非交互加工,即只利用上层线索或下层线索的加工,该类型可细分为纯上层加工(pure top processing)和纯下层加工(pure bottom processing)。为了阐释这些加工类型之间的关联,Haastrup(1991:129)提出了跨话语连续体(the cross-talk continuum)(见图2.2)。

除纯上层线索加工外,其他加工类型构成了一个加工层次逐步加深、效率逐步提高的连续体,即 Haastrup(1991:129)提出的跨话语连续体。在该连续体左端的纯下层线索加工中,仅下层线索中的某一线索被激活和利用。随着加工层次的不断深入,下层线索中被激活的线索逐渐增多,上层线索也随之得以激活,加工效率越来越高。这样一来,成功推理出非熟悉单词意义的概率必然增大。直至上层线索支配的整体融合加工,所有有关的线索都被激活、整合和利用,非熟悉单词意义才会被推断出来。

2.2.4 二语词汇推理认知加工模型

基于二语学习者语境推理的研究结果,Huckin 和 Bloch(1993:169—172)提出了集串行加工(serial processing)和并行加工(parallel processing)为一体的认知模型,即二语词汇推理认知加工模型。该模型由生成/评估成分(generator/evaluator component)和元语言控制成分(meta-linguistic control component)两个相互独立的部分组成。生成/评估成分包含大量的基础知识模块,如词汇知识模块、语篇图式模块(text schemata module)、句法和形态模块、世界知识模块、语篇表征模块(text representation module)和永久记忆模块(permanent memory module)等。这些模块以并行的方式相互联系、相互影响,形成网络,呈动态变化。当学习者对非熟悉单词意义的假设得到正面评价时,学习者的各种知识模块便会更新,但学习者在评估推测时所用的知识模块与生成推测时所用的不同。元语言控制成分指学习者在试图生成和验证推理结果时使用的一系列认知和决策策略。这些策略以串行的方式在生成和验证非熟悉单词意义假设的过程中对各种假设做出取舍,有助于学习者决定何时、以何种方式利用语境和各种知识源来进行词汇推理(参见 Huckin & Bloch, 1993)。生成/评估成分和元语言控制成分既相互独立又相互作用,贯穿于语言学习者词汇推理的全过程。

2.2.5 词汇重复模式理论

作为谋篇机制的主要手段,词汇衔接以其独特的表现形式和语用意义,在语篇连贯的建构中起着举足轻重的作用(史煜,2004)。词汇衔接在会话中具有强调、对别人的话进行模仿、表示认同、进行确认等功能(姚琴,2008)。Hoey(1991)在 Hasan(1984)的衔接和谐理论(cohesive harmony theory)、Winter

(1974)的重复替代关系理论(repetition-replacement relations theory)以及Phillips(1985)的远距离组织理论(long-distance organization theory)研究的基础上,对语篇中词汇衔接方式的分析,提出了一种全新的语篇分析模式,即词汇重复模式理论。Hoey(1991)认为,词汇衔接作为语篇中多重关系构成的主要衔接手段,是语篇构成的主要模式,可以合理解释词汇衔接是如何影响读者将句子视为相互关联的完整统一体这一过程。他将词汇重复分为简单词汇重复(simple lexical repetition)、复杂词汇重复(complex lexical repetition)、简单释义(simple paraphrase)、复杂释义(complex paraphrase)、上下义重复与共指重复(hyponymic and co-reference repetition)以及其他复杂重复方式。

2.2.5.1 简单词汇重复

简单词汇重复是指语篇中的某一词项被重复,其形式变化不大于语法词形的变化,通常在词类与词形保持不变的情况下,仅对词项进行语法方面的调整(Hoey,1991)。例如名词复数形式、动词过去式、动词过去分词、动词第三人称单数形式、形容词的比较级与最高级等。这些开放性词类,名词、动词、形容词,可被视为词汇重复模式中的简单词汇重复,而限定词、介词、助动词、否定词、连词等封闭性词类的重复则不属于这一类词汇重复。

2.2.5.2 复杂词汇重复

复杂词汇重复是指两个词汇项共用某个词素,但形式上有差异,或者虽然形式相同,但语法功能不同(Hoey,1991)。如"The psycholinguists have been adopting various psycholinguistic paradigms to investigate the code-switching mechanisms",这一句中的"psycholinguists"和"psycholinguistic"属于共享同一词素但形式不同的现象。再如,"I smile to him by giving a beautiful smile to express my politeness",该句中的两个"smile"形式相同,但语法功能不同,前者充当动词,而后者充当名词,类似现象均属于复杂词汇重复。

2.2.5.3 简单释义

简单释义,是指语境中的某一词项替代另一词项,替代后的词汇意义特征既不减少也不增加,且语义不会发生可识别性变化的现象(Hoey,1991)。简单释义分为部分释义(partial paraphrase)和相互释义(mutual paraphrase)两种,前者指仅限于某一词项替代另一词项的现象,反向替代则不可;后者指两个词项间均可相互替代的现象。例如,"The girl is fed up with the boy's obscene behavior; he is tired of her complaints she always made",该句中"fed up with"与"tired of"这两个短语的互换不会对语义产生显著影响,此类释义可称之为相互释义。

2.2.5.4 复杂释义

复杂释义是指对两个没有共同词素的词项下定义时,一个词项的定义包含另一个词项的定义(Hoey,1991)。这种关系限于以下三种情况:第一种与反义词密切相关,指含有共同词素的反义词(如：like — dislike, important — unimportant, polite — impolite)和并无共同词素的反义词(如：poor — rich, safe—dangerous);第二种情况属于三角链释义,即某一词项与另一词项构成复杂词汇重复关系,同时该词又与第三个词项构成简单释义关系,那么第二个词项与第三个词项间就形成了复杂释义关系;第三种情况指三个词项中,若语篇中的第一个词项能够基于语境对第三个词项进行释义,且又可与第二个词项构成复杂释义关系,那么第二个词项与第三个词项间也可被认为是复杂释义关系。

2.2.5.5 上下义重复与共指重复

上下义重复指语篇中的下义词先于上义词出现,意义并无增减的现象(Hoey, 1991)。例如,"We see a dog under a tree; the animal runs away at the first sight of us"中的 dog—animal 就构成了上下义重复。共指重复指两词项间关系并非十分相关,但却有相同指称对象的现象(Hoey, 1991)。例如 20 世纪 80 年代书面语篇中的"Mrs. Thatcher"与"the Prime Minister"就属于共指重复关系。

除了以上词汇重复类型外,Hoey(1991)认为还有其他类型的复杂词汇重复方式,即部分人称代词、指示词、替代词的重复也属于词汇重复。其中,指示词在作为代词使用时可视为词汇重复,但作修饰词时则不属于词汇重复,因其重复功能体现于中心词上;替代词在名词词组中作为中心词时则属于词汇重复,且零替代(省略)也可归入词汇重复方式。

当然,也有学者不赞同 Hoey(1991)对词汇重复所作的分类。Károly (2002)认为,Hoey 对词汇重复方式的分类缺乏一个统一的标准,也没有给词汇单位(lexical unit)一个行之有效的定义以限定分析的基本单位。因此,在 Hoey 词汇重复模式理论的基础上,Károly(2002:104)对词汇重复方式的类型进行了重新划分,将词汇重复分为相同单位重复(unit repetition)及不同单位重复;前者包括简单重复与派生重复(derived repetition),后者包含同义词、反义词、上下义词、整体部分关系(meronymy)及个案关系(instantial relations)等重复方式。

2.3 词汇推理作为阅读技能和阅读策略

词汇推理被认为是英语作为二语和英语外语读者需要获取的一项技能或策略(参见 Dunmore, 1989),是包括在有效阅读策略里面的词汇层面策略(word-level strategics)之一 (Barnett, 1988),是一项重要的阅读微技能

(Grabe & Stoller, 2002:16)。研究者也认为,通常与词汇附带习得相联系的词汇推理可被认为是一项阅读策略,而非词汇习得策略,因为一个词的语义输入并不总是导致对其意义的保持(Arnaud & Savignon, 1997)。阅读策略是指学习者为解决阅读中的困难而采取的行为过程(Johnson & Johnson, 1998:333);也有研究者把词汇推理的作用概括为一个令人满意的策略(desirable strategy),因为它涉及有助于更好地进行语篇整体意义理解的深加工,如果不借助于该策略,针对词汇项目的某些学习就不可能进行(Read, 2000:53)。基于相关研究结果,李炯英和秦智娟(2005)认为阅读过程是读者不断地对视觉信息加以解码、处理和加工的过程,涉及其认知能力、预测机制和语篇分析能力;这一过程不是简单的信息传递和读者被动接受信息的过程。语言学习者对视觉信息进行解码、加工和处理的这一过程就是其运用适当阅读策略,建构语篇表征的过程,这其中也就包含了学习者利用一切可能的线索推理非熟悉词汇意义的加工。

研究发现,词汇学习主要通过大量阅读,尤其是通过读者推测非熟悉单词意义来进行(Huckin & Coady, 1999; Nation, 2001),这被称为词汇附带习得(incidental vocabulary acquisition)。Nation(2001:232)指出,通过语篇语境推测词汇意义的附带学习是词汇学习最重要的途径。由此可见,阅读过程的词汇推理对语言学习者词汇学习的重要意义。研究者也发现,词汇推理是语言学习者处理非熟悉单词时最常用的策略之一。Paribakht 和 Wesche(1999)研究发现,二语读者在其进行理解和总结性任务时使用的策略中,大约80%为推理策略。类似的,Paribakht(2004)的研究也发现,二语读者加工过程中遇到非熟悉单词时,推测词义是其最为常用的策略,占其所使用策略的80%。其他策略,如忽视该非熟悉单词、查字典、记下来并询问老师,占20%。Fraser(1999)的研究结果也表明,读者处理非熟悉单词时所使用的主要策略为词汇推理策略,占44%,其他策略有查词典(29%)、忽略和不注意该生词(27%)。

可以看出,词汇推理策略是阅读过程中读者推理非熟悉单词意义的常用策略,该策略既是一项词汇学习策略,也是一种阅读技能和阅读策略。读者使用诸如词内分析(intraword analyses)以及语境与词间信息整合的大量辅助技巧,以成功推理词汇意义(Koda, 2005:211)。同时,词汇推理也是读者阅读过程中获取和学习词汇习惯表达意义(idiomatic meaning)和比喻意义的主要加工策略之一。

2.4 小结

　　本章对词汇推理的概念、相关理论和理论模型及词汇推理在语篇阅读过程中的作用加以梳理和阐述。可以看出,国内外在词汇推理研究领域已取得了长足进展;词汇推理作为一项阅读技能和阅读策略得到了研究者和语言学习者的重视。

语言学习者词汇推理加工过程的跨语言问题

继对一语或二语单一语言的词汇推理加工过程及影响因素进行考察后,研究者开始关注不同语言间的跨语言词汇推理加工机制,即词汇推理加工过程中的跨语言影响因素研究(如:Nagy, McClure & Mir, 1997;Paribakht, 2005, 2010;Paribakht & Tréville, 2007;Wesche & Paribakht, 2009;范琳、杨赛、王震,2013;范琳、张姣,2014;范琳、何漂飘、魏泓,2015)。这是因为对于双语学习者来说,两种语言中的大量词条不是独立存在的,它们会在形式和意义上相互影响(Schmid, 2011;刘雪丽、林立红,2013),进而影响其词汇推理加工过程以及推理成功率。在跨语言研究中,语言迁移是一个重要影响因素。目前,有大量关于语言迁移的研究成果,然而从语言迁移角度探究跨语言词汇推理加工过程的研究却很少。Ellis(1994)、郭红霞(2011)、王震和范琳(2012)均提及一语和二语之间的语言类型距离远近在语言迁移中起重要作用。语言迁移对词汇推理加工过程存在一定影响,语言类型距离远近是影响和制约语言迁移的重要因素,而语言类型距离远近对跨语言词汇推理加工过程有何种影响这一问题,尚需进一步探究。鉴于此,本章拟从语言迁移的角度阐述二语词汇推理过程中的跨语言问题,探究一语和二语的语言类型距离对跨语言词汇推理加工的影响,以期更深入地揭示词汇推理加工机制,并为词汇推理加工的跨语言问题研究提供可以借鉴的启示。

3.1 语言迁移的界定

缺少对迁移的描写,任何二语习得理论都不够完整(Ellis, 1994:341),语言迁移作为二语习得研究领域的重要问题受到众多学者关注。然而,学界对语言迁移概念的界定还不尽一致。Odlin(1989:27)认为目标语和其他任何已经习得以及可能未完全习得语言间的共性和差异所造成的影响即是语言迁移;Ellis(1999:19)提出,语言迁移又可称为跨语言影响,是指母语对外语学习的影响;Jarvis 和 Pavlenko(2008:1)认为语言迁移是个体的一种语言知识对其另一种语言知识或使用造成的影响。根据母语与目标语的规则是否一致,Lado(1957)将迁移分为正迁移(positive transfer)和负迁移(negative transfer)。如果母语规则与目标语一致,能促进目标语习得,这是正迁移;反之,如果两者不一致,会对目标语习得产生消极影响,即为负迁移。这些概念虽在表述上有一些不同,但都认为语言迁移是母语和目标语之间的差别所致。纵观研究者的观点,本文较赞同 Ellis(1994)的观点,认为语言迁移是母语对目标语造成的影响,这些影响可能涉及语音、词汇、语法、语篇等语言层面,也可能涉及思维模式、文化传统、社会历史、心理感受等非语言层面。制约语言迁移的因素很多,其中语言类型距离是一个重要影响因素。语言类型距离可以指一种语言现象,即两种语言间的实际差异程度;也可以指一种心理现象,即感知的语言距离(perceived language distance),就是学习者认为的两种语言间的差异程度(Ellis,1999;郭红霞,2011;唐承贤,2003;张雷、俞理明,2011)。一般而言,语言类型距离越近,正迁移发生的可能性越大,二语学习难度越小;语言类型距离越远,负迁移发生的可能性越大,二语学习难度也越大。

3.2 一语对二语词汇推理加工过程的影响

国外学者对二语词汇推理加工过程中的跨语言问题进行了研究。Nagy,McClure 和 Mir(1997)考察了一语为西班牙语的英语学习者的二语词汇推理加工过程,发现受试会将一语的句法规则迁移到二语词汇推理过程中。Palmberg(1985,1988)发现,对一语为瑞典语的英语学习者来说,其一语知识在词汇推理过程中起着重要作用,且一语和二语之间较近的语言类型距离能够促进外语学习。研究者也发现,波斯语和英语的不同书写系统影响受试的词汇识别策略,一语词汇加工技能会迁移到二语词汇推理过程中(Ghahremani-Ghajar & Masny,1999)。Koda(2005)进一步考察了符号-发音关系对跨语言词汇推理加工的影响,研究发现一语和二语不同的符号-发音关系使得二语词汇推理加工更加复杂化。然而,更为系统地从跨语言视角考察词汇推理的研究只是近十年才出现,如 Paribakht 和 Wesche(2006)发现,受试一语影响二语词汇推理加工过程中知识源类型的使用模式和频率。Paribakht(2005,2010)针对一语词汇化对二语目标词推理过程影响的研究发现,受试能够成功推理出一语词汇化目标词的数量是一语非词汇化目标词的三倍。这与 Paribakht 和 Tréville(2007)关于一语为波斯语和法语的英语学习者推理一语词汇化和非词汇化目标词的研究发现相类似。通过比较相同受试一语(丹麦语)与其二语(英语)词汇推理过程的差异,Albrechtsen,Haastrup 和 Henriksen(2008)发现二语词汇推理需要借助更多条件,陈述性词汇知识及程序性技能对读者词汇推理成功率起着重要作用。另外,Wesche 和 Paribakht(2009)对二语同为英语,但一语分别为波斯语和法语的学习者的跨语言词汇推理加工过程进行研究,发现受试一语词汇知识会影响其二语词汇推理成功率。

国外学者针对一语和二语同属印欧语系的拼音文字语言间的跨语言词汇推理加工进行了相关研究,尚未涉及语言类型相距较远的一语和二语词汇推理的跨语言加工过程。在这方面,国内学者黄颖(2008)考察了一语为印尼语的汉语学习者在二语阅读中使用的词汇推理策略,结果表明受试的一语能力可以帮助其正确使用词汇推理策略,即存在正迁移,但由于汉语与印尼语语言类型距离较远,所以受试运用一语迁移来推测非熟悉单词意义的成功率不高。范琳、杨赛和王震(2013)考察了中国学生的汉英跨语言词汇推理加工过程,揭示了其词汇推理加工过程中的跨语言加工模式与机制。范琳、张姣(2014)探究了汉语词汇化对英语词汇推理加工过程的影响,发现受试对汉语词汇化英语目标词的推理成功率高于其非词汇化目标词的推理成功率。综上所述,目前国内外已有学者开始研究跨语言词汇推理问题,但从语言迁移角度探究词汇推理加工过程中的跨语言问题的研究还相对匮乏。

3.3 语言类型距离对跨语言词汇推理加工的影响

语言的类型学意象(typological profile)可以有效地反映跨语言结构特征(Viberg,1998),对二语学习者的已有词汇知识、推理非熟悉单词意义的成功率和知识源的使用以及二语词汇发展起着重要作用(Wesche & Paribakht,2009),因此语言类型距离的远近对读者跨语言词汇推理加工过程有重要影响。

3.3.1 语言类型距离相近语言间的词汇推理加工

如果一语和二语语言类型距离较近,读者在二语词汇推理加工过程中使用一语知识的机会就会增多,产生正迁移的可能性也会增大。一语主要从三个层面对语言距离较近的二语的词汇推理加工产生影响。

第一,语言层面。研究发现读者在词汇推理过程中使用的语言知识源(linguistic knowledge sources)包括词汇层面(即词形、词法、词汇搭配和词汇联想)、句子层面(句子意义、句子语法)和语篇层面(语篇意义和形式图式)线索;非语言知识源(non-linguistic knowledge sources)主要指世界知识(Wesche & Paribakht,2009)。语言类型距离相近的两种语言中存在大量的同源词

(cognate),这些同源词在语义、形态、句法上存在一定的相似性,二语学习者可根据已知母语词汇,使用词形、词法、词汇搭配及词汇联想这四种词汇知识源类型快速识别同源词,对不熟悉的二语词汇进行推理,理解语篇意义,从而建构完整的语篇表征。Ard 和 Holmburg(1983)发现,在二语词汇学习中,一语为西班牙语的英语学习者比一语为阿拉伯语的英语学习者表现出色,这是因为英语和西班牙语同属印欧语系,两者之间具有较多的同源词,如 exception—excepcion, instant—instante, animal—animal 等;西班牙语和英语还同是屈折型语言,其名词复数都是在词尾加-s 或-es,这为西班牙学习者利用一语正迁移学习英语提供了有利条件。另外,基于共享或相似的语言特征,语言类型距离相近的两种语言的叙述方式也会趋于相似,这对二语学习者理解词汇意义具有积极作用。Palmberg(1985,1988)发现,在阅读英语语篇时,一语为瑞典语的英语学习者词汇推理的成功率比一语为芬兰语的英语学习者的词汇推理成功率高。这是因为,除了丰富的同源词外,同属印欧语系的瑞典语和英语的标准语序都是 SVO 结构,而芬兰语不属于印欧语系,其基本词汇完全不同于印欧语言,语法规则和语言形式也同英语有较大区别,这使得一语为瑞典语的英语学习者可以将一语的一些规则迁移到英语学习中来,从而提高词汇推理成功率。

第二,语言加工技能层面。对于语言类型距离相近的两种语言,一语的阅读技能同样适用于二语,比如共享的正字法知识在学习初期可以促进二语阅读能力的发展,还可以通过减轻记忆负担来促进资源整合(Koda,2005;Wesche & Paribakht,2009)。通过考察同一组受试的一语和二语(英语和丹麦语)跨语言词汇推理加工过程,Albrechtsen, Haastrup 和 Henriksen(2008)发现,在一语和二语词汇推理中读者使用了相同类型的加工技能。初级水平二语学习者只有在掌握一语加工技能后才能将之迁移到二语学习中。Wesche 和 Paribakht(2009)对一语为波斯语、法语和英语,二语为英语的学习者跨语言词汇推理加工过程进行研究,结果表明,一语的陈述性知识(declarative knowledge)和程序性知识(procedural knowledge)会迁移到二语词汇推理中。因此,对于语言类型距离较近的两种语言,在语言加工技能层面也会出现正迁移现象。

第三,非语言层面。语言类型距离相近的两种语言可能会有比较相似的文化背景。如果学习者对二语的社会文化有所了解,这可为他们利用语境及其自身的背景知识和世界知识,如主题熟悉度(topic familiarity),进行词汇推理提供有利条件。Nagy,McClure 和 Mir(1997)、Paribakht 和 Wesche(1999)、Pulido(2007)考察了主题熟悉度对读者词汇推理加工过程的影响,结果表明读者对相关主题熟悉程度越高,其词汇推理成功率越高。Wesche 和 Paripakht(2009)认为英、法长期共有的文化相似性为法国学生提供了更好的英语学习基础和条件,也有助于其进行成功词汇推理。

这些研究结果表明,对于语言类型距离相近的两种语言,初级水平二语学习者有更多机会使用一语正迁移来提高其词汇推理成功率,但是这种迁移是如何发生以及发生的条件还不甚清楚。当然,负迁移也会出现在语言类型距离较近的两种语言中。首先,一些"假朋友"(false friend)会误导二语学习者的词汇推理加工,比如,英语"eventual"是"终于"的意思,而德语"eventuell"是"或者"的意思,相当于英语中的"possibly";英语"fast"指快速,而德语"fest"指"固定",相当于英语中的"fixed"。另外,随着语言学习者二语水平的提高,其心理词库中储存着大量相似的词条,这些词条在形式、意义上均会有重叠,所以当学习者从记忆中提取单词时,相似的词条便会参与竞争(刘雪丽、林立红,2013)。如果一语和二语词汇形式相似但意义不同,学习者也可能无法推测出其正确词义。

3.3.2 语言类型距离相距较远语言间的词汇推理加工

语言类型距离相距较远的两种语言在语音、词汇、句法以及读者可以利用的语言知识源及非语言知识源方面存在差异,因此学习者在二语词汇推理过程中会出现较多困难。

首先,语言知识源层面导致的词汇推理困难。Paribakht(2005)、Paribakht和Tréville(2007)均考察了一语词汇化对二语词汇推理成功率的影响,结果表明,较之一语词汇化二语目标词,受试非词汇化二语目标词的词汇推理成功率较低。范琳和张姣(2014)在考察汉语词汇化对英语词汇推理加工过程的影响时也有类似发现,即受试汉语词汇化英语目标词的推理成功率远高于其非词汇化英语目标词的推理成功率。尽管汉语词汇化和非词汇化英语目标词均为中国英语学习者不熟悉的词汇,但较之非词汇化英语目标词,他们能够通过词形、词法、词汇搭配和词汇联想等对汉语词汇化英语目标词更好地进行推理。Wesche和Paribakht(2009)发现,尽管波斯语与英语同为印欧语系语言,但其语言类型距离较远,两者在语言特征上存在较大差异。对于一语为波斯语的英语学习者来说,正字法的不同(包括相反的书写方向、不同的字母表、缺少元音书写表征等)会给书写系统带来障碍,导致他们花费更多的时间识别个别字母和单词、阅读速度减慢、难以理解语篇意义等,因此这些学习者会回避使用其母语中没有对等词的二语词汇。因为对于没有一语对等词(L1 equivalent)的二语词汇,学习者不能借助其母语词汇线索进行推理,所以为了不产生错误,他们会尽量避免使用这些不熟悉的、没有一语对等词的二语词汇。然而,当二语学习者遇到熟悉的、有一语对等词的二语词汇时,与二语对应的一语词汇也被一起激活(Jiang,2000；Paribakht,2005；Wesche & Paribakht,2009)，因为双语学习者在二语词汇加工过程中需要激活四个词汇项目，即符号(symbol)、发音(sound)、意义以及一语对等词(Koda,2005：63)。对于初级水平二语学习者来说，一语对等词可以帮助其快速了解句子及语篇的主要意义，从而判断推测出二语词汇意义。如果初级水平二语学习者只是单纯从词形或词义的相似点去识别二语词汇，一语对等词不断被激活，两种语言的相似词汇就会相互竞争，这样他们反而不能很好地掌握二语词汇。Jiang(2000)研究发现，不存在一语对等词的二语词汇更难习得，但这些词汇一旦被习得，学习者反而会更加准确自如地运用，因为这样习得的词汇知识属于学习者的程序性知识，一旦获得就会终身受用(钟书能,2003；刘雪丽、林立红,2013)。Wesche 和 Paribakht(2009)发现一语迁移影响二语词汇推理加工过程以及词汇推理成功率。在二语词汇推理过程中，一语知识会影响知识源的使用，如波斯学生在一语词汇推理过程中很少使用词汇知识源，且波斯语与英语在字形和发音上有很大差异，所以这些学生在二语词汇推理过程中也很少使用词汇知识源，很少借助一语词汇知识进行推理。然而，法语和英语之间的相似性使得法国学生在二语词汇推理过程中经常借助一语词汇知识进行词汇推理，且其二语词汇推理的成功率高于波斯学生。

其次，非语言知识源层面导致的词汇推理困难。对于语言类型距离较远的两种语言，其社会文化背景一般来说差异较大，学习者对语篇的主题熟悉度较低，这使得学习者不能运用存储在大脑中的世界知识对非熟悉单词意义进行推理，导致阅读速度减慢、词汇推理困难等问题。Pulido(2007)让一语为英语的西班牙语学习者阅读两篇材料并对阅读材料中的目标词进行推理，其中一篇材料的话题是学习者比较熟悉的，而另一篇则为其相对不熟悉的话题，结果表明学习者对熟悉阅读材料中目标词意义的推理成功率高于其对不熟悉阅读材料中的目标词的推理成功率。这可能是因为对于不熟悉的阅读材料，学习者不能利用背景知识激活其中的语境线索，导致其无法有效地对目标词的意义进行建构和推理，所以词汇推理成功率低。Wang(2011)在考察一语分别为菲律宾语和汉语，二语为英语的学习者在词汇推理过程中使用的推理策略时发现，菲律宾学生在词汇推理过程中更多使用语篇之外知识(即主题熟悉度和世界知识)。由于菲律宾的官方语言之一是英语，相对于一语为汉语的学生来说，菲律宾学生对英语语篇主题熟悉度更高，这对成功词汇推理起着重要作用。另外，Wesche 和 Paribakht(2009)发现二语词汇推理成功的条件之一是二语词汇水平要达到一定阈值。语言学习是一个动态的变化过程，随着学习者整体语言水平的提高，学习者的元语言知识和元认知能力也都得到发展，他们对有关语言之间的语言距离判断更为准确,能够更好地识别这些语言在语言层面及非语言层面上的差异,从而避免一语负迁移,充分利用一语正迁移(刘承宇、谢翠平,2008)。

需要注意的是,对于语言类型距离较远的两种语言,语义特征相似也能促进二语成功词汇推理。Yu(1996)比较了中国英语学习者和日本英语学习者在推理动作动词意义时的表现,发现中国英语学习者表现较佳,这是因为动作动词的语义特征在汉语和英语中存在相似性,而日语中不存在这种相似性。因此,对于类型距离相对较远的两种语言,语义特征相似也能促进成功二语词汇推理(参见 Wesche & Paribakht,2009)。

3.4 小结

本章从语言迁移视角对词汇推理的跨语言问题进行了剖析,着重探究一语和二语的语言类型距离对二语词汇推理加工过程的影响,探明其在词汇推理过程中所起的重要作用。这为词汇推理加工过程的跨语言问题研究、二语词汇及阅读教学提供了借鉴。一语与二语的语言类型距离越近,两者的相似点就越多,读者在进行二语词汇推理时更容易调动已有的一语相关知识对二语词汇进行推理加工。反之,一语与二语的语言类型距离越远,两者的差异就越大,读者在进行二语词汇推理时很难运用自己原有的一语词汇知识,加之其相应的文化背景知识也比较缺乏,就会使读者在二语词汇推理过程中面临较多的困难。当然,随着语言水平的提高,二语学习者能更好地判断两种语言间的差异,有效利用一语正迁移。随着该领域研究的不断深入,语言学习者词汇推理加工过程的跨语言影响因素也将会愈加明晰。

第四章

词汇推理加工过程中运用的知识源及影响因素

读者词汇推理过程会受到许多因素的影响,他们在词汇推理加工过程中会利用各种知识源来推测语篇中非熟悉单词的意义。本章拟对读者词汇推理加工过程中运用的知识源及影响因素加以系统阐述。

4.1 词汇推理加工过程中使用的知识源

通过考察读者词汇推理过程中知识源的使用,可以了解其在词汇推理加工中如何利用不同线索及其与先前知识的相互作用是怎样的。知识源使用涉及读者的语言陈述性知识及其程序性知识,还在一定程度上涉及学习者一语或其他语言知识及其相关概念知识(conceptual knowledge)(Wesche & Paribakht, 2009:19)。读者词汇推理过程中使用的知识源可以反映读者获取语篇中非熟悉单词意义时所需的知识和信息的能力。Carton(1971)将词汇推理的知识源分为语境线索、语内线索和语际线索。此后,多位研究者以此为依据对知识源的类型进行了划分。Soria(2001)认为语内线索指建立在学习者已有目的语知识基础上的线索;语际线索指语言间的迁移现象,包括母语和目的语提供的线索;语境线索又称超语言线索(extra-lingual cues)或语用线索(pragmatic cues)。具体来讲,语境线索包括世界知识和上下文语篇知识,前者是语言使用者和语言学习者所具有的一般社会文化知识的一部分,后者则是影响其对某一词汇理解的特定语言语境(Soria, 2001:80)。Nassaji(2003:656)将知识源分为语法知识、构词法知识(morphological knowledge)、母语知识、世界知识和语篇知识(discourse knowledge)。语法知识指有关"语法功能或句法范畴的知识,如动词、形容词、副词等";构词法知识指有关"构词和单词结构的知识,包括派生、屈折、词根、词缀等";母语知识是指"通过翻译或从母语中寻找相似的词来确定非熟悉单词意义"的知识;世界知识指与主题相关的背景知识;语篇知识指句内、句间、段落和篇章关系(Nassaji, 2003:656)。Paribakht 和 Wesche

(2006:124)将知识源划分为语言知识源和非语言知识源。语言知识源可分为语内和语际来源。其中语内知识源可从单词、句子和语篇层面进一步划分。单词层面包括词形、同音或同源词(homonymy)、单词联想、词汇搭配;句子层面包括句义、语法知识、标点符号;语篇层面包括语篇意义、形式图式(formal schemata)、文本风格和语域(text style and register)。语际知识源指除目的语以外的语言知识。非语言知识源包含主题知识和其他相关的背景知识。Wesche 和 Paribakht(2009)进一步指出知识源包括学习者母语及语篇语言或其他语言知识及其世界知识,与二语语篇中从词形到语篇模式各层次语言体系的内容和语言线索相互作用。图4.1 为 Wesche 和 Paribakht(2009:77)根据其研究结果,对读者词汇推理加工过程中所使用知识源进行的分类。

语言知识源(linguistic knowledge sources)
基于 L2 的知识源(L2-based sources)
词汇知识(word knowledge)
  词汇联想(word association, WA):在目标词与其他熟悉词汇或者词汇网络间建立联系。
  词汇搭配(word collocation, WC):关于通常与目标词一起出现的词汇知识。
  词法(word morphology, WM):根据语法屈折变化、词干和词缀知识对目标词汇进行形态分析。
  词形(word form, WF):目的语或目的语的某部分与其他单词间书写形式或语音相似性的知识以及错把目的语词汇当成与其相似的另一单词的知识。
句子知识(sentence knowledge)
  句子意义(sentence meaning, SM):目标语所在句子的部分或整体意义的知识。
  句子语法(sentence grammar, SG):目的语词汇句法特点、词性和词序限制的知识。
  标点符号(punctuation):标点符号规则及其意义的知识。
语篇知识(discourse knowledge)
  语篇意义(discourse meaning, DM):语篇以及目标词周围句子的总体意义(即超出目标词所在的句子)。
  形式图式(formal schemata, FS):语篇宏观结构、语篇类型、语篇模式和组织的知识。
  语篇风格和语域(text style & register):语篇风格和语域在措辞方面变化的知识。
基于 L1 的知识源(L1-based sources)
  L1 搭配(L1 collocation):目标语的 L1 对等词搭配关系的 L1 词汇知识,假定目标语中存在同样的搭配关系。
  L1 词形(L1 word form):目标词或目标词的某部分与 L1 单词间书写形式或语音相似性的知识。
非语言知识源(non-linguistic knowledge sources)
  世界知识(world knowledge):非语言知识,包括语篇主题知识和其他相关背景知识。

图 4.1 词汇推理过程使用的知识源类型(Wesche & Paribakht, 2009:77)

词汇推理加工是一个复杂的心理过程,学习者需要综合利用各种语言和非语言知识源来推理非熟悉单词的意义。Haastrup(1991)研究发现,语境线索是学习者使用频率最高的知识源,几乎为语内线索的两倍,是语际线索的两倍多。Morrison(1996)以二语为法语的大学生为受试进行的研究发现,高水平学习者比低水平学习者使用语内线索的频率要高得多。Bengeleil 和 Paribakht(2004)研究发现学习者使用主要知识源的频率从高到低依次是:句子层面,目的语单词层面,语篇层面,世界知识,母语知识;但不同语言水平的学习者对这些线索的使用频率也不尽相同。相关研究也进一步证实了不同语言水平的学习者使用词汇推理知识源的频率存在差异,即低水平读者使用语境、语内和语际线索,中等水平读者利用语境线索,高水平读者使用语境和语内线索进行推理(Riazi & Babaei,2008)。Kaivanpanah 和 Alavi(2008)研究结果表明,语言水平较高的学习者能够广泛运用二语知识源并能整合来自各种知识源的信息,使其为词汇推理加工服务;而语言水平较低的学习者主要通过对非熟悉单词进行字面对等翻译,而不会主动利用语境等信息推理其意义。

4.2 词汇推理加工过程的影响因素

许多因素会影响读者的词汇推理加工过程,这主要包括学习者因素和语篇因素两大类。

4.2.1 学习者因素

4.2.1.1 学习者知识基

Nagy(1997)将学习者知识基分为语言知识、世界知识和策略知识三大类。其中语言知识包括词汇知识、语法知识、二语水平、阅读水平等;世界知识,即学习者的背景知识,包括常识、文化知识、学习者对语篇主题的熟悉程度等;策略知识是学习者从语篇中推理非熟悉单词意义时运用的策略。

语言知识中的词汇知识是影响读者词汇推理的重要因素。该因素对词汇推理加工影响的研究,从其广度和深度两个维度展开。Laufer(1997)研究表明,一语阅读策略向二语阅读的迁移开始于学习者掌握了大约 3 000 个词族(word family)之后,即相当于 5 000 个词汇条目。Nassaji(2006)以不同母语背景的英语学习者为受试,考察了词汇知识深度、词汇推理策略以及词汇推理成功率三者之间的关系。研究结果表明,词汇知识较丰富的学习者能够频繁、有效地利用词汇推理相关策略推理词汇意义;在推理词汇意义的过程中,较之推理策略,词汇知识深度对词汇推理的影响更为显著。Marzban 和 Hadipour(2012)考察了词汇知识广度和深度对词汇推理加工的影响,研究结果表明词汇知识的广度和深度与词汇推理成功率呈正相关,且词汇知识深度对词汇推理加工的影响更大。王改燕和万霖(2011)的研究表明,读者词汇知识水平与其准确推理词义呈正相关,但在特定语篇阅读中,词汇知识有阈限水平,在这一阈限水平之上能否准确推理词义不受学习者词汇知识水平的影响,在这个阈值之下,词汇推理能力受到其词汇知识水平的制约。

语法知识在二语语篇阅读过程中的重要作用已得到普遍认可。Paribakht 和 Wesche(1999)、Paribakht(2004)的研究结果均表明,语法知识对词汇推理加工起着重要作用。Kaivanpanah 和 Alavi(2008)考察了语法知识对词汇推理的影响,结果表明语法知识影响二语学习者的词汇推理能力,语法知识的提高有助于其词汇意义的成功推理。Alimorad,Ghalebi 和 Soozandehfar(2010)也对语法知识在二语词汇推理加工中的作用展开研究,结果证实了语法知识在二语词汇推理加工和词汇习得过程中的重要作用。在某种程度上,足够的语法知识能够弥补学习者词汇知识的不足。Ranjbar(2012)考察了伊朗中高水平英语学习者的语法知识与词汇推理能力之间的关系,发现语法知识是影响词汇推理的重要因素,即语法知识越充分,学习者推理非熟悉词汇的成功率则越高。然而,正如 Paribakht(2004:149)所言,语法知识如何帮助学习者进行词汇推理加工以及词汇习得,尚不明确,有待进一步的研究加以证实。

二语语言水平对语言学习者的词汇推理加工过程产生直接影响。Kaivanpanah 和 Alavi(2008)针对高、低语言水平受试的研究发现,前者能够利用多种二语知识源和相关信息推理非熟悉单词意义,后者则主要依赖字面对等词推测词汇意义。Alavi 和 Kaivanpanah(2009)针对二语水平与词汇推理关系的研究也发现,二语水平与词汇推理能力呈正相关。以母语为土耳其语的英语学习者为受试,针对二语水平和词汇推理加工关系的研究也发现,较之中低语言水平学习者,高语言水平学习者词汇推理成功率更高(İstifci, 2009)。Hamada(2009)考察 5 名母语为日语的英语学习者学术语篇词汇推理加工过程,研究发现,受试二语水平与推理策略的使用情况密切相关。阅读理解测试分数低的学习者在词汇推理成功率、策略使用数量和类型上呈现不断上升趋势;较为成功的学习者在以上方面无明显改变,但其词汇推理方法更有条理。Tavakoli 和 Hayati(2011)的研究表明,中高语言水平学习者多利用语篇知识,而中低语言水平学习者则更多地利用句子层面的语法知识,来推理目标词汇意义;中高语言水平学习者词汇推理成功率高于中低水平学习者。

较之二语语言水平,读者二语阅读水平对其二语词汇推理的影响更为直接。国内外学者对不同阅读水平读者在词汇推理加工过程中使用的知识源及其词汇推理成功率进行了研究,研究发现高阅读水平读者词汇推理成功率高于低阅读水平读者(Bengeleil & Paribakht,2004),受试二语阅读水平与其词汇推理成功率呈显著正相关关系(袁淑娟,2011);其词汇推理加工过程中所使用的知识源类型存在差异,阅读水平高的读者频繁利用语篇层面知识源,而阅读水平低的读者则更多依赖词汇及句法层面知识源进行词汇推理(王改燕,2011)。

学习者对语篇主题的熟悉度也会对语篇阅读过程中词汇推理加工产生影响。Pulido(2003,2007,2009)对主题熟悉度与词汇推理的关系进行了系统研究。研究发现,主题熟悉度对词汇推理有很大影响(Pulido,2007:79);在短时间内(2天后),主题熟悉度越高则越能为学习者提供认知视角,从而建构并融合非熟悉单词的信息(Pulido,2003:261);主题熟悉度可以让不同层次语言水平学习者均能在搜寻和确定非熟悉单词意义时结合相关背景知识和可预测结构(predictable constructions)来进行更深层次的推理加工(Pulido,2009:49)。Pulido的以上研究结果说明学习者对语篇主题越熟悉,其成功推理词汇意义的可能性就越大。Alimorad,Ghalebi和Soozandehfar(2010)的研究也证实了主题熟悉度对学习者词汇推理加工的影响,两者间呈正相关关系。Atef-Vahid,Maftoon和Zahedi(2012)进一步探明了二者的内在联系,发现主题熟悉度越高,越有利于学习者建立相关图式,将已有知识与阅读中的情境相结合,从而提高词汇推理成功率。可以看出,学习者对语篇主题的熟悉度与词汇成功推理之间有着密切关系。然而,也有研究者认为学习者很少依赖世界知识进行词汇推理,这可能是由学习者语言水平低和语篇难度高所致。因此,世界知识不能独立对词汇推理成功率产生影响。具体来讲,世界知识只是影响读者通过语境成功推理非熟悉单词意义可能性的一个重要中介变量(Jenkins & Dixon,1983)。

Nassaji(2006:392)将词汇推理策略定义为学习者从语境中获取非熟悉单词意义时采用的所有认知及元认知活动。通过考察不同母语背景的英语学习者词汇知识深度与词汇推理策略及词汇推理成功率的关系,Nassaji发现具有较高词汇知识深度水平的学习者能更有效利用知识源进而构建准确的词义表征,其词汇推理策略大致分为识别、评估和监控三大类。识别策略(identifying strategy)指学习者用于识别语篇中非熟悉单词意义的策略,如词汇重复(word repeating)、章节重复(section repeating)、词形类比(word-form analogy)、单词分析(word analysis)等;评估策略(evaluating strategy)指学习者用于评估和核实初始推理(initial inference)精准度的策略,包括自主探究(self-inquiry)和校对(verifying);监控策略(monitoring strategy)是指学习者基于语篇中可利用的线索,通过对单词难易度的明确判断表现出对问题本质的一种意识。Nagy(1997)认为读者借助语境获取非熟悉词汇意义时,策略知识并不是必要条件,当读者遇到非熟悉单词时,他们会主动尝试从语境中推理词汇意义。他还认为策略知识连同世界知识,能够弥补学习者二语语言知识的不足(Nagy,1997)。

4.2.1.2 学习者认知风格

学习者认知风格也会对词汇推理加工过程产生影响。Alavi和Kaivanpanah(2009)考察了不同认知风格(场独立型和场依存型)学习者在阅读长、短语篇时的词汇推理加工过程。实验结果表明,只有阅读长语篇时,两种认知风格的学习者的词汇推理能力才出现差异,即较之场依存型学习者,场独立型学习者表现出更好的词汇推理能力。Shen(2010a)针对二语学习者不同认知风格对二语词汇推理的影响进行了研究。结果表明,在接受指导前,集体风格型学习者(group learners)词汇推理能力最强,其余依次为个体(individual)、动觉(kinesthetic)、触觉(tactile)、听觉(auditory)、视觉(visual)型学习者。他们还发现,经过指导后,听觉和视觉学习者词汇推理得分明显高于集体型学习者,说明指导对这些受试具有更为积极的效果。

4.2.2 语篇因素

研究者也考察了语篇语境、语篇难易度、母语词汇化和词汇透明度等语篇因素对读者词汇推理加工过程的影响。

4.2.2.1 语境因素

语境在词汇推理加工过程中起着重要作用。由于二语学习者在语篇阅读词汇推理过程中遇到非熟悉单词的概率更高,因而,他们比母语学习者更依赖语境线索推理词汇意义(Nagy,1997)。语篇中具有充足、明确的语义和语言线索是进行词汇推理的前提(Haynes,1993;Paribakht & Wesche,1997)。同时,在语境中通过推理获取词汇意义也是学习者最常用的词汇学习策略。语境线索对语篇意义的理解和语篇记忆表征的建构起着重要作用(Soria,2001:80),识别并运用语篇所提供的语境线索推理非熟悉词汇意义,是一种较之辨认词汇意义更为复杂的认知加工活动,是二语阅读活动中读者必备的一项技能(Pritchard,1990)。语境线索包括语境和读者拥有的世界知识,前者指对词汇意义理解有影响的特定语言语境,后者则是语言使用者和语言学习者所具有的一般社会文化知识的一部分(Soria,2001:80)。Huckin和Bloch(1993:161)将语境线索划分为局部语言成分(local linguistic constituents)(如句法或语义搭配)、整体语篇表征(global text representation)(如语篇图式和永久记忆)及世界知识三类。由于语境在词汇具体意义实现过程中起着关键作用,读者也必须利用多种语境线索来确定非熟悉单词在具体语篇中的意义。然而,正如Soria所言,语境线索必须具备以下两个条件才能有助于词汇推理加工,即感知和概念层面的线索要为读者所熟悉以及读者能够根据语境包含的信息找到相关图式,来解释语篇中的输入并确定语境中的非熟悉刺激(Soria,2001:80)。蔡薇、吴一安(2007)运用即时回溯(immediate retrospection)方法考察英语学习者如何在听力理解练习中使用词义推断策略,研究表明受试最常用的知识源是目标词所在句子提供的上下文语境线索,同时他们也运用语境知识和背景知识。研究发现语言学习者在阅读过程中依赖语境进行词汇推理(Kaivanpanah,2008;Kanatlar & Peker,2009)。针对不同语境线索水平对学习者词汇推理加工影响的研究发现,语篇中蕴含的语境线索的数量和质量会影响受试词汇推理成功率(王改燕,2011)。然而,也有研究发现,在一个限制性语境中,只要有一个单词未被理解,单独利用语境进行词汇推理也很难让读者猜测出非熟悉单词的正确词义(Kelly,1990)。

由此可见,语境因素既可以是词汇成功推理的辅助因素,也可以成为词汇推理的制约因素,其对词汇推理的作用尚存争议。首先,限制性语境(即包含有意义的线索)很少在未经修改的自然语篇中出现(Stahl,1999);其次,即使有语境线索可利用,这些信息也未必可靠,有时还会误导学习者做出错误的推理(Bensoussan & Laufer,1984;Matsumura,2010)。

4.2.2.2 语篇难易度

语篇难易度也对读者词汇推理加工过程产生影响。Paribakht和Wesche(1999)、Fratzen(2003)等对语篇难易度的相关研究均发现,语篇难易程度(如:句子长度和关联度,专有词汇、抽象词汇及低频词汇的数量等)对词汇推理加工产生显著影响;语篇太难会致使读者不能有效利用语境线索等进行词汇推理(Paribakht & Wesche,1999;Fratzen,2003)。

Sternberg(1987)考察了构成语篇难易度的生词频率、生词特征及其与词汇推理的关系。研究发现,语篇难易度会对词汇推理加工产生重要的影响。语篇难度过大会降低学习者利用语境线索进行词汇推理的积极性,从而影响其词汇推理能力。Liu和Nation(1985)的研究发现,语篇中生词率越高,学习者对语篇的理解越差,推测词汇意义的成功率越低;生词率越低越有利于学习者成功词汇推理。有研究表明,语篇中的生词比率低于5%有利于学习者进行词汇推理加工;超过这一限度,则不利于学习者进行词汇推理(Nation,2001)。面对含有高密度生词的语篇,学习者有可能会放弃推理,而不是尝试借助语篇语境信息推测非熟悉单词意义(Koda,2005)。Liu和Nation(1985)考察了受试对生词密度不同的语篇中低频词汇的推理加工过程,发现较之名词,动词的词汇意义更易于推理,副词和形容词词义则较难推断。也有研究者得出不同结论,如Nation(2001)发现名词、动词比形容词易推理;还有研究表明名词最易推理,副词最难,动词、形容词则介于两者之间(Horst & Meara, 1999)。国内研究者也发现受试对名词词义推理的准确性显著高于动词和形容词,但对于低水平语言学习者而言,词性对词义推理准确性的影响不是很大,名词只占微弱优势(王改燕、万霖,2011)。除词性外,词形对学习者推理能力也有重要影响。如果非熟悉单词与学习者已熟知的某一单词有相同词根,则他们更易通过词根词缀知识成功地进行词汇推理。在同等条件下,具体词汇、非专有词汇、高频词汇比抽象词汇、专有词汇、低频词汇更容易推理(Young, 1999)。

4.2.2.3 母语词汇化

目前母语词汇化对二语词汇推理加工过程影响的研究还相对缺乏。有研究发现,读者倾向于避免使用与母语词汇项目无法对应的二语词汇项目(如:Blum & Levenston, 1980)。Paribakht(2005)有关母语词汇化对词汇推理加工影响的研究发现,读者对母语词汇化和非词汇化的非熟悉单词意义进行推理时使用的知识源类型大致相同,主要包括语言线索(词汇层面、句子层面以及语篇层面知识等)和非语言线索(世界知识),但受试成功推测出的母语词汇化目标词的数量却是非母语词汇化目标词数量的三倍。推理后,读者会获取母语词汇化和非词汇化单词的一些即时知识,两类词汇在词形上的保持时间却大致相同。有研究者考察了语言类型相距遥远的汉语和英语之间的跨语言词汇推理加工过程。研究结果表明汉语词汇化影响语篇阅读过程中英语词汇推理加工成功率,汉语非词汇化英语目标词对学习者成功推理词汇意义带来困难,从而降低词汇推理成功率(如:Chen & Truscott, 2010)。范琳、张姣(2014)进一步考察了汉语词汇化对英语词汇推理加工过程的影响,研究表明受试汉语词汇化英语目标词的推理成功率明显高于其非词汇化英语目标词;受试汉语词汇化和非词汇化英语目标词推理加工过程中使用的知识源呈共享模式,但其知识源子类型的使用频率存在差异。

4.2.2.4 词汇透明度

词汇透明度,也称作语义透明度或形态透明度(semantic/morphological transparency),指不依赖或较少依赖语境,仅依据单词组成成分就能推测单词意义。学者们针对词汇透明度对语篇阅读中词汇知识习得的影响展开了广泛研究。Nagy 和 Anderson(1984)发现尽管大多数英语词汇能分解成词根、前缀和后缀,但这些组成部分表达整个单词意义的程度大不相同。儿童受试可以仅通过有些单词的语义或形态关联推测其意义,而对另一些脱离语境的单词推测其意义的可能性极小。此时,如果儿童受试能够利用语境和形态来辨认单词,则会辅助其词汇学习。针对母语为日语的儿童开展的相关研究也表明,语义透明度与语境相结合能够促进儿童的词汇学习(Mori, 2003)。然而,Shu 等(1995)、Nagy, McClure 和 Mir(1997)针对儿童开展的一语词汇推理研究并未发现词汇透明度对其语篇词汇推理有显著影响;袁淑娟(2011)针对词汇透明度对中国大学阶段英语二语学习者词汇推理影响的研究也没有发现词汇透明度有显著影响效用。这可能是因为受试没有关注词汇结构,无意间对词汇意义做了主观肯定(Bensoussan & Laufer, 1984; Frantzen, 2003),或者即使受试已经注意到单词词缀,但未能正确分析并利用这些线索来促进其词汇学习(Drum & Konopak, 1987)。可见,关于词汇透明度与词汇推理加工过程关系的研究结果不尽一致,尚需进一步探究。

4.3 小结

可以看出,国内外针对读者词汇推理加工过程使用的知识源以及读者因素、语篇因素对词汇推理加工过程影响的研究已经取得重要研究成果,但有些研究问题还未达成一致结论,研究范围还有待拓展,在此领域尚需进行更多的理论探究与实证研究,以更好地揭示词汇推理加工过程的实质。

同认知因素一样,情感因素也对词汇推理加工过程产生影响。研究者对影响词汇推理加工的认知因素进行了较为全面的考察,但缺乏读者的情感因素(如:动机、态度、性格、焦虑等)对词汇推理加工影响的研究(参见王震、范琳,2012)。因而,未来研究可以考察读者情感因素的作用,以扩展词汇推理加工研究的范围。另外,读者进行词汇推理加工的目的之一是促进其词汇知识的发展。然而,成功推理后采用何种方式使新单词知识和意义得以保持尚需深入研究。

本章对词汇推理过程中使用的知识源类型和词汇推理加工的影响因素进行了系统梳理。可以看出,研究者采用问卷调查、有声思维、回溯等多种研究方法和手段,对词汇推理加工过程进行了研究,一定程度上揭示了词汇推理加工机制,加深了人们对这一认知加工过程的认识。词汇推理作为词汇附带习得的主要方式,其加工机制的研究对读者阅读过程中词汇知识的发展和语篇理解有着重要意义,对这一重要认知加工过程的研究也为二语词汇和阅读教学提供可资借鉴的启示。这一领域今后的研究方向既要关注于验证先前的研究结果,又要扩展研究范围;表意文字与拼音文字间词汇推理的跨语言加工机制发展模式也是未来研究的重点。可以预期,词汇推理加工研究仍将是心理语言学、语言教学领域关注的重要研究课题之一。

词汇推理研究方法

作为语篇阅读理解和词汇附带习得的重要手段，词汇推理加工受到了极大关注。研究者采用延时和实时方法对这一加工过程涉及的理论模型、知识源分类、研究范式、影响因素等进行了诸多实证研究，也取得了一些重要的研究成果。在这些实证研究中，研究者采用了不同的研究方法，如问卷调查法、回溯法、有声思维法、反应时法、眼动记录法等。然而，目前尚缺乏对这些词汇推理加工采用的方法进行系统分析的相关研究，也尚未有研究采用 fMRI 和 ERP 技术来探究词汇推理加工过程。鉴于此，本文将对该研究领域已采用或未来可用的方法进行阐述，对相关方法的优、劣势加以评述，并提出采用这些方法需注意的问题，以期为研究者开展相关研究提供启示，使其研究结果更具科学性，更好地揭示词汇推理加工过程。

5.1 延时方法

本节主要介绍词汇推理研究使用的问卷调查法和回溯法两种延时方法。

5.1.1 问卷调查法

问卷调查是一种书面工具，指呈现一系列问句或陈述句，要求受试做出回答或选择(Brown，2001：6)。这种方法调查范围广、内容多样，且能在短时间内收集到大量数据，因此成为词汇推理加工研究中常用的方法。词汇推理调查问卷的内容可涉及各个方面，如词汇学习策略、语篇类型熟悉度等。问卷设计通常有开放式和封闭式两种(秦晓晴，2003：21)。开放式问卷只给出问题，不提供选项，由受试自由回答；封闭式问卷要求受试根据选项进行选择。一般说来，问卷设计以封闭式为主、开放式为辅，且将开放式问题置于问卷末尾。封闭式问卷可采用等级量表(如：Likert 量表、语义区分量表)、多项选择题、排序题、数字题和清单列表等形式(秦晓晴，2011：65)。其中，Likert 量表的使用频率最高。作为一种标准化的问卷，Likert 量表的等级一般为奇数，最常用的是 5 级量表,其次是 7 级量表和 3 级量表,受访者根据等级量表进行评定,以确认自己对所列出的做法或看法的认可程度(秦晓晴,2009)。

问卷调查在词汇推理实证研究中应用广泛。Pulido(2003,2007)采用五级设定的问卷对受试进行了主题熟悉度的问卷调查,以考察主题熟悉度对阅读过程中词汇附带习得及词汇推理的影响。王平(2009)以问卷的形式,采用 Likert 七级量表考察了学习者在词汇推理过程中策略及知识源的使用情况。Shen & Wu(2009)在实验前后分别对受试进行问卷调查,考察他们在推理非熟悉单词时的策略使用情况。Shen(2010a)采用 Likert 五级量表考察了 145 名受试的认知风格对其二语词汇推理加工的影响。Shen(2010b)在受试进行词汇推理后,即时采用五级量表测试其所用的推理策略。Atef-Vahid,Maftoon 和 Zahedi(2012)也借助调查问卷考察了主题熟悉度对词汇推理的影响。

然而,问卷调查也存在一定局限性,如问卷的信度和效度较难保证,回收率低,封闭式问卷还不利于发挥受试的主观能动性、不够人性化;如果要对复杂问题进行深入调查或要获得非书面数据,就需要与其他方法结合使用(秦晓晴,2009:267)。

5.1.2 回溯法

回溯法(retrospection)指受试完成推理任务后口述其在推理过程中进行的思维活动(van Someren,Barnard & Sandberg,1994:21)。进行回溯时,受试首先阅读整个语篇,然后根据实验要求,自由回溯(free retrospection),或依据所给线索回溯(cued retrospection)。

Cai 和 Lee(2012)采用即时回溯法(immediate retrospection)考察了受试在听力理解中的词汇推理加工。由于受试在口述过程中所表现出的话语特征(speech production features)(如停顿、语速快慢、自我修正等)均可在一定程度上反映受试的词汇推理加工过程,因此,在对口述材料进行转写时,研究者应该对这些特征予以重视,避免遗漏重要信息(Kasper,1998:359)。然而,要求受试利用回溯法准确回忆起当时的所有想法并非易事,特别是在任务完成一段时间之后,这时可采用有声思维法与回溯法相结合的方法来研究词汇推理加工,以克服单一的有声思维法或回溯法造成的信息遗漏。

总体而言,延时方法只能反映词汇推理的结果,无法揭示词汇推理的即时加工过程,故研究者更多地采用实时方法考察学习者词汇推理加工过程。

5.2 实时方法

词汇推理与语篇阅读推理加工过程相似,故用于语篇阅读推理的即时研究方法,如有声思维法、反应时法、眼动记录法、fMRI 和 ERP 技术等,同样可用于词汇推理加工研究。总体来讲,目前除有声思维以及有声思维和回溯相结合的方法外,其他实时方法在词汇推理加工研究中使用较少。

5.2.1 有声思维法

有声思维法(think-aloud)作为口头报告的一种变体,指受试口述其在执行给定任务时的想法和行为(Soria, 2001)。采用这种方法,受试可在不受任何干扰、提示或提问的前提下,一边推理,一边口述其想法,无须组织语言或解释口述内容(van Someren, Barnard & Sandberg, 1994: 26),其口头报告由研究者录制下来,转写成书面材料加以分析。

目前,许多研究者借助有声思维法对阅读过程中词汇推理的实时加工进行了考察。Huckin 和 Bloch(1993)实时追踪了受试在遇到非熟悉单词时所使用的推理策略。Soria(2001)让受试口述其在词汇推理加工过程中使用的知识源。Nassaji(2006)考察了词汇知识深度、词汇推理策略及成功率三者之间的关系。Kaivanpanah 和 Aliva(2008)研究了语法知识对词汇推理加工的影响。Riazi 和 Babaei(2008)根据有声思维收集到的数据考察了受试在词汇推理加工过程中使用的知识源及其二语水平对知识源使用的影响、词汇推理能力与二语阅读水平之间的关系。Hu 和 Nassaji(2012)要求受试在推理的同时口述其思维加工活动,以了解其使用的推理策略。研究者还考察了阅读水平对词汇推理成功率、知识源和推理策略的使用数量和质量的影响(王瑛,2011)以及受试在词汇推理过程中所使用的策略及各种策略的使用频率(Comer, 2012)。

有声思维的优点在于其运用具体的任务来产出更加可信的结果,它的共时性减轻了记忆负担,受试可在不受打扰的情况下集中精力完成任务(Soria, 2001)。然而,采用该方法也会导致受试汇报不充分及口头报告内容不易诠释等情况,这时需采用有声思维和回溯相结合的方法来考察受试的推理加工过程。运用这两者相结合的方法,研究者考察了英语学习者阅读过程中的词汇加工策略和词汇学习之间的关系(Fraser, 1999)、词汇推理过程中使用的知识源和推理策略(范琳、张姣,2014)、词汇推理策略、知识源与二语成功词汇推理的关系(Nassaji, 2003)、学习者二语阅读水平对其阅读说明类语篇词汇推理加工的影响(Bengeleil & Paribakht, 2004)、一语迁移对二语词汇推理加工的影响(Wesche & Paribakht, 2009)、英语学习者的汉英词汇推理加工模式(范琳、杨赛、王震,2013)等。还有研究者探究了语法知识在词汇推理加工中的作用(如: Alimorad, Ghalebi & Soozandehfar, 2010)。以上研究将有声思维和回溯有机结合对词汇推理加工过程进行研究,更好地揭示了这一重要认知加工过程的实质。

5.2.2 反应时法

反应时(response time)是指从接受刺激到做出反应动作所需的时间。语篇阅读过程的词汇推理反应时指通过测量并比较受试对目标词做出反应的时间来探测推理的产生(范琳、周红、刘振前,2011)。其基本实验程序如下:受试阅读显示屏上呈现的目标语篇,其中包含一个或多个未做任何标记的目标词;待语篇呈现完毕后,再将语篇中的句子分组呈现,每一组句子中包含一个目标词,并对目标词进行标记,每组句子的呈现时间根据统一标准而定,即每个单词的阅读时间(如:600 ms)×单词个数。每次呈现包括一个目标词的句子,目标词呈现后,受试选出意义最贴近目标词的选项,由电脑记录从呈现选项到受试通过按键做出反应的时间及词汇推理的正确率。

该方法的优点在于时间精度较高,缺点在于无法获知读者在推理过程中使用知识源和推理策略的情况,但可以通过让受试回溯来获知这些信息。可以用于语篇阅读和词汇推理加工研究的反应时法主要包括再认(recognition)和词汇判断(lexical decision)等实验范式(详见周红、范琳,2010)。

5.2.3 眼动记录法

研究者还可以采用眼动仪记录受试在词汇推理过程中眼睛运动的轨迹。眼动记录法(eye movement recording)的基本实验程序为:在屏幕上呈现刺激材料,当受试阅读刺激材料时,用一种肉眼看不见的光线射向眼睛的角膜处,光线被反射到摄像机上并记录下来,经过眼动仪对相关信号进行处理,以此来追踪眼动轨迹(阎国利,1997;贺荟中、贺利中,2005)。眼动记录法主要基于两种理论假设:(1)"眼—脑"假设(eye-mind hypothesis),即受试在看到某个词的同时就对其进行心理加工;(2)即时加工假设(immediacy hypothesis),即受试只有在对所注视的词完成所有加工后眼睛才继续移动,进行下一步阅读(阎国利,1997)。眼动仪可记录受试阅读目标词汇的时间和空间数据,这些数据可以概括为注视和眼跳两类指标,注视类指标如注视时间(fixation duration)、注视位置(locus of eye fixation)、注视次数(fixation counts)、凝视时间(gaze duration)、溢出时间(目标词之后的注视时间),眼跳类指标如回视频率(regressive frequency)、眼跳距离(saccade distance)和眼跳停留位置(saccade landing position)等,用于分析推理的产生及推理所用的时间(参见周红、范琳,2010)。

该方法的优点在于整个实验过程最贴近自然状态,对受试的干扰程度小,且能收集到丰富的数据;不仅可以反映阅读过程的整体加工,也能揭示词汇推理的即时加工进程。然而,对丰富的眼动数据进行分析却十分繁琐,需要耗费大量的时间和精力。鉴于此,使用眼动记录法考察词汇推理的研究相对较少。目前,仅有 Dolgunsöz(2016)采用眼动记录法考察了词汇推理及其对英语学习者阅读速度的影响,该研究可为未来采用这一方法进行词汇推理相关研究提供有价值的借鉴。

5.2.4 fMRI 和 ERP 技术

功能性磁共振成像(functional Magnetic Resonance Imaging,fMRI)和事件相关电位(Event-related Potentials,ERP)技术是认知神经科学的前沿技术,可以帮助研究者深入了解大脑的高级认知功能,特别是语言功能。

fMRI 是一种功能性神经成像过程,基于核磁共振技术,通过测量神经元的次级反应变化(如脑局部血流、氧代谢、糖代谢等)来了解该部位神经元的活动情况,实现脑的功能定位(Huettel,Song & McCarthy,2009;杨唐峰、俞瑢,2011)。当受试在阅读过程中对目标词进行推理加工时,其大脑皮层某一区域神经细胞处于激活状态,消耗大量能量,导致单位时间内大脑局部血氧消耗量增加,使脑区磁场不均匀,磁共振信号增强。信号强度与推理加工强度成正比,即推理加工难度或强度加大,磁共振信号增强,故 fMRI 技术可应用于观察词汇推理激活的脑区范围及加工程度。它的优点是不需要注射同位素、检测时间短且空间分辨率高。需要提及的是 fMRI 技术不是直接监测神经元的功能活动,而是通过测定磁共振信号变化来反映血氧饱和度和血流量,由于神经活动和血液动力学反应之间存在 3—6 秒时间延迟,因此其时间分辨率不高(杨唐峰、俞瑢,2011)。

ERP 是指由大脑生成的、与特定内部或外部事件(如:刺激、反应、决定等)相关的电位,可以无损伤地用于所有受试并能提供其认知及情感加工过程的信息(Luck,2012)。施加一种特定刺激于感觉系统或脑的某一部位,在给予或撤销刺激时,脑部会引起一定的电位变化,这一变化的波形特征可以反映词汇推理的加工强度和加工过程。波幅和潜伏期是 ERP 的两个重要测量指标,波幅代表脑电位的强度,潜伏期的长短反映刺激的加工难度(杨亦鸣、耿立波,2008)。与语言相关的脑电成分主要有 N400、LAN、P600、Nref 等,这些成分的变化能反映语言认知过程的变化。ERP 的时间分辨率(temporal resolution)极高,可以展现大脑神经活动在数毫秒内的细微变化(杨唐峰、俞瑢,2011),且设备相对简单,对环境的要求不高,借助 ERP 可以准确观察到学习者词汇推理加工过程中的神经活动。

由以上论述可知,fMRI 和 ERP 这两种技术各有优缺点,目前在词汇推理研究中尚未被研究者采用。在未来研究中,研究者可以根据研究目的,结合这两种技术各自的优点,形成优势互补。

5.3 词汇推理加工研究需要注意的问题

词汇推理加工是一个复杂的过程,涉及学习者对非熟悉单词认知加工过程的诸多方面。为了确保研究的可信度,实验的每一步都需要经过周密的设计。除学习者自身因素外,其他因素(如实验语篇、目标词及评估标准)也会影响词汇推理加工。我们拟在 Matsumara(2010)研究基础上,主要就语篇选择、目标词呈现及评估标准这三方面进行探究,以期有助于词汇推理加工实验设计更为严谨,研究结果也更加可靠。

进行词汇推理研究时需要注意对语篇因素的控制。首先,语篇主题熟悉度对读者词汇推理成功率有重要影响。研究者通过有声思维与回溯、访谈相结合的方法(Paribakht & Wesche, 1999)及问卷调查和翻译测量相结合的方法(Pulido, 2007)验证了这一结论,即主题熟悉度对词汇推理成功起着重要作用。其次,语境线索能够影响读者词汇推理加工成功率。语境线索可分为"蕴意型语境"(pregnant contexts)和"非蕴意型语境"(non-pregnant contexts)(Mondria & Wit-de-Boer, 1991; Matsumura, 2010; 盖淑华, 2003)。"蕴意型语境"提供了充分的线索来帮助学习者推测词义,"非蕴意型语境"中则没有这些线索。然而,当生词密度过高时,即使是在"蕴意型语境"中,学习者也无法顺利完成词汇推理,这是因为过多的生词会阻碍学习者利用语境线索成功推理词义。再次,当生词密度适当时,线索的显性程度在词汇推理中起重要作用。研究者(Liu & Nation, 1985; Haynes, 1993; Paribakht & Wesche, 1997; Kaivanpanah & Alavi, 2008)认为充足、明确的语义及语言学线索是词汇推理成功的前提。

目标词的呈现方式在一定程度上也可以影响词汇推理成功与否。以往词汇推理研究中目标词多以真词(Bengeleil & Paribakht, 2004; Nassaji, 2006)或假词(Haynes, 1993; Pulido, 2003, 2004; Wesche & Paribakht, 2009; Godfroid, Boers & Housen, 2013; 范琳、杨赛、王震, 2013)的形式呈现。然而选用真词最大的问题在于难以确定学习者先前是否对目标词已有部分认知,即受试之前见过或听过目标词但不知其义(Matsumura, 2010)。鉴于这一缺陷,采用假词作为目标词成为研究者的首选。然而,也有研究者对此提出质疑,认为假词限制了学习者通过词根、词缀推理词汇意义,而且学习者还会附带习得某些假词(Frantzen, 2003)。虽然使用假词存在这些弊端,但至少可以确保受试对目标词一无所知,总体而言其利大于弊。

对学习者词汇知识习得程度的评估也是词汇推理研究中需要注意的问题。学习者的词汇知识是逐渐积累起来的,通过词汇推理习得非熟悉单词也要分阶段进行。学习者首次接触目标词,可能会通过语境线索和目标词呈现方式等信息推理出该词的意义,但该词义只局限于这一特定语境,并不是该词的所有意义。词汇知识学习是一个连续体,学习者开始只是了解目标词的核心词义,通过在不同语境中多次遇见该词,才有可能习得其全部意义。因此,目标词的复现率或接触次数(time of encounter)是词汇习得的一个重要指标(张宪、亓鲁霞,2009)。一个词重复出现的频率越高,学习者接触该词的机会越多,那么习得该词汇的机率则会越大。

分级评分法成为评估学习者词汇知识习得的首选。例如张宪和亓鲁霞(2009)采用的分级评分法的评分标准为:受试说出目标词在上下文中的意思得2分、所说意思虽不准确但有一定关联得1分、说不出词义或所说词义与上下文意思不符得0分。该评分法可以反映学习者的词汇知识从无到部分到全部的过程。Wesche 和 Paribakht(1996),范琳、杨赛和王震(2013)采用了词汇知识量表(vocabulary knowledge scale,VKS)来测试受试的目标词知识掌握程度,该量表可以测量从意义辨识到准确产出等不同的词汇知识维度。与二级评分法相比,采用多级评分法对词汇项目进行打分的信度和效度明显较高。因此,选取能够考察词汇习得渐进过程的评估标准对准确测量词汇推理成功与否至关重要。

5.4 小结

本章从词汇推理研究采用的延时方法和实时方法入手,阐述了词汇推理加工的研究方法和范式,不管是延时法还是实时法都能在一定程度上揭示受试阅读中的词汇推理加工过程。然而,任何方法都有其局限和不足之处,只有将这些方法结合起来使用,并对研究设计中需注意的因素如语篇选择、目标词呈现及评估标准等进行改进,才可以更好地揭示词汇推理加工过程。

第二部分

词汇推理影响因素实验研究

　　本部分汇报了我们针对影响中国英语学习者词汇推理加工过程的主要因素——读者因素和语篇因素开展的研究。读者因素方面着重考察了语言水平、语篇主题熟悉度对词汇推理加工过程的影响；语篇因素方面考察了语境因素和语篇句法复杂度对词汇推理加工的影响；我们还进而考察了读者因素(二语阅读水平)和语篇因素(语境支持度)对词汇推理加工的综合影响。本部分包括三章，第六章考察二语水平和语篇主题熟悉度对学习者词汇推理加工过程的影响。研究发现，二语水平和主题熟悉度均对其成功词汇推理产生影响。读者阅读主题熟悉度较高语篇时，其词汇推理成功率高于其阅读主题熟悉度较低的语篇；二语水平对受试选用何种知识源进行词汇推理无显著影响，高、低语言水平受试使用的知识源类型呈共享模式，知识源使用相对频率趋于一致；二语水平与二语词汇推理成功率间呈显著正相关关系。第七章的实验一考察了语篇语境线索与受试词汇推理能力及英语语言水平之间的关系，研究结果表明，学生利用语境线索推理非熟悉单词意义的总体能力还不是很高，其英语六级考试成绩与其利用语篇语境推理词汇意义的能力呈显著正相关关系。第七章的实验二考察了语篇句法复杂度对语言学习者词汇推理成功率的影响。研究发现，受试阅读不同句法复杂度语篇进行词汇推理加工所使用的知识源呈现共享模式；语篇句法复杂度对受试词汇推理加工有显著影响，句法结构复杂语篇不利于受试使用语篇层面线索进行词汇推理，句法结构相对简单的语篇则有利于受试词汇推理的成功。第八章的实验考察二语阅读水平、语境支持度对词汇推理加工过程的综合影响，发现这两个因素均显著影响词汇推理成功率，高阅读水平学习者词汇推理成绩均显著高于低阅读水平学习者，不同语境支持度下词汇推理成绩存在显著差异；二者间交互作用显著，共同影响词汇推理加工过程。

语言水平和语篇主题熟悉度对中国学生词汇推理影响的研究

本章汇报影响中国英语学习者词汇推理的两个读者因素——语言水平(实验一)及语篇主题熟悉度(实验二),揭示这两个读者因素对二语学习者词汇推理成功率以及知识源使用的影响。

6.1 相关研究回顾

6.1.1 语言水平对词汇推理影响的相关研究

目前已有诸多研究者对不同国家和地区二语学习者词汇推理知识源的使用情况和推理成功率进行考察。针对丹麦高、低二语水平英语学习者词汇推理加工的研究发现,高二语水平者能更灵活、有效地综合利用多种知识源进行词汇推理,且词汇推理成功率也明显高于低二语水平者(Haastrup,1991;Albrechtsen,Haastrup & Henriksen,2008)。以不同母语背景的法语学习者(Morrison,1996)和土耳其的英语学习者(İstifci,2009)为受试,针对二语水平对知识源使用影响的研究也得出类似结论。有关伊朗英语学习者词汇推理加工的研究逐渐增多,这些研究考察了语言水平对词汇推理加工的影响(如Kaivanpanah & Alavi,2008;Riazi & Babaei,2008;Tavakoli & Hayati,2011)。Kaivanpanah 和 Alavi(2008)的研究表明,高二语水平受试能够更广泛运用二语语言知识源,更有效地获取和整合相关信息为词汇推理加工提供线索,其词汇推理成功率也更高。研究者还就语言水平对词汇推理中知识源的使用和推理成功率进行了综合考察,Riazi 和 Babaei(2008)的研究表明,伊朗英语学习者的二语水平影响其词汇推理成功率和知识源使用类型。高水平学习者的词汇推理成功率高于其他水平组。就词汇推理加工使用的知识源类型而言,初级水平学习者利用语境、语内和语间线索;中级水平者只利用语境线索;高级水平者则运用语境和语内线索。其他研究者则发现不同语言水平二语学习者使用的知识源类型基本相同,但高水平语言学习者能够更好地推理词汇意义(Tavakoli & Hayati, 2011; Kaivanpanah & Moghaddam, 2012)。以上研究关于二语水平对词汇推理成功率影响的结果总体保持一致,即高二语水平受试的词汇推理成功率高于低二语者,但有关不同语言水平受试推理目标词汇意义使用的知识源类型的研究发现还不尽一致。国内研究者或者考察二语水平对学习者推理过程中知识源使用的影响,或者考察二语水平对其词汇推理成功率的影响。研究结果表明,不同语言水平的中国英语学习者在推理目标词汇意义时均使用了包括词汇、句子、语篇、世界知识等在内的多种知识源(王瑛,2007),但高二语水平者更善于综合运用多种相关知识(蔡薇、吴一安,2007);受试二语水平与其词汇推理成功率之间呈正相关(王平,2009;王改燕、万霖,2011;王瑛,2011;王瑛、黄洁芳,2014)。

可以看出,国外仅有少量研究综合考察了语言水平对词汇推理加工中知识源使用及推理成功率的影响,且关于语言水平对读者词汇推理加工使用的知识源类型的影响也有不同结论。尤其是,国内尚缺乏此类综合研究。鉴于此,本研究将综合考察中国英语学习者的二语水平与其语篇阅读理解过程中词汇推理知识源使用和推理成功率的关系,以期进一步揭示读者词汇推理加工过程。

6.1.2 主题熟悉度对词汇推理影响的相关研究

主题熟悉度与背景知识密切相关。背景知识指"读者对某一主题的已知概念"(Stevens, 1980: 151);是"学习者在某一学习环境中所拥有的,与获得新知识有潜在关联的各种知识"(Biemans & Simons, 1996: 6)。主题熟悉度指读者拥有的与语篇主题和内容相关的背景知识(Pulido, 2004)。二语习得领域已有大量研究表明语篇相关背景知识影响读者阅读理解(如:Bensoussan, 1992; Rott, 2000; Al-Shumaimeri, 2006; Chang, 2006)。熟悉的语篇主题或丰富的背景知识有助于读者对语篇意义的理解,对其语篇推理产生积极影响。词汇推理作为一种语篇阅读技能,在多大程度上与主题熟悉度这一读者因素相关也受到了研究者关注(如:Chern, 1993; Nassaji, 2003; Pulido, 2004; Alimorad, Ghalebi & Soozandehfar, 2010; Atef-Vahid, Maftoon & Zahedi, 2012)。有研究表明,尽管受试一语背景或语言水平不同,他们在阅读不同文体的二语语篇时均依赖背景知识来推理非熟悉单词意义(如:Chern, 1993; Nassaji, 2003; Pulido, 2003, 2004)。最近,Pulido(2007)、Alimorad, Ghalebi 和 Soozandehfar (2010)、Atef-Vahid, Maftoon 和 Zahedi (2012) 以及 Biria 和 Baghbaderani (2015)考察了大学生二语英语或西班牙语学习者阅读二语语篇并推理目标词汇意义的过程,研究发现主题熟悉度对二语学习者词汇推理产生积极影响。

Alimorad,Ghalebi 和 Soozandehfar(2010)的研究表明主题熟悉度与二语学习者成功词汇推理存在正相关关系。Atef-Vahid,Maftoon 和 Zahedi(2012)进一步考察了二者的内在联系,其研究发现主题熟悉度越高,越有利于学习者构建相关图式,建立已有知识与阅读情境间的联系,进而促进成功词汇推理。然而,有研究结果表明,背景知识在二语词汇推理加工过程中所起的作用有限,读者有时使用背景知识的频率并不高;有时即使使用,也不能恰当地利用该知识进行成功词汇推理(如:Bensoussan, 1992;Haynes & Baker, 1993;Huckin & Bloch, 1993),其使用频率受到诸如二语语言水平等因素的影响(如:Parry, 1997;Pulido & Hambrick, 2008)。Pulido 和 Hambrick(2008)对 99 名不同语言水平的英语—西班牙语受试二语阅读与词汇发展中的个体差异进行研究,发现高水平受试能够高效地完成必要的低水平加工过程,释放注意力资源以保证语篇概念的构建与整合,并确保背景知识的可及及其在词汇推理中的应用。此外,也有研究者主张学习者很少依靠背景知识进行词汇推理,这可能与学习者语言水平较低以及语篇难度较高有关(如:De Bot, Paribakht & Wesche, 1997;Paribakht & Wesche, 1999)。因此,其背景知识不能独立对词汇推理成功率产生影响。具体来讲,在复杂的推理过程中,背景知识只是影响读者通过语境成功推理非熟悉单词意义的一个重要中介变量(Jenkins & Dixon, 1983)。由此可见,目前学界已经开展关于主题熟悉度与二语语篇阅读词汇推理关系的研究,但研究结果存在分歧,涉及的一语、二语主要为拼音文字,而关于主题熟悉度对母语为汉语(表意文字)的英语学习者词汇推理加工过程影响的研究依然较为欠缺。尽管 Chern(1993)以及 Nassaji(2003)的研究中对汉语母语者在英语词汇推理加工过程中主题熟悉度的影响有所涉及,但以上受试均在目的语国家进行学习,其语言环境与多数中国英语学习者的外语学习环境存在很大差异。鉴于此,我们旨在探究主题熟悉度对中国英语学习者词汇推理加工过程的影响,以揭示两者间的相互关系。

6.2 实验一

本研究旨在考察不同语言水平的中国英语学习者词汇推理加工过程中知识源的使用情况及其推理成功率。具体考察以下问题:(1)二语水平对受试词汇推理加工使用的知识源类型是否产生影响?如果是,有何种影响?(2)二语水平是否对受试词汇推理成功率产生影响?如果是,有何种影响?

6.2.1 研究方法

6.2.1.1 受试

实验者随机选取宁波大学英语专业三年级 3 个自然班的学生作为可能的研究对象,他们均是母语为汉语的英语学习者,年龄介于 20 至 22 岁,学习英语时间均超过 8 年。实验者依据受试 TEM-4 成绩将他们分成高、中、低三组,各组均为 33 人。其中,选取高、低语言水平组学生为本研究受试,包括男生 11 人,女生 55 人。两组受试的二语水平存在显著性差异($p < 0.05$)。

6.2.1.2 实验材料

两篇英语实验语篇为 Kaivanpanah 和 Alavi(2008)所使用的语篇(见附录一),主题分别涉及恐惧症(phobia)和酸雨(acid rain),受试对此类主题熟悉且感兴趣。两个推理语篇中 20 个可能的目标词包含名词、动词和形容词三个词类。实验者随机抽取与高、低语言水平组受试二语水平相当,但不参加正式实验的学生各若干名,以确定相应语言水平受试对目标词的熟悉程度。根据学生的反馈,去除了部分学生熟悉的 3 个单词,并增补了另外 3 个单词,待再次确认单词熟悉度后,最终选定 20 个画线目标词(见表 6.1)。两个语篇中的目标词均包括名词、动词和形容词。由于生词密度是影响读者词汇推理加工的又一因素(Nation, 2001; Koda, 2005),为了使受试能够更好地理解语篇内容,实验者参考以往研究者关于生词密度的研究结果(如:Liu & Nation, 1985; Hsueh-chao & Nation, 2000; Nation, 2006; Laufer, 2010),在保证词性一致、词义相近的前提下,对目标词以外的部分单词进行替换,将生词密度控制在 5% 左右,使实验语篇能够最大程度地利于受试推理目标词汇意义。

表 6.1 实验推理语篇中的目标词

词性	Passage 1:*Phobia*	Passage 2:*Acid Rain*
名词	phobia, psychiatrist, agoraphobia, distribution, desensitization, palliatives	degradation, deposition, compaction
动词	afflict, befall	logging, aggregate, sag, impede
形容词	constricted, housebound	susceptible, synergistic, contiguous

6.2.1.3 数据收集步骤

本实验参考以往类似研究采用的方法(如 İstifci, 2009; Tavakoli & Hayati, 2011),让受试书面汇报其词汇推理的结果以及知识源使用等细节。实验开始前,实验者向受试说明实验的主要任务及流程,并对可能使用的知识源类型进行简要介绍。受试阅读目标语篇,对画线目标词汇意义加以推断,并写出其推断出的目标词汇意义,中英文皆可。实验者鼓励受试最大程度地书面汇报推理过程和细节,如推理如何进行、利用了何种知识源、语篇中哪些信息有助于推理等。

6.2.1.4 数据分析

我们对受试的书面汇报资料进行了定性和定量分析。个别受试未能全部完成推理任务,也有受试未书面汇报其词汇推理使用的具体知识源或利用的相关信息。剔除这些无效测试卷后,共有 62 份有效测试卷,高、低语言水平组各 31 份。定量数据使用 SPSS17.0 加以统计处理。

```
1. 语言知识源
   (1) 词汇层面知识(word-level knowledge)
       a. 词汇联想(word association)
       b. 词法(word morphology)
       c. 同音异义词(homonymy)
       d. 词汇重复(word repetition)
   (2) 句子层面知识(sentence-level knowledge)
       a. 句子意义(sentence meaning)
       b. 语法知识(grammar knowledge)
   (3) 语篇知识(discourse knowledge)
2. 非语言知识源
   世界知识(world knowledge)
```

图 6.1 受试在词汇推理过程中使用的知识源类型

基于以往研究(Paribakht & Wesche, 1999;İstifci, 2009;Tavakoli & Hayati, 2011),并结合本实验中受试的书面报告,实验者对其词汇推理过程中所用知识源进行分类和统计。由此,我们得知高、低语言水平组受试推断每一目标词汇意义对应使用的知识源。这主要涉及词汇、句子、语篇层面语言知识源和非语言知识源(见图 6.1)。在词汇层面,受试主要依赖词汇联想、词法和同音异义词等与目标词自身特征相关的知识以及词汇重复进行推理。其中,词汇重复包括"相同词汇项目的重复"和"相关词汇项目的共现"(范琳、王震,2014:55),如目标词的同义词、近义词或同位语。句子层面知识包括句子意义和语法知识。其中句子层面语法知识是指有关句子成分之间相关关系的知识,包括词类知识(word-class information)及单词的句法范畴(syntactic category)等(Tavakoli & Hayati, 2011)。语篇知识是指受试利用超越句子层面的信息(如衔接手段)及建立语义连接的知识(İstifci, 2009:103;Tavakoli & Hayati,

2011:1229)。非语言知识源主要是世界知识,指受试对语篇主题的熟悉程度和相关背景知识(Paribakht & Wesche,1999:208)。

6.2.2 研究结果

6.2.2.1 受试二语水平与知识源使用统计结果

表 6.2　高、低语言水平组各知识源类型使用情况

知识源	高语言水平组		低语言水平组	
	次数	百分比(%)	次数	百分比(%)
词汇联想	50	8.21	55	9.23
词法	138	22.67	143	23.99
同音异义词	11	1.81	28	4.70
词汇重复	13	2.13	21	3.52
句子层面知识	317	52.05	260	43.62
语篇知识	39	6.40	46	7.72
世界知识	41	6.73	43	7.21
合计	609	100	596	100

表 6.2 为受试在词汇推理过程中对各知识源使用频率的统计结果。总体而言,高、低语言水平组受试在词汇推理过程中使用的知识源类型大致相同,均使用了语言和非语言知识源;且两组受试对各知识源使用的相对频率基本趋于一致,即均最常使用句子和词汇层面知识源,而语篇层面知识源和非语言知识源使用相对较少。

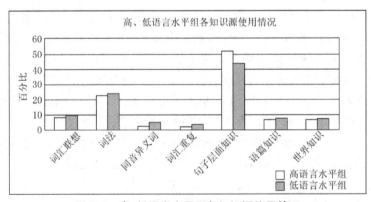

图 6.2　高、低语言水平组各知识源使用情况

图 6.2 更为直观地描述了高、低语言水平组受试在词汇推理过程中使用的各知识源所占比例。两组受试均主要依赖语言知识源进行推理,分别占知识源使用总量的 93.27% 和 92.79%。其中句子层面知识源的使用最为频繁,占总量的近一半左右(52.05% 和 43.62%),其次是词汇层面知识源(34.82% 和 41.44%)。在词汇知识层面,两组受试对词法较为青睐(22.67% 和 23.99%),词汇联想次之(8.21% 和 9.23%),都很少使用同音异义词和词汇重复。受试对语篇知识(6.40% 和 7.72%)和世界知识(6.73% 和 7.21%)的使用频率也普遍不高。由此可见,高语言水平组受试对各知识源的相对使用频率为:句子层面知识 > 词汇层面知识 > 世界知识 > 语篇知识;低语言水平组各知识源的相对使用频率为:句子层面知识 > 词汇层面知识 > 语篇知识 > 世界知识。两组受试对各知识源的相对使用频率趋于一致,其差异在于高语言水平组受试对世界知识的使用频率略高于语篇知识,而低语言水平组则是语篇知识使用频繁略高于世界知识。

6.2.2.2 受试二语水平与词汇推理成功率统计结果

高低水平受试分别对 20 个目标词做出反应,两组的反应次数均为 620 次。采用三级量表评定词汇推理成功率(参见 Nassaji, 2006),即语义和语境均正确的推理为成功推理,计 2 分;语义不正确但语境可以接受的推理为部分成功推理,计 1 分;语义和语境均不正确的推理为不成功,计 0 分。表 6.3 呈现了高、低语言水平组受试成功、部分成功词汇推理的统计结果。

表 6.3 高、低语言水平受试成功推理、部分成功推理统计结果

组别	成功推理		部分成功推理	
	次数	百分比	次数	百分比
低水平组	179	28.9	48	7.7
高水平组	300	48.4	37	6.0

由表 6.3 可知,高语言水平组受试进行的目标词意义推理中有 300 次成功,37 次部分成功;低语言水平组受试尝试的词汇意义推理中有 179 次成功,48 次部分成功。可见,高语言水平组受试的成功推理次数明显高于低语言水平组。表 6.4 为受试词汇推理成功、部分成功描述性数据统计结果。对两组受试成功词汇推理数据的秩和检验结果表明,两者存在显著差异($p < 0.001$),其中高语言水平组平均做出 9.68 个成功推理,低语言水平组平均做出 5.77 个成功推理。高语言水平组做出的部分成功推理平均为 1.19 个,略低于低语言水平组的 1.55 个,两组受试的部分成功率存在差异,但未达到显著性水平($p > 0.05$)。

表6.4 高、低语言水平受试词汇推理成功、部分成功描述性数据

推理状况	高语言水平组		低语言水平组	
	平均值	标准差	平均值	标准差
成功	9.68	1.54	5.77	1.96
部分成功	1.19	1.11	1.55	0.90

6.2.3 讨论

本研究着重考察中国英语学习者二语水平与词汇推理加工过程中知识源使用和推理成功率的关系。研究发现，在词汇推理过程中，高、低语言水平组受试使用的知识源类型呈现共享模式，均包括词汇、句子、语篇层面的语言知识源和非语言知识源（世界知识）。本研究结果与以往多数相关研究结果相一致（如：İstifci，2009；Tavakoli & Hayati，2011；Kaivanpanah & Moghaddam，2012），说明学习者已有的语言和非语言知识与目标语篇的语境线索交互作用，共同为获取非熟悉单词意义奠定基础（Bengeleil & Paribakht，2004；范琳、杨赛、王震，2013）。

研究发现，高、低语言水平组受试对各知识源使用的相对频率基本相似。句子层面知识是两组受试推理非熟悉单词意义时的最主要知识源，这与Kaivanpanah 和 Moghaddam(2012)的研究结果一致，其高、中、低语言水平组受试对句子层面知识源的使用频率均高达50%及以上。这可能是因为目标词所在句子通常可为推理该词汇的意义提供最即时、丰富的语义及语法线索。受试对句子和词汇层面知识源的依赖说明，中国英语学习者推理非熟悉单词意义时通常最先关注目标词本身及其所在的即时语境，若无足够线索，再结合上下文语境和其他相关知识进行词汇推理。这也与Paribakht 和 Wesche(1999)、Bengelei 和 Paribakht(2004)的研究结论相吻合。除句子层面知识源之外，两组受试对词汇层面知识源使用较为频繁，其中词法的使用比例较高，词汇联想次之。这可能是由于汉语作为表意文字没有派生和屈折变化，而英语词汇可以通过词法衍生和发展，故学习者对这种语言现象尤为关注并积累相关知识；还有可能是推理语篇目标词本身的特征有利于受试利用词法知识推理其意义。尽管两组受试对同音异义词的使用频率均较低，但低语言水平组受试较之高语言水平组受试更倾向于使用该知识源。这与 İstifci(2009)、Tavakoli 和 Hayati(2011)的研究结果部分一致，即低二语水平者比高二语水平者更依赖语音相似性对非熟悉单词意义进行推理。本研究中，两组受试均很少使用词汇重复，这一方面可能是由于受试不能发现与目标词意义或词性相近的词汇项目或对其

同位语解释理解不充分，另一方面也因为实验语篇中与目标词相近的其他词汇本身就不是很多。本实验受试对语篇知识和世界知识的使用频率普遍不高。比较而言，低语言水平组对语篇知识的使用频率略高于高语言水平组，这可能是由于前者受其语言水平的限制，在即时语境中无法获取充足的线索进行词汇推理，从而着眼于段落和篇章以寻求更多支持信息。高、低语言水平组受试对知识源使用类型和使用频率的相似表现说明，二语水平对学习者选择何种知识源推理非熟悉单词意义无明显影响。这可能是由于受试的母语背景相同、受教育水平以及二语教育的时间大致相似所致。总体而言，本研究发现受试主要依赖目标词所在句子的即时语境进行推理，对语篇知识源利用不够多，也没有高效激活相关背景知识为成功推理非熟悉单词意义提供线索。

本研究还发现，二语水平与词汇推理成功率之间呈正相关关系，即高语言水平组受试的推理成功率高于低语言水平组；且高、低语言水平组受试的词汇推理成功率存在显著差异（$p < 0.001$）。这一结论呼应了以往相关研究结果。Haastrup(1991)采用三级量表对高、低语言水平组受试的词汇推理任务进行评分，高语言水平组平均得分 20 分（总分 36 分），而低语言水平组仅为 8 分，由此得出二语水平是影响词汇推理成功率的主要因素，并认为这是由于高语言水平组受试的二语水平已经达到了成功推理非熟悉单词意义所需的阈值，而低语言水平组受试尚不具备所需的二语知识。Bengeleil 和 Paribakht(2004)的研究表明，与中等语言水平组相比，高语言水平组成功推理和部分成功推理的比例更高，受试的词汇知识水平和对语篇的理解能力也均与二语水平正相关。Kaivanpanah 和 Moghaddam(2012)在得出类似实验结果后，一方面肯定了前人的结论，即二语水平与词汇知识阈值是影响语篇意义理解和词汇成功推理的重要因素；另一方面，他们认为二语水平影响受试词汇推理过程中对知识源和语境线索使用的灵活性和有效性，从而影响词汇推理的成功率。

基于本实验受试对知识源使用类型和使用相对频率的相似性，以及高、低语言水平组受试推理成功率的差异性，我们认为二语水平对词汇推理知识源使用和推理成功率的影响是多方面的。其一，词汇知识水平是二语水平的重要组成部分，二语水平越高，词汇知识的广度和深度知识越丰富，学习者越可能有效利用词汇层面知识源更加准确地建构语义表征；其二，二语水平越高，学习者越可能正确建构语篇整体意义，提高其对即时语境线索和上下文语境线索的敏感度和甄别力，从而准确定位并有效利用句子层面和语篇层面知识源为其词汇推理提供线索；其三，二语水平影响学习者阅读二语语言材料的主动性和积极性，高二语水平者可能会更主动地接触各类题材的二语语言材料，从而丰富其世界知识储备，为有效推理词汇意义奠定基础。

6.3 实验二

本研究旨在考察二语语篇阅读过程中主题熟悉度对中国英语学习者词汇推理加工过程的影响,具体考察受试对语篇主题的熟悉度是否影响其词汇推理的成功率。

6.3.1 研究方法

6.3.1.1 受试

受试为宁波某大学71名非英语专业二年级学生,年龄介于19—21岁。其母语为汉语,二语为英语,学习英语的时间为13至14年。受试为中级水平英语学习者,已经具备一定的二语语言知识,能够较顺利地理解所阅读语篇并专注于推理任务。

6.3.1.2 实验材料

采用中文版话题熟悉度问卷,通过考察受试对语篇中涉及的各项活动及这些活动发生过程的熟悉程度测量其对语篇主题的熟悉度。采用Likert 5级量表(1 = 最不熟悉,5 = 最熟悉)对两个实验语篇进行评分(见附录二)。阅读语篇分别选自Haastrup(1991)及Wesche和Paribakht(2009)实验所用语篇,标题分别为 *Health in the Rich World and in the Poor* 和 *Ice Age*(见附录三)。第一个语篇共373个单词,包含10个目标词,我们假定该语篇为受试较为熟悉的语篇。第二个语篇共284个单词,包含9个目标词,假定该语篇为较为陌生的语篇。正式实验前,我们请与受试英语水平相当的43名非英语专业学生阅读两个测试语篇,以确定语篇可理解性、熟悉度以及目标生词。阅读两个语篇后,学生均表示尽管包含非熟悉单词,但以上语篇均为可以理解的语篇,相对于第二个语篇,他们对第一个语篇更为熟悉。接下来请他们判断是否熟悉语篇中原有目标词。绝大多数学生表示第一个语篇中的"assessing"(88.4%)和"contract"(83.7%)以及第二个语篇中的"layer"(81.4%)是他们熟悉的单词,将这些单词剔除后,每个语篇保留8个目标词,均加粗,并用下划线标出。第一篇包含4个名词、2个动词和2个形容词;第二篇包含3个名词、2个动词、1个形容词和1个副词(见附录四)。每个语篇中的生词比例不超过5%,符合有效猜词要求(参见Wesche & Paribakht,2009:13)。

6.3.1.3 实验程序

正式实验时,受试阅读包含目标生词的语篇,根据词汇推理任务对目标词汇意义进行推理,写出其对应的中文,对推理单词时的心理过程和方法进行简单书面描述(见附录五),并完成语篇熟悉度问卷。实验在宽敞的教室中进行,有实验者给予明确指导。整个实验没有时间限制,大约持续一个小时。

6.3.2 研究结果

所有受试的实验数据均为有效数据,统计数据为受试两个语篇主题熟悉度评分结果和词汇推理成功率。词汇推理成功率由三级量表("1"代表成功推理,"0.5"代表部分成功推理,"0"代表错误推理)评定(参见 Nassaji,2006)。定量数据用 SPSS17.0 进行统计分析。

6.3.2.1 主题熟悉度统计结果

表 6.5 呈现了受试对两个语篇主题熟悉度的统计结果。可以看出,47.9%的受试对第一个语篇的主题熟悉度的评定属于"4"和"5"两个等级;而只有12.7%的受试表示"非常熟悉"第二个语篇的主题。18.4%的受试对第一个语篇的主题熟悉度评定接近"非常不熟悉";而 36.6%的受试对第二个语篇主题熟悉度评分接近"非常不熟悉"。这表明大多数受试感到对第一个语篇更加熟悉,也与我们对实验材料主题熟悉度的预期相一致。对受试语篇主题熟悉度得分的配对样本 T 检验结果表明(见表 6.6),受试对两个语篇主题的熟悉度存在显著差异($p < 0.001$)。

表 6.5 受试对两个语篇主题熟悉度的统计结果

等级	熟悉主题语篇		不熟悉主题语篇	
	次数	百分比(%)	次数	百分比(%)
1	7	9.9	11	15.5
2	6	8.5	15	21.1
3	24	33.8	36	50.7
4	33	46.5	9	12.7
5	1	1.4	0	0

注:$N = 71$

表 6.6 受试对两个语篇主题熟悉度配对样本 T 检验统计结果

熟悉主题语篇		不熟悉主题语篇			
平均值	标准差	平均值	标准差	t	p
3.21	0.98	2.60	0.90	7.02	0.000

注:$N = 71$

6.3.2.2 主题熟悉度与词汇推理成功率统计结果

我们对受试不同主题熟悉度语篇的词汇推理平均分进行配对样本 T 检验，由表 6.7 可知，受试对高、低主题熟悉度语篇的词汇推理得分存在显著差异（$p < 0.001$）；主题熟悉度较高语篇的词汇推理得分明显高于主题熟悉度较低语篇的词汇推理得分。由此可见，受试拥有更多关于语篇主题的知识，可以促进其词汇推理加工。

表 6.7 受试不同主题熟悉度语篇的词汇推理得分配对样本 T 检验统计结果

熟悉主题语篇		不熟悉主题语篇			
平均值	标准差	平均值	标准差	t	p
1.58	1.67	0.77	1.09	6.90	0.000

注：$N = 71$

6.3.3 讨论

本研究考察了主题熟悉度对中国英语学习者词汇推理加工过程的影响。研究结果表明，主题熟悉度对成功词汇推理产生积极影响。本研究的两个语篇中，受试对 *Ice Age* 语篇主题熟悉度的平均值明显低于其对 *Health in the Rich World and in the Poor* 语篇主题熟悉度的平均值；受试阅读主题熟悉度低的语篇时目标词汇推理成功率明显低于其阅读主题熟悉度较高语篇的推理成功率。由此可见，主题熟悉度影响词汇推理加工过程和目标词汇推理成功率，语篇背景知识是读者推理非熟悉单词意义的依据来源。这与以往某些相关研究发现保持一致（如：Hulstijn, Hollander & Greidanus, 1996; Laufer, 1997; Laufer & Hulstijn, 2001; Pulido, 2007），即语篇主题知识增加了成功词汇推理的可能性。Grabe(2004)认为主题熟悉度为理清模糊的句法结构、辨识非熟悉单词意义创造了前提条件，是推理加工和语篇模式构建所必需的。受试阅读主题熟悉度较高的语篇能够有效地利用自身相关背景知识进行词汇推理，促进其成功词汇推理；而主题熟悉度较低的语篇不利于受试成功词汇推理。根据图式理论，内容图式，即与语篇主题有关的内容熟悉度或关于语篇内容的过去经验和背景知识，是高效阅读的关键，内容图式丰富性有利于相关图式的激活和语篇理解(Cook, 1994)。在词汇推理过程中，被激活的相关图式会为读者提供解释信息的背景知识，从而使读者超越语篇既定信息而做出预测和推理。Atef-Vahid, Maftoon 和 Zahedi(2012)考察伊朗大学生英语词汇推理加工过程发现，恰当的相关主题知识影响读者注意力分配以及心理表征的构建，在不同程度上加强新词和语篇内形式和意义的联系。丰富的知识基础使读者能够较为高效地分配注意力（如：Kintsch，1988；Graesser，Singer & Trabasso，1994；Nassaji，2002），使读者能够了解语篇网络中构成词汇层面意义的相关概念的位置和功能，从而有效地帮助其生成关于非熟悉单词意义的假设并推动该假设进程向前发展（Diakidoy，1998：135）。同时，当词汇推理所必需的知识或关系出现缺失时，这些知识也能够辅助推理；读者拥有的背景知识越多，越容易感知语篇中各元素之间的联系，进而更容易弥补信息缺口，以实现成功词汇推理。另外，熟悉的主题知识为语篇理解提供认知基础，确保读者以此为基础构建并整合关于新单词的有关信息。Shiri 和 Revie(2003)的研究发现，主题熟悉度增加了读者认知搜索的移动次数，提高了阅读效率。

　　除以上发现，还需要引起注意的是，尽管本研究中受试普遍认为两个语篇主题熟悉度存在显著差异，但其目标词汇成功推理平均值均偏低。受试并未因为熟悉第一个语篇而取得更高的词汇推理平均分，这似乎表明在二语词汇推理加工过程中背景知识所起的作用是有限的，可能受到其他因素的影响。Haynes 和 Baker(1993)的研究结果表明，受试使用语篇背景知识进行词汇推理的频率较低或者受试运用了该知识，但使用不够恰当，不能实现成功词汇推理。Parry(1997)的研究结果表明语篇背景知识的有效运用可能受到读者语言水平的限制，高水平读者更倾向于使用语篇背景知识进行目标词汇推理，其次是中级水平读者，最后是低水平读者。本研究受试为中级水平英语学习者，其背景知识使用频率及其对词汇推理成功率的影响可能受到二语语言水平的影响。另外，以往研究受试的一语和二语多为语言类型距离较近的两种语言（如：英语、西班牙语等），受试在二语词汇推理加工过程中，无论从语言层面还是非语言层面读者使用一语知识的机会都相对较多，产生正迁移的可能性也较大。本研究中受试一语与二语语言类型距离相距较为遥远，文化间的差异也较大，因此使用一语层面知识的可能性相对较小，其运用背景知识进行词汇推理的成功率也较小。

6.4　小结

　　本研究分别考察了语言水平和主题熟悉度两个读者因素对中国英语学习者二语词汇推理加工过程中知识源使用和推理成功率的影响。实验一发现：(1) 二语水平对受试选用何种知识源进行词汇推理无明显影响，高、低语言水平组受试使用的知识源类型呈共享模式，均使用了包括词汇、句子、语篇层面的语言知识源和以世界知识为主的非语言知识源；两组受试对各知识源的使用相对频率大体趋于一致，均最常使用句子和词汇层面的语言知识源，较少使用语篇知识和世界知识,且仅在占非主导作用的后两类知识源使用方面存在细微差异。(2)二语水平与二语词汇推理成功率间存在显著正相关关系。实验二发现,主题熟悉度对成功词汇推理有积极影响。读者阅读主题熟悉度较高语篇时,其词汇推理成功率高于其阅读主题熟悉度较低语篇时的词汇推理成功率。

  本研究也为外语词汇和阅读教学提供了可供借鉴的启示。实验一发现,低语言水平受试词汇推理成功率较低,正如 Oakhill(1982:18)所言,他们在推理方面存在的问题,并非表示其完全缺乏这种能力,只是相对高技能读者而言,这一能力较低。因此,有理由假设,如果低技能读者能意识到推理加工的重要性,他们会更好地运用这一能力,做出适当的推理(Oakhill, 1982)。因此,教师应在阅读和词汇教学中,引导第二语言读者,尤其是低二语语言水平读者,注意推理加工的重要性。在教学实践中,对低语言水平读者进行推理技能的显性训练,帮助他们在阅读过程中更多地进行词汇推理活动。针对推理加工活动的指导与训练也应该成为阅读和词汇教学内容的有机组成部分,以提高第二语言学习者,尤其是低二语语言水平读者词汇推理能力与阅读水平,从而提高其语篇意义理解以及建构有意义、连贯的语篇表征的能力。

  语言教师应根据教学需求,确定合适的阅读学习任务,选择有利于学习者词汇增长和发展的语篇。在阅读教学中,提前使学生获得与教学阅读材料有关的,或读者不熟悉的某些文化背景信息,激活学习者相关知识网络,使其产生通过阅读了解更多信息的愿望,这会对阅读教学大有益处。其次,语言教师应当鼓励学生广泛阅读。这不仅可以拓展学生的知识面,使其拥有更多世界知识,也能使其掌握更多的词汇。对于阅读,仅仅掌握语言知识是远远不够的,学生的人文、社科、环境和风土人情等方面知识的多少,都直接影响其阅读理解水平。这就要求教师引导学生大量充实社会文化背景知识,在阅读教学中应善于帮助学生不断激活与运用内容图式,培养其发散性和批判性思维能力。另外,教师应帮助学生在二语语篇阅读过程中使用有效的词汇推理策略,这有助于其扩充词汇量、提高阅读效率、提升其词汇推理水平和阅读技巧,从而提高其语篇阅读理解能力,激发二语阅读兴趣。

第七章

语境因素和语篇句法复杂度对中国学生词汇推理影响的研究

本章汇报影响中国英语学习者词汇推理加工的两个语篇因素,即语境因素(实验一)及语篇句法复杂度(实验二)对中国学生词汇推理加工的影响。

7.1 相关研究回顾

7.1.1 基于语篇语境线索的词汇推理加工研究

相关研究发现,利用语境线索进行词汇推理是读者阅读过程中最常用的处理非熟悉单词的策略之一。Li(1988)的研究表明,较之语境线索不足的句子,受试对具有充分语境线索句子中词汇的推理成功率高且保持时间更长。这进一步验证了Carton(1971)的假说,即具有足够语境线索的语篇能够降低自然语境中非熟悉单词词义推理的错误率。其他研究者也认同语篇中具有足够、明确的语义和语言线索是进行词汇推理的前提(如:Paribakht & Wesche, 1997)。此外,Lawson和Hobgen(1996)对意大利语学习者词汇推理加工过程的研究发现,受试对非熟悉单词词义进行推理时,多利用某些简单的词汇重复形式、复杂释义和句子层面语境线索。同时,还有研究者考察了词汇推理过程中,读者使用的具体语境线索。例如,Huckin 和 Bloch(1993)发现,读者在词汇推理过程中综合使用不同语境线索,最常用且有效的线索是局部语言成分线索,尤其是词汇搭配线索。Haynes(1993)采用置于局部语境线索和置于整体上下文语境线索中的两类非熟悉单词为目标词,来考察读者阅读过程中的词汇推理加工机制。研究结果表明较之整体上下文语境线索,读者更倾向于运用局部语境线索推理非熟悉单词意义,且推理成功率更高。研究者还发现,读者通过句子层面线索(包括语法和语义线索)和句子层面之外的上下文语境线索进行词汇推理(Kaivanpanah & Alavi, 2008)。针对母语为日语的英语学习者词汇推理的训练研究发现,受试所运用的词汇推理策略由最初的局部策略(单词层面)转变到整体策略(句子或语境层面)(Hamada,2009)。Kanatlar 和 Peker(2009)的研究发现,较之中高级水平语言学习者,初学者更倾向于依赖语境线索进行词汇推理。国内学者也对语境线索对二语学习者词汇推理加工过程的影响进行了相关研究。孙兵和周榕(2005)以高中生为受试,考察了学习者利用语境线索推理目标词意义的能力及其与二语水平的关系,研究发现这些英语学习者的英语语言水平与其词汇推理能力之间呈正相关关系,即其语言水平影响其利用语境线索进行词汇推理的整体能力。王改燕和万霖(2011)考察英语专业本科生二语阅读中语境线索水平对词汇推理加工过程的影响,研究结果表明无线索和误导线索均对词汇推理成功率产生影响,且误导线索更容易导致受试的错误词汇推理加工。本研究则考察不同语言水平非英语专业本科生,利用语境线索推理目标词意义的能力,以期更全面地揭示语境因素对二语学习者词汇推理加工过程的影响。

7.1.2 语篇复杂度对词汇推理影响的相关研究

语篇复杂度是影响词汇推理加工过程的语篇重要因素之一,但目前针对该因素对词汇推理影响的研究相对较少。其中,有研究表明,语篇复杂度影响二语学习者词汇推理加工过程。如 Frantzen(2003)从生词密度角度探究语篇复杂度对词汇推理的影响。他选取自然、完整、未经修改的西班牙语短篇小说为实验语篇,通过前测和后测分别考察有语篇语境和没有语篇语境情况下,美国大学三年级西班牙语学习者对目标词意义的推理过程(共进行了4次实验,每次至少有30个西班牙语单词)。研究表明,生词密度导致语篇难度增大,进而降低读者词汇推理成功率;即使受试语言水平较高,也有语境支持,他们也很难正确推断目标词汇意义。另有研究证据表明,语篇复杂度与二语学习者词汇推理加工不存在显著相关关系。Young(1999)让不同二语水平的英语—西班牙语二语学习者阅读经过词汇简化以及未经词汇简化的西班牙语语篇,并完成回想任务。研究结果表明,将语篇词汇进行简化不一定能确保降低语篇可读性比率,也不能提高受试的回想成绩。这是因为如果阅读是以语言学习为目的,词汇简化则会增加学习者所要理解的单词数量,但不能保证其建立词汇间的恰当概念联系,因而不能保证其成功推测和理解非熟悉单词意义(Young,1999)。

Kaivanpanah 和 Alavi(2008)聚焦于语篇复杂度中的语篇句法复杂度,采用有声思维法考察其对二语学习者词汇推理加工的影响。研究者选取两篇句法难易度不同的英文语篇,每篇包含8个目标生词,让初级、中级和高级波斯语—英语大学生阅读,从四个选项中选出最接近目标词汇含义的词语。研究发现,受试阅读句法复杂语篇时词汇推理成功率低于简单语篇,语篇句法难度影响受试有效利用语境线索推测目标生词意义,导致其词汇推理成功率相对较低。

由此可知,国外学者关于语篇复杂度对二语学习者词汇推理加工过程影响的研究较为零散,侧重点不同,结论也不尽一致,因此有必要对此做进一步研究。其次,以往相关研究涉及的一语和二语均属于印欧语系的拼音文字(Young,1999;Frantzen,2003;Kaivanpanah & Alavi,2008),尚缺乏语篇句法复杂度对母语为汉语(表意文字)的第二语言学习者词汇推理加工过程影响的研究。再次,Kaivanpanah 和 Alavi 的研究仅关注二语学习者阅读句法难易度不同语篇时词汇推理加工过程使用的知识源类型,没有进一步对受试使用各种知识源类型的频率进行量化统计。因而,本研究采用有声思维和回溯法,定性与定量相结合的方法,考察语篇句法复杂度对中国英语学习者词汇推理加工过程中知识源使用以及词汇推理成功率的影响,以期对我国英语学习者词汇推理加工研究以及二语阅读和词汇教学有所启示。

7.2 实验一

本研究旨在考察语境因素对中国学生二语阅读过程中词汇推理加工的影响,具体考察以下两个问题:
(1)受试是否能够利用语境线索推理词汇意义,具体表现是怎样的?
(2)受试的语言水平是否对其利用语境线索推理词汇意义产生影响?如果是,有何种影响?

7.2.1 研究方法

7.2.1.1 受试

本研究受试为宁波大学非英语专业大三学生,其母语均为汉语,英语为其第二语言,他们都参加了大学英语六级考试(CET-6)。依据受试 CET-6 测试分数,确定其英语语言水平。可能参与实验的受试共 50 名,其六级考试分数分为三个成绩段,分别为 300—399 分、400—499 分、500—599 分。成绩介于 300—399 分的受试为本研究低水平组(16 人);成绩介于 400—499 分的为中级水平组受试(18 人);得分介于 500—599 分的参与者为高水平组(16 人)。研究者随机从高、中、低语言水平组各抽取 10 名同学参与本实验研究。

7.2.1.2 实验材料

词汇推理能力测试卷用以测定本研究受试利用语境线索推理词汇意义的能力(见附录六)。该测试卷共包含 30 个题目,涉及 11 种语境线索。具体包括因果线索、定义线索、重述线索、常识线索、对比线索、逻辑推理线索 6 大类,还涉及归纳、目的、详述、同位语、定语从句这 5 种扩展类题型。每一种语境线索有 3 个题目,每题 3 分,共计 99 分(60 分视为及格分数)。测试题目为英语句子,均包含一个目标词,为斜体并加黑,受试需要推测出该目标词的意义。所有目标词均为受试教材中没有出现过的生词,正式测试前对语言水平与本研究受试水平相当的同学的访谈结果也表明,受试不熟悉这些目标词汇。除目标词之外,对可能影响受试推理目标词意义的其他生词,在括号里面加了汉语注释。

7.2.1.3 数据收集

实验时,让受试阅读词汇推理能力测试卷中的句子,要求其推测并写出句中目标词汇的意义。测试时间大约为 30 分钟。

7.2.2 研究结果

所有受试的测试卷均有效,我们对数据进行了处理,并利用 SPSS 13.0 进行了定量分析。

7.2.2.1 受试词汇推理能力测试结果统计

表 7.1 分 5 个成绩段呈现了受试词汇推理能力测试分数。由表 7.1 可知,有 7 名受试成绩低于 60 分,占总人数的 23.3%;成绩高于或等于 60 分的有 23 人,占 76.7%。

表 7.1 受试词汇推理能力测试得分统计结果

成绩段	人数	所占比例
90—100 分	3 人	10.0%
80—89 分	3 人	10.0%
70—79 分	9 人	30.0%
60—69 分	8 人	26.7%
60 分以下	7 人	23.3%

表 7.2 受试词汇推理能力测试各题项得分统计结果

题号	平均分	题号	平均分
(1)	1.50	(18)	1.37
(2)	2.33	(19)	2.50
(3)	2.90	(20)	2.33

续表

题号	平均分	题号	平均分
(4)	2.07	(21)	2.63
(5)	2.10	(22)	2.80
(6)	1.67	(23)	1.40
(7)	1.60	(24)	1.70
(8)	1.70	(25)	1.60
(9)	2.60	(26)	2.60
(10)	2.67	(27)	2.80
(11)	2.70	(28)	2.20
(12)	1.60	(29)	1.30
(13)	0.93	(30)	2.20
(14)	2.40	(31)	2.00
(15)	1.80	(32)	2.63
(16)	2.47	(33)	2.53
(17)	1.20		

表 7.2 呈现了受试词汇推理能力测试各题项得分统计结果。由表 7.2 可知，在 33 个题目中，有 12 个题目的得分偏低。这些题目分别属于定义(1,12,23)、同位语(6,17)、重述(7,18,29)、对比(8)、目的(13,24)、归纳(25)语境线索类型。

表 7.3 呈现了三组不同语言水平受试不同线索题型的平均得分。可以看出，受试重述、对比、逻辑、详述和定语从句五种线索类型测试题的平均得分随着语言水平的提高，呈现出提高的趋势，而其他线索类型测试题没有呈现出这一趋势。

表 7.3 不同成绩段各题型平均分统计结果

测试题线索类型	低水平组	中级水平组	高水平组
因果线索	2.07	2.00	2.80
定义线索	1.23	0.97	2.30
重述线索	0.67	1.53	2.10
常识线索	2.43	2.70	2.47

续表

测试题线索类型	低水平组	中级水平组	高水平组
对比线索	1.70	2.00	2.70
逻辑推理线索	2.37	2.87	3.00
归纳线索	2.00	2.50	2.40
目的线索	1.83	1.43	1.70
详述线索	1.30	2.43	2.73
同位语线索	1.63	1.30	2.13
定语从句线索	2.33	2.67	2.80

7.2.2.2.2 受试二语语言水平与词汇推理能力测试成绩关系统计结果

我们对受试利用语境线索进行词汇推理的能力与其语言水平之间的关系进行了统计分析,结果见表7.4。

表7.4 受试语言水平与其词汇推理能力相关分析统计结果

变量	英语六级成绩	推理能力得分
英语六级成绩	1	
推理能力得分	.799***	1

注:$N = 30$,***$p < 0.001$

由表7.4可知,受试的语言水平与其词汇推理能力间存在显著的正相关关系($r = 0.799, p < 0.001$),这表明二语水平是影响语言学习者利用语境线索推理非熟悉单词意义的一个重要因素。表7.5呈现了受试英语水平与其词汇推理能力得分显著相关的七种测试题型相关分析结果。

表7.5 受试英语水平与各题型得分相关分析结果

	因果线索	重述线索	对比线索	定义线索	逻辑推理线索	详述线索	定语从句线索
英语六级成绩	0.387*	0.666***	0.538**	0.503**	0.717***	0.661***	0.464**

注:$N = 30$,*$p < 0.05$,**$p < 0.01$,***$p < 0.001$

由上表可知,七种题型得分与受试二语水平相关显著,相关系数和显著性分别为:因果线索题($r = 0.387, p = 0.035$)、重述线索题($r = 0.666, p < 0.001$)、对比线索题($r = 0.538, p = 0.002$)、定义线索题($r = 0.503, p = 0.005$)、逻辑推理线索题($r = 0.717, p < 0.001$)、详述线索题($r =$

0.661,$p < 0.001$)、定语从句线索题（$r = 0.464$，$p = 0.009$）。

7.2.3 讨论

本研究对受试利用语境线索推理词汇意义的能力及其与英语语言水平之间的关系进行了考察。研究结果表明，受试利用语境线索推理非熟悉单词意义的能力还不是很高。推理能力测试成绩低于60分的受试占23.3%，测试成绩介于60—69分的受试占26.7%，表明有较多受试(50%)尚需进一步提高其借助语境线索推测生词词义的能力。统计结果也表明，受试能够较好地利用逻辑推理线索和常识线索推理词汇意义，其平均得分分别高于2.5和2.6。然而，受试利用定义、重述、目的、同位语线索进行词汇推理的能力较差，其推理测试得分较低(低于1.8分)，尤其是重述线索类题项(平均得分最低)，这亦说明他们利用上述线索推理非熟悉单词意义的能力有待进一步提高。

本研究发现受试二语水平与其词汇推理能力测试得分之间呈显著正相关，这表明在二语阅读过程中，读者的语言水平是影响其借助语境线索推理非熟悉词汇意义能力的重要因素。对受试英语六级成绩与其词汇推理各分类线索题型得分之间进行的进一步相关分析结果表明，因果线索题、重述线索题、对比线索题、定义线索题、逻辑推理线索题、详述线索题、定语从句线索题这七类题型测试得分与受试二语水平显著相关。受试目的线索题、常识线索题、归纳线索题和同位语线索题型得分与其二语水平的相关关系不显著。推理任务测试结束后，研究者还与部分受试进行了交谈，发现他们不能很好地利用这些线索推理词汇意义，有时是源于其知识面不够宽、常识性知识缺乏或者归纳能力的欠缺，语言水平只是导致其词汇推理能力低下的原因之一。

7.3 实验二

本研究目的是考察语篇句法复杂度对中国英语学习者词汇推理加工的影响。具体拟考察以下问题：

(1) 语篇句法复杂度对受试词汇推理加工过程中知识源类型及其频率使用情况有何影响？

(2) 语篇句法复杂度与受试词汇推理成功率之间存在怎样的关系？

7.3.1 研究方法

7.3.1.1 受试

本研究受试为山东某大学26名英语专业二年级本科生，其母语为汉语，二语为英语,为中级水平英语学习者,年龄介于 18—21 岁,平均年龄为 19.5 岁。

7.3.1.2 实验材料

本研究采用两篇句法复杂度不同的语篇为实验材料,均为 Kaivanpanah 和 Alavi(2008)研究使用的语篇,简单语篇主题涉及恐惧症,复杂语篇涉及酸雨(见附录一)。Kaivanpanah 和 Alavi 参照以往研究的句法修改标准(Oh,2001),对阅读材料进行了句法修改。复杂语篇的修改标准为:引入大量关系从句、形容词、副词和名词从句;删除显性标记;用连词衔接句子;变主动语态为被动语态;引入不包含表层主语和限定动词的从句。简单语篇的句法特征为:句子较短;使用显性标记;副词、形容词和名词性从句少;动词为一般现在时。改写后简单语篇共 322 个单词,复杂语篇共 295 个单词。

本研究正式实验前,在 Kaivanpanah 和 Alavi(2008)确定的目标词汇基础上(每篇 8 个),研究者又从每一语篇筛选了 5 个目标词,请 15 名与本研究受试语言水平相当的大学生浏览两个语篇,确认是否熟悉这 13 个目标词汇。去掉了他们熟悉的单词,最后两篇共选出 18 个目标词,每篇 9 个,用下划线标出。生词比例在 3% 左右,符合生词比在 2% 左右,不超过 5% 的有效猜词要求(参见 Wesche & Paribakht,2009:13)。

7.3.1.3 实验程序

本研究采用有声思维和回溯相结合的方法。正式实验前,对受试进行了有声思维训练,并解答其对有声思维具体环节提出的疑问,使其能够熟练运用有声思维方法汇报其词汇推理过程。实验环境安静、舒适,实验由同一研究者对受试逐一进行。受试按照自己的速度阅读语篇,用母语报告目标词汇意义以及是如何推测出该目标词意义的。报告期间,实验者会针对受试表达模糊的信息进行追问,鼓励其积极推理但不会对其词汇推理提供帮助。有声思维后接着进行回溯,受试报告他们依据什么进行词汇推理并获得目标词汇意义。受试所有的口头报告都用录音笔记录,实验持续大约 45 分钟。

7.3.2 研究结果

受试有声思维和回溯口头报告的录音记录作为数据分析材料。其中两名受试的口头汇报材料提供的信息不足,无法用于数据统计。剔除这两名受试后,将 24 名有效受试的录音资料转写后进行定量与定性分析,定量数据用 SPSS 18.0 进行统计处理。

7.3.2.1 受试阅读不同句法复杂度语篇词汇推理中使用知识源类型统计结果

对受试的有声思维数据进行了定性分析,以确定其阅读句法难易度不同的语篇时推测非熟悉单词意义所使用的知识源类型。统计结果表明,受试在阅读两类语篇进行目标词汇意义推理时使用了多种知识源。参照国内外学者对词汇推理过程中读者所使用知识源的划分（Bengeleil & Paribakht，2004；Wesche & Paribakht，2009；范琳、杨赛、王震，2013），本研究受试使用的知识源主要包括语言和非语言知识源。语言线索主要是词汇层面、句子层面和语篇层面线索；而非语言线索主要是世界知识。在词汇知识层面，受试通常依据词汇自身特征，如词法、词形、词汇搭配、词汇联想来推测目标词汇的意义。在句子知识层面，受试主要利用目标词的语法知识和所在句子的意义进行词汇推理。在语篇知识层面，受试依据超越句子层面的意义和关系来推理目标词汇意义（周围句子及整个语篇）。非语言知识源指与语篇主题相关的背景知识。此外，受试也依据多种知识源对目标词意义进行推理。图7.1呈现了受试词汇推理加工过程中有声思维口头报告示例。

"Acid Rain"
目标词：susceptible
世界知识
受试：*Ozone and acid rain ... [susceptible] to drought ... through weakening ...*（又读一遍）臭氧和酸雨导致我们的森林更加怎样……有干旱虫灾之类的，因为臭氧和酸雨是不好的，所以我猜它是（使森林，作者加注）糟糕，使森林变"脆弱的"。

"Phobia"
目标词：housebound
词法
受试：*... avoid more situations until ... become [housebound]*，这句话就是说，这个……公共场合恐惧症，他们是怎么做的，他们就是避免这种场合，直到最后他们变成[housebound]，house是"家"，bound是"界限"，就是"宅在家里"吧。

"Acid Rain"
目标词：synergistic
句子意义
受试：这句话很难理解，这两个化学成分的什么联系……很少被提及，化学联系，化学的？……通过句子意思来判断……"组合的"，因为它（语篇，作者加注）说了 *either acid deposition or ozone singly*，以前分开去研究，现在是组合起来的影响。

"Acid Rain"
目标词：contiguous
词形、句子语法
受试：表明存在巨大的……？人类活动受限制会帮助减少这一影响。[*contiguous*]，我觉得跟*continue*很像，"持续的"？从这个句子的意思上说是这些不同的……表面上来看这些不同的压力存在着巨大的……，跟前面的"巨大的"应该是相同的意思，是"持续的"。

图7.1　受试目标词汇推理加工过程中知识源使用的有声思维口头报告示例

> **"Acid Rain"**
> 目标词:compaction
> **词汇联想、句子意义**
> 受试:… *uses less fossil fuels, reduces soil [compaction]*,减少化石燃料,降低土壤[compaction],*compact, impact* 是影响,有什么联系呢?…[compaction],减少土地的[compaction],减少土地荒漠化,也不对啊,这个词肯定不是土地荒漠化啊。[compaction],这个词好眼熟啊,"毁坏"?能有这个相近的意思吗?破坏土地,把土地"压结实",不能长植物,"变硬"。
>
> **"Phobia"**
> 目标词:phobia
> **词法、句子语法、语篇意义**
> 受试:[phobia]*is … fear of … or activity*,从这看应该是个名词,是一种现象,或者一种状态,*Because of this … fear, the phobic person* … 后边这个 *phobic*,应该是[phobia]的形容词,从全文来看,[phobia]应该是"恐惧",是个不太好的含义。
>
> **"Phobia"**
> 目标词:palliative
> **句子意义、语篇意义、世界知识**
> 受试:第三种是药物治疗,这种 *drugs … used as [palliatives]. Antidepressant drugs … proved successful*,是镇静剂的那种(药物,作者加注),有压力的时候吃,恐惧、心情激动时就吃一点,就会好一点。

图 7.1 受试目标词汇推理加工过程中知识源使用的有声思维口头报告示例(续)

7.3.2.2 受试阅读不同句法复杂度语篇词汇推理加工中知识源使用频率统计结果

受试阅读句法简单和复杂的语篇进行目标词汇推理加工过程中使用的知识源类型呈现共性特征,但其知识源使用的相对频率既呈现共性,也存在差异(见表7.6)。受试均更加依赖语言知识源进行词汇意义推理,比例分别高达92.3%和94.4%;世界知识源使用频率均偏低(7.7%和5.6%)。其中句子层面线索使用频率最高(64.5%和80.3%),超过总知识源使用比例的一半,词汇层面知识源使用频率较低,且进行句法简单和复杂语篇目标词汇推理过程中所使用比例非常接近(10.8%和10.7%)。这说明句子和词汇层面知识源是受试进行两类语篇词汇推理加工的主要依据。不同的是,受试两类语篇词汇推理加工过程中语篇和句子层面线索使用频率存在显著差异,句法简单语篇词汇推理过程中语篇线索使用率明显高于复杂语篇(17%和3.4%);而句法复杂语篇词汇推理过程中句子线索使用频率明显高于简单语篇(80.3%和64.5%)。这一结果说明语篇难易度影响受试对句子和语篇线索的选择。

表 7.6 受试使用的主要知识源类型频率统计结果

语言任务	语篇中的语言知识源			总语言知识源(%)	非语言知识源:世界知识(WK)(%)	主要知识源类型频率排序
	词汇(W)(%)	句子(S)(%)	语篇(D)(%)			
简单句法语篇	10.8	64.5	17	92.3	7.7	S>D>W>WK
复杂句法语篇	10.7	80.3	3.4	94.4	5.6	S>W>WK>D

表 7.7 和表 7.8 呈现了受试词汇推理过程中语言知识源各子类型的使用频率。由表 7.7 可知,受试在阅读句法简单和复杂语篇进行词汇推理过程中词汇知识源使用模式大致相同,均主要依据词法知识源子类型(8.0%和 6.2%)来推测词汇意义,其它子类型使用率均较少。表 7.8 呈现了受试句子层面知识源的使用频率。可以看出,在阅读句法难易度不同的语篇时,受试均使用了句子意义和句子语法两种句子层面知识源子类型,且使用频率极高。其中句子意义是两类语篇词汇推理加工过程最常用的句子层面线索(51.2%和 59%);但复杂语篇词汇推理过程中句子语法和句子意义两种子知识源的使用频率(21.3%和 59%)均高于简单语篇(13.3%和 51.2%)。

表 7.7 受试使用的词汇层面知识源频率统计结果

语言任务	词汇线索使用总频率(%)	词法(WM)(%)	词形(WF)(%)	词汇搭配(WC)(%)	词汇联想(WA)(%)	知识源子类型频率排序
简单句法语篇	10.8	8.0	0.9	1.9	0	WM>WC>WF>WA
复杂句法语篇	10.7	6.2	3.9	0	0.6	WM>WF>WA>WC

我们还对受试两类语篇词汇推理加工过程中单一知识源和多种知识源使用情况进行了统计。结果表明,在推理句法简单和复杂语篇目标词汇过程中,受试不仅运用了单一知识源(44%和 55.4%),还有效地使用了多种知识源(56%和 44.6%)。

表 7.8 受试使用的句子层面知识源频率统计结果

语言任务	句子线索使用总频率(%)	句子语法(SG)(%)	句子意义(SM)(%)	知识源子类型频率排序
简单句法语篇	64.5	13.3	51.2	SM>SG
复杂句法语篇	80.3	21.3	59	SM>SG

7.3.2.3 语篇句法复杂度与成功词汇推理关系统计结果

受试分别对句法简单和句法复杂语篇中的18个目标词做出反应。两类语篇的反应次数均为216次。词汇推理成功率采用三级量表评定(参见 Nassaji, 2006)。语义和语境均正确的推理为成功推理,计2分;语境可以接受但语义不正确的推理为部分成功推理,计1分;语义和语境均不正确的推理为不成功,计0分。由表7.9可见,受试复杂语篇词汇推理成功率远低于其简单语篇推理成功率。对两类语篇成功词汇推理成绩(成功、部分成功)进行了配对样本T检验,结果表明受试两类语篇成功词汇推理成绩存在显著差异($t = 3.473$, $p = 0.002$)。

表 7.9 受试词汇推理成功、部分成功及不成功比率统计结果

语言任务	总反应次数	成功推理		部分成功推理		错误推理	
		次数	百分比	次数	百分比	次数	百分比
简单句法语篇	216	67	31	119	55.1	30	13.9
复杂句法语篇	216	33	15.3	85	39.4	98	45.4

本研究还发现,多数受试回溯口头报告表明阅读句法复杂语篇时对语篇内部逻辑关系把握存在困难,思路不如阅读句法简单语篇时那样清晰。例如两名受试在回溯中提到语篇难度对她们的影响时提到:[1]"刚开始看的时候觉得第一篇难,可真正读起来要猜词义的时候,觉得根据上下文,单词前后内容,大致能知道第一篇是什么意思。第二篇感觉句子和句子之间都不知道是什么关系。最后终于感觉好像是懂了,又猜不出来单词的意思。"[2]"第一篇它就分成三个类型嘛,往下看就发现结构很清楚,都讲的是一个 phobia 的事情,后面是具体的治疗方法,单词意思大致都能猜出来。第二篇对我来说有很大难度,句子太长,都得分析句子成分,不知道怎么划分。"另外,世界知识不足,缺乏与语篇内容相关的背景知识使受试感觉推理目标生词意义难度更大,需要努力坚持着以完成阅读和推理任务。对此,两名受试在回溯中讲到:[3]"读第二篇的时候感觉哪个也没猜对,都没信心继续读了,读完筋疲力尽似的。"[4]"还好吧,不过还是很累的,因为以前做阅读的话,会带着问题看文章,不刻意想词的意思,现在猜了

半天也猜不出来,突然发现自己语文不好了。"可以看出,语篇句法复杂度不仅直接影响目标词汇推理成功率,还影响读者阅读意愿和动机等情感因素,从而间接影响其词汇推理加工过程和效率。

7.3.3 讨论

本研究考察了语篇句法复杂度对中国英语学习者词汇推理加工过程的影响。研究结果表明,受试在阅读句法难易度不同的语篇时使用的语言和非语言知识源既有共性,也有差异。在对句法简单和复杂语篇中目标词汇推理过程中,受试均使用了不同层面的语言知识源及非语言知识源来推测非熟悉单词意义。这说明在词汇推理加工中,受试先前的语言和非语言知识与语篇语境线索交互作用,获取非熟悉单词的意义,从而理解语篇意义、建构连贯的心理表征(范琳、杨赛、王震,2013)。本研究发现受试使用最频繁的是句子意义知识源(51.2%和59%),这与以往一些研究结果相一致(如:Paribakht,2005;王瑛,2007;范琳、杨赛、王震,2013)。其研究中受试句子意义知识源使用频率分别高达60.1%(Paribakht,2005)、44.7%(王瑛,2007)和30.5%(范琳、杨赛、王震,2013)。受试频繁使用该类线索是因为这些线索与意义相关,且围绕在目标词周围(Wesche & Paribakht,2009),更易获取并能辅助推理。此外,受试句子层面语法线索使用频率相对较高(13.3%和21.3%),原因在于受试进行词汇推理时习惯建立词与词之间的联系进而考虑它们的语法关系,熟悉的语法类型有助于其推理非熟悉单词意义。除句子层面知识源外,受试均使用了词汇层面的词法和词形线索,但总体使用频率很低。这与受试是否具有敏锐的词根、词缀识别能力有关。仅有个别受试在词汇推理过程中使用了词汇层面的词汇搭配和词汇联想线索,这在一定程度上反映了受试词汇深度和广度知识存在不足。以上研究结果表明,受试在词汇推理加工中主要采用以语义上层线索为主的交互分析加工模型。根据 Haastrup(1991:124)的二语词汇加工模型,加工类型分为分析加工和整体加工。分析加工涉及上层(语境和语义)和下层线索(语音、拼写、形态、词汇、词源、词类、句法、搭配等)。整体加工仅涉及语境上层线索,是利用以概念知识或图式呈现的世界知识进行的自上而下的加工。根据上、下层线索是否交互,加工类型可分为交互加工(interactive processing)和非交互加工(non-interactive processing)(Flores d'Arcais & Schreuder,1983)。交互加工是指上、下层线索交互运用;非交互加工即纯上层加工(pure top processing)或纯下层加工(pure bottom processing)。本研究受试在语篇阅读词汇推理加工中主要依赖语义上层线索,同时运用语境上层线索以及形态、词汇、词类、句法、搭配等下层线索,体现了分析加工的显著特征;另外,受试同时使用涉及上、下层线索的多种知识源,实现了上、下层线索的交互作用。

受试对句法复杂语篇进行词汇推理时,句子层面知识源使用频率明显高于其简单语篇(80.3%和64.5%),而其语篇层面知识源使用率明显低于简单语篇(3.4%和17%),这与语篇句法难度和受试语言水平有关。根据建构主义理论,词汇推理加工过程是对语义网络中词汇意义进行搜索的过程,读者会基于语篇语境以及背景知识,即基于语篇基面和情景模式的意义表征对非熟悉单词进行推理,从而促进其对语篇的理解和把握(王震、范琳,2012)。一方面,复杂的语篇句法结构使受试长时记忆中的背景信息很难在语篇的意义表征中形成编码,影响其词义网络中词汇意义的搜索,增加了挖掘有用语篇线索的难度,致使受试难以建构以知识为基础的推理,形成语篇情境模式,因而他们将注意力集中于句子层面知识源,将其作为进行该类语篇词汇推理时所能依据的最可靠线索。另一方面,句法复杂语篇使目标词有若干个符合逻辑的解释,对于目标语水平不那么高的受试来说,该类语境是假语境(pseudo context),使其无法有效建构语篇情境模式,不能为其推理提供依据(Frantzen,2003:175)。因此,他们只能更多地依据句子层面线索。

语篇句法难易度不仅影响受试语篇层面线索的使用,而且影响词汇推理成功率,句法复杂语篇致使受试词汇推理成功率偏低,而句法简单语篇有助于其成功推理词汇意义。这一发现与以往相关研究结果吻合(Frantzen,2003;Kaivanpanah & Alavi,2008)。Haastrup(1991:129)认为,交互加工是一个层次逐步加深、效率逐步提高的连续体。下层线索中的某一线索被激活,随着加工层次逐渐深入,更多下层线索被激活,上层线索也随之得以激活,加工效率越来越高,因而成功推理出目标生词意义的概率必然增大。直至上层线索支配的整体融合加工,所有相关的线索都被激活、整合并利用,得以推理出目标生词意义。本研究中句法复杂语篇下层线索激活数量、激活程度明显不足,更未成功激活所有相关线索,加工效率不高,导致词汇推理成功率明显偏低。根据图式理论,语篇理解必须借助于读者已有的相关图式,而要找到或创造相关的图式,则需依赖语篇提供的信息;简易的句法在一定程度上弥补了图式的欠缺(亓鲁霞、王初明,1988)。在本研究中,句法较简单的语篇适合受试的语言水平,这使他们能够激活适当的图式辅助其理解语篇。而句法复杂语篇增加了受试寻找适当图式的难度,使得推理过程需要大量的、多种心理加工过程参与,增加了加工负荷,从而影响其推理行为。有声思维口头报告定性分析结果表明句法复杂语篇虽然篇幅相对较短,但单句较长、结构复杂对受试理解形成障碍,使其难以把握目标词前后语境提供的语篇意义。例如受试对句法复杂语篇长句中 *sagging* 的词义推测过程:*The strategy is good for sagging economics as well as declining forests . . . ,*〔*sagging*〕可能是"增加、增长"的意思,经济增长;...*as well as declining forests . . . ,*怎么回事?森林减少了?对减少森林也有好处?那不对呀....*is good for . . . ,*是对……有好处的,那应该就是"经济的增长"的意思呀,或者可能是"减少森林破坏"?该口头报告中受试反复阅读句子,仍没有理清句法结构,也没能从上下文中获得有效的词汇推理依据,最终没有成功推理出〔*sagging*〕的含义。研究还发现,语篇句法复杂度也影响读者阅读动机和意愿等情感因素。句法复杂语篇对受试理解语篇意义和进行词汇推理形成障碍,降低其阅读动机和意愿,有的受试甚至想中止阅读或放弃某些目标词的词义推理。这与以往的研究结果相吻合,Paribakht 和 Wesche (1999)考察10名二语英语学习者词汇推理过程发现复杂语篇使读者感到沮丧,甚至想完全放弃阅读。

7.4 小结

本章汇报了语境因素和句法复杂度这两个语篇因素对读者词汇推理加工的影响。实验一考察了中国英语学习者运用语境线索推理目标词意义的能力以及与其英语水平之间的关系。总体而言,受试的词汇推理能力与其二语水平间存在显著正相关关系,说明语言水平对学习者词汇推理能力有重要影响。然而,受试利用语境线索推理词义的能力还不是很高,他们利用某些语境线索推理目标词意义的能力尚需进一步提高。研究结果为外语教学提供了一些可供借鉴的启示。对语言教师而言,在进行显性词汇教学的同时,还必须对扩展词义的隐性词汇教学和词汇附带习得予以高度重视,以使学习者能够通过阅读过程的词汇推理附带习得目标语词汇。对学习者自身而言,需要通过努力提高自身语言水平以外的综合能力,如扩大知识面和发展归纳能力等。

实验二主要考察语篇阅读过程中句法复杂度对中国英语学习者词汇推理加工过程的影响。研究采用有声思维和回溯相结合的方法,考察中级英语水平学习者阅读句法简单和复杂语篇进行非熟悉单词词义推理过程中使用的主要知识源,以及语篇句法复杂度对词汇推理成功率的影响。研究发现:(1)受试阅读两类语篇进行词汇推理加工所使用的知识源体现共享模式,但语篇层面和句子层面知识源的使用频率因语篇句法难度不同而存在差异;(2)语篇句法复杂度对受试词汇推理加工有显著影响,句法结构复杂语篇不利于受试使用语篇层面线索,其该类语篇词汇推理成功率明显偏低;句法相对简单的语篇有利于受试成功词汇推理。研究结果对二语阅读和词汇教学亦有可借鉴的启示。首先,语言教师在阅读教学和测试中应注意语篇的选择,要考虑到语篇句法难度、话题熟悉度、句子长度等因素。选择的语篇难度要恰到好处(Frantzen,2003),注重培养学生的推理技能,提高其词汇推理能力。其次,语法和词汇知识是二语词汇加工模型下层线索的重要组成部分,关系到词汇推理交互加工的顺利进行,教师在阅读教学过程中要注重对这两方面知识的讲授。本研究受试语法知识使用频率相对较低,这很大程度与受试语法知识欠缺有关。语法知识是读者获得语言线索,整合各方面知识进行合理词汇推理的桥梁;没有足够的语法知识,读者难以构建词汇语义网络,不能顺利进行词汇推理(Paribakht,2004)和语篇理解。因此语言教师有必要花较多的课堂时间通过显性和隐性语法教学使学生熟悉语法结构和文章结构(Kaivanpanah & Alavi,2008:189),以获取语篇隐含的意义。与此同时,语言教师应使学习者了解词汇知识和词汇推理的重要性,提高其词汇深度和广度知识水平,适时提高阅读要求、鼓励精细阅读,从而增强学习者在阅读过程中的词汇推理能力,促进其词汇附带习得和阅读能力提高。

首先,未来研究可考察高水平和初级水平英语学习者这一认知加工过程,以期更全面揭示语篇句法复杂度对中国英语学习者词汇推理加工过程的影响。其次,未来研究可以考察构成语篇句法复杂度的其他因素及其对成功词汇推理的影响,如抽象名词、低频词汇、专用词汇以及目标词汇与句子关联度等因素。最后,未来研究可采用更多先进的统计工具,比如用可读性分数(Flesch Reading Ease 和 Flesch-Kincaid Grade Level)对两种不同阅读样本进行统计,更好地确定两种样本的语篇句法复杂度。

第八章

阅读水平与语境支持度对中国学生词汇推理加工过程影响的研究

目前,学界已对影响词汇推理的语篇因素和读者因素进行了诸多相关研究(如:Atef-Vahid, Maftoon & Zahedi, 2012; Kaivanpanah & Alavi, 2008; Kanatlar & Peker, 2009; Riazi & Babaei, 2008; Shen, 2010a, 2010b; Wesche & Paribakht, 2009;范琳、张姣,2014;袁淑娟,2011),但综合考察语篇及读者因素对词汇推理加工过程影响的研究较为缺乏。鉴于此,本研究拟考察中国英语学习者二语阅读水平以及语境支持度对其词汇推理加工过程的影响。Bengeleil和Paribakht(2004)率先研究二语阅读水平对其词汇推理的影响,他们发现较之低阅读水平读者,高阅读水平读者词汇推理成功率更高。王改燕(2011)具体考察了高、低二语阅读水平读者在词汇推理加工过程中所使用的知识源。研究发现,阅读水平高的读者频繁使用语篇层面知识源,而低阅读水平读者则更多依靠词汇及句法层面知识源。袁淑娟(2011)对英语专业学生的二语词汇推理加工过程进行了研究,发现二语阅读水平与其词汇推理成功率呈显著正相关关系。语境支持度指目标词周围语境的特征,是指提供非熟悉单词潜在含义的信息量或目标词周围可获取语篇信息的丰富度(Nagy, Anderson & Herman, 1987)。Li(1988)比较了语境线索对读者二语阅读和听力过程词汇推理加工的影响。研究结果表明,充足的语境线索有助于成功词汇推理。Frantzen(2003)的研究表明语境不一定促进高级二语水平受试的词汇推理加工,语境作用的发挥受到学习者有效使用语境能力和倾向的影响。王改燕、万霖(2011)基于前人的研究考察了语境丰富度对中国英语专业学生英语阅读中词汇推理的影响。研究发现语境线索水平对高中低词汇知识水平学习者均有影响,误导线索和无线索语境影响成功词汇推理,且误导线索比无线索更容易导致错误词汇推理。笼统线索和具体线索对词汇推理的影响无显著差异。袁淑娟(2011)就语境支持度对二语读者词汇推理的影响进行的研究表明,语篇语境支持度对成功词汇推理有显著影响,但丰富的语境不一定总是有助于读者词汇推理加工,语篇的生词密度、语境线索所处位置、句法复杂度均有可能影响词汇推理成功率。由此可见,研究者已关注学习者二语阅读水平及语境支持度对其词汇推理加工过程的影响,但研究相对较少,研究结果依然存在争议,且尚缺乏二语阅读水平及语境支持度对词汇推理加工过程综合影响及其交互作用的研究。

8.1 研究问题

本研究旨在考察阅读水平与语境支持度对英语词汇推理加工过程的影响。具体研究问题如下:(1)高、低阅读水平受试的词汇推理成功率是否存在差异?(2)不同语境支持度会对词汇推理产生何种影响?(3)在词汇推理加工过程中,二语阅读水平与语境支持度的关系是怎样的?

8.2 研究方法

8.2.1 受试

本研究受试为中国海洋大学非英语专业二年级学生。根据阅读水平测试,从三个自然班的165人中选出成绩排名为前51和后52的受试,分别作为高、低阅读水平受试。受试均是母语为汉语的英语学习者,年龄介于17至21岁之间,女生37人,男生66人。词汇推理任务结束后,我们分别从高、低阅读水平组随机挑选男女受试各1名,总共4名同学,作为访谈对象。

8.2.2 实验材料

根据阅读水平测试成绩筛选本研究受试。测试语篇选自渥太华大学二语机构出版的CanTest(Canadian Test of English for Scholars and Trainees)中的阅读测试材料(见附录七)。CanTest旨在检测计划到加拿大读大学的非英语母语者的英语水平,其难度相当于我国的大学英语六级测试(CET-6)。参与本研究的受试尚无人打算去加拿大留学,因此可以保证大部分受试并未阅读过该语篇。测试包括三部分。第一部分为快速阅读,共8个题目;第二部分为仔细阅读,有7个题目;第三部分为完形填空,共25题。每个题目均为1分,总分40分。选取来自《21世纪大学英语综合教程》(第二册)中一篇500词的记叙文作为实验语篇,标题为"If Only",主题涉及人性(见附录八)。我们利用VocabProfile(参见 http://www.lextutor.ca/vp/eng/)软件计算语篇中词汇分布情况。VocabProfile是新西兰维多利亚大学的 Paul Nation 和 Averil

Coxhead 设计的一款免费软件,可以帮助研究人员科学、迅速地判断语篇的用词情况,阅读该语篇所需的最大词汇量,以及拥有一定词汇量的学习者阅读该语篇时可能熟悉和不熟悉的词汇等(参见雷蕾、韦瑶瑜,2005)。经计算初步确定阅读中可能造成干扰的单词有 30 个。为进一步确定目标词汇,我们又采用相同的测试语篇筛选出阅读水平与本研究受试阅读水平相似的高水平读者 28 名,低水平读者 28 名,让其阅读实验语篇以确定其对目标词的熟悉程度,最终选出 13 个非熟悉单词作为目标词,用下划线标出并加黑,其中有 8 个动词(soothe, shatter, hobble, wheeze, stroll, mutter, shuffle, haunt),2 个名词(grime, instinct),3 个形容词(glib, splotchy, smug)(见表 8.1)。

表 8.1 目标词及其语境支持度

序号	目标词	语境支持度	序号	目标词	语境支持度
1	soothe	3	8	grime	1
2	shatter	3	9	mutter	3
3	glib	1	10	shuffle	2
4	hobble	2	11	haunt	2
5	wheeze	2	12	smug	2
6	splotchy	1	13	instinct	1
7	stroll	3			

我们基于 Beck 等人(1983)对非熟悉单词语境支持度的划分,制定了一个 Likert 3 级量表,量表及其解释如下图:

```
1··················2··················3
非指导语境      一般语境       指导语境
```

图 8.1 非熟悉单词语境支持度划分级别图

非指导语境是指非熟悉单词周围很少或几乎没有语境线索供读者推理出其正确含义;一般语境指非熟悉单词周围的语境线索足以使读者推理出其一般语义,但仍不够充分,读者难以推理出其特定含义;指导语境则指非熟悉单词周围有丰富的、清楚的语境,使读者能够推理出其特定的、正确的词义(Beck, Mckeown, & Mccaslin., 1983)。我们请两位有经验的高校英语教师,依据语境支持度量表分别对 13 个目标词的语境支持度进行评级。表 8.1 呈现了每个目标词语境支持度的评定结果。两位教师评分的威尔科克森符号秩检验结果没有显著差异($p > 0.1$),这表明他们对目标词的语境支持度的评分标准趋于一致。

8.2.3 实验程序

本研究采用测试、有声思维和回溯相结合的方法。实验时,103名受试阅读包含目标词汇的英语语篇,遇到目标词时,如果认识该词,可在答题纸(见附录九)相应位置写出其意义,如果不认识,则需推测词义,并在答题纸上写出,可使用汉语或英语。测试没有时间限制,所有受试均在50分钟内完成了测试。两名有经验的高校英语教师依据三级量表("1"代表成功推理,词义推测与其语境及词典释义相符;"0.5"代表部分成功推理,推理词义与其语境及词典释义部分相符;"0"代表错误推理)对词汇推理结果进行评定(参见Paribakht,2005)。受试完成词汇推理任务后,研究者对随机抽取的4名受访者逐一进行访谈,访谈在安静的环境里进行,访谈前有热身练习,保证访谈对象熟悉访谈环节和有声思维方式。正式访谈时让受试大声朗读语篇,遇到生词时,研究者会提三个问题"这个单词是什么意思?"、"你是怎么推测出来的?"、"你觉得有语境帮助你推测这个单词的词义吗?"。受试可用英语或汉语回答。每个受试访谈时间约为30分钟,访谈过程用电脑录音软件进行记录。

8.3 研究结果

统计数据为103名受试词汇推理结果以及接受访谈的4名受试的有声思维和回溯的口头汇报的录音记录。将录音转写成书面材料并进行分析,定量研究数据用SPSS17.0进行统计分析。

8.3.1 受试词汇推理成功率统计结果

表8.2呈现了受试词汇推理次数和成功率统计结果。可以看出,高阅读水平受试的目标词汇推理成功率高于低阅读水平受试(27% vs.9%);其目标词汇推理部分成功率高于低阅读水平受试(34% vs.19%);其错误推理比率低于低阅读水平受试(39% vs.72%)。表8.3呈现了高、低阅读水平受试在三种语境支持度水平上的词汇推理成绩统计结果。可以看出,无论语境支持度强弱,高阅读水平受试的目标词汇推理成功率均高于低阅读水平受试(0.81 vs.0.23,2.34 vs.0.79,2.60 vs.1.38)。这说明在三种不同的语境支持度水平上,高阅读水平受试的词汇推理能力更强。两组受试在不同语境支持度条件下词汇推理得分的配对样本T检验结果表明,高阅读水平受试词汇推理得分均显著高于低阅读水平受试词汇推理得分($Ps<0.001$)。可见,读者阅读水平不同,其词汇推理能力也存在显著差异。

表 8.2　受试成功、部分成功及错误词汇推理频率统计结果

组别	推理次数	成功		部分成功		错误	
		次数	%	次数	%	次数	%
高阅读水平组	661	181	27%	225	34%	257	39%
低阅读水平组	676	59	9%	130	19%	487	72%

表 8.3　受试在三种语境支持度下的词汇推理得分描述性统计结果

组别	人数	非指导语境		一般语境		指导语境	
		均值	标准差	均值	标准差	均值	标准差
高阅读水平组	51	0.81	0.79	2.34	0.80	2.60	0.81
低阅读水平组	52	0.23	0.47	0.79	0.74	1.38	0.73

8.3.2　受试不同语境支持度下词汇推理成绩差异统计结果

表 8.4 呈现了三种语境支持度下受试相应的词汇推理成绩的单因素方差分析统计结果。由表 8.4 可知，受试指导语境下的词汇推理成绩最高，非指导语境下最低（2.00＞1.56＞0.52），三种语境支持度下的词汇推理成绩存在显著差异（$p < 0.001$）。表 8.5 和表 8.6 分别呈现了高、低阅读水平受试在三种语境支持度下词汇推理成绩多重比较结果。由表 8.5 可知，高阅读水平受试在指导语境和一般语境这两种条件下的词汇推理成绩没有显著差异（$p = 0.248$）；而在指导和非指导两种语境支持度下，以及一般和非指导两种语境支持度下的词汇推理成绩均存在显著差异（$Ps < 0.001$）。低阅读水平受试在三种语境支持度下的词汇推理成绩均存在显著差异（$Ps < 0.001$）（见表 8.6），他们在指导语境下的词汇推理成绩最好，其次是一般语境，最后是非指导语境。

表 8.4　三种语境支持度水平受试词汇推理得分单因素方差分析统计结果

语境支持度	人数	均值	标准差	F	p
非指导	103	0.52	0.71		
一般	103	1.56	1.09	67.97	0.000
指导	103	2.00	0.97		

表 8.5　高阅读水平组三种语境支持度水平词汇推理得分多重比较统计结果

	(I) 语境	(J) 语境	均差 (I-J)	标准差	p
高阅读水平组	一般	非指导	1.53***	0.16	0.000
	指导	非指导	1.78***	0.16	0.000
	指导	一般	0.25	0.16	0.248

注：$*p<0.05$；$**p<0.01$；$***p<0.001$.

表 8.6　低阅读水平组三种语境支持度水平词汇推理得分多重比较统计结果

	(I) 语境	(J) 语境	均差 (I-J)	标准差	p
低阅读水平组	一般	非指导	0.56***	0.13	0.000
	指导	非指导	1.15***	0.13	0.000
	指导	一般	0.60***	0.13	0.000

注：$*p<0.05$；$**p<0.01$；$***p<0.001$.

8.3.3 阅读水平与语境支持度的交互效应统计结果

我们对阅读水平和语境支持度进行了两因素方差分析。结果表明,阅读水平存在显著主效应($F=175.25$, $p<0.001$),高阅读水平受试的词汇推理成绩高于低阅读水平受试。语境支持度存在显著主效应($F=111.85$, $p<0.001$),受试高语境支持度条件下的推理成绩高于低语境支持度下的成绩。另外,阅读水平与语境支持度两因素交互作用显著($F=11.49$, $p<0.001$)(见表 8.7)。图 8.2 较为直观地表示了受试阅读水平与语境支持度之间的关系。

表 8.7　阅读水平与语境支持度方差分析统计结果

方差来源	平方和	均方和	F	p
语境支持度	120.22	60.11	111.85	0.000***
阅读水平	94.18	94.18	175.25	0.000***
语境支持度 × 阅读水平	12.35	6.18	11.49	0.000***

注：$*p<0.05$；$**p<0.01$；$***p<0.001$.

对访谈结果的分析发现,无论目标词有何种语境支持度,阅读水平高的受试对目标词汇和语篇口头汇报内容较多,频繁使用语篇、句子层面的语言知识源推理词义,而阅读水平低的受试口头汇报内容较少,更多地使用词汇层面知识源,很少利用语境线索来推测词义。语境支持度方面,在目标词拥有指导语境的情况下,无论阅读水平高低,受试均能实现对目标词汇意义成功或部分成功推理。在一般语境条件下，阅读水平较高的受试更倾向于将语境、语法以及背景知识结合在一起，准确推理出词义，而阅读水平较低的受试利用语境的能力弱，趋向于使用词汇层面的知识。在非指导语境条件下，无论受试阅读水平高低，其词汇推理成绩均最低。因此，当受试阅读水平高且目标词的语境支持度强时，受试能更准确地推测词义。访谈中研究者也发现当语境本身不足以使他们得出目标词汇具体的含义时，受试倾向于基于自己的理解以及常识进行词汇推理，即当目标词没有指导语境时，借助于其他多种知识源进行词汇推理。

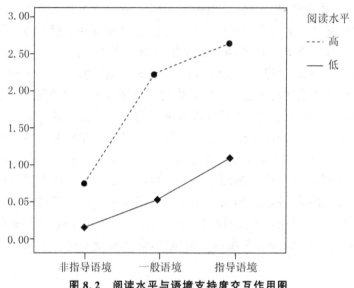

图 8.2　阅读水平与语境支持度交互作用图

8.4　讨论

本研究考察了阅读水平与语境支持度对中国学生英语词汇推理的影响。研究结果表明，受试阅读水平与词汇推理有着紧密的联系，高阅读水平受试的词汇推理能力显著高于低阅读水平受试。这一结果与以往有关研究发现相一致，Stanovich(1986)研究发现，阅读水平高的读者更有可能成功推理非熟悉单词意义。对于二语阅读水平高的读者而言，语篇相关信息会更好地储存在其大脑中，他们能更快、更容易地激活这些信息，激活的信息连同相关知识源辅助推理，提高了成功词汇推理的可能。Kondo-Brown(2006)研究表明，优秀的语言学习者能更好地利用语境推理非熟悉单词意义。Huckin 和 Bloch(1993)提出二语词汇推理认知加工模型，认为词汇推理是产生假设及证明假设的过程。本研究的访谈结果表明，无论受试阅读水平高低，他们首先都会对非熟悉单词提出假设,然后利用各种知识源验证这一假设。若需要更多的语境,受试会尝试搜寻相关语境线索以支持其假设,最终确认假设并实现词汇推理这一目标。

本研究发现语境支持度对词汇推理产生影响。总体来讲,指导语境条件下的词汇推理成绩最高,非指导语境下最低。低阅读水平受试三种不同语境支持条件下,其词汇推理成绩存在显著差异;高阅读水平受试一般语境和非指导语境间的词汇推理成绩也存在显著差异。王改燕、万霖(2011)研究发现语境线索水平均对不同词汇知识水平学习者的词汇推理产生影响,误导线索比无线索更容易导致词义推测错误。访谈结果表明利用语境推理词义是读者最常用的策略,在其推断词义时起着重要作用。受试推理具有指导和一般语境支持度语篇中的目标词汇时,更易成功或部分成功推理出词汇意义。Mondria 和 Wit-de-Boer(1991)的研究也发现语境线索越充足,受试推测出的目标词义越准确。然而,高阅读水平受试在指导语境和一般语境下的词汇推理成绩没有显著差异的结果表明其在有限的语境支持下也能够推理出某些目标词的含义。访谈结果表明高阅读水平受试倾向于使用句子以及语篇层面的知识源来推测目标词意义,低阅读水平受试则更多使用词汇层面知识,而当以上各类语境线索不足时,受试依靠自身理解和常识来推测词义。不同阅读水平受试在不同语境支持条件下运用不同的知识源推理词义。统计分析结果还表明语境支持度和阅读水平二者间交互效应显著。无论目标词汇语境支持度强弱,阅读水平高的受试其词汇推理成绩均相对较高;而在指导语境下,高低阅读水平受试的词汇推理成绩均较高。

8.5 小结

本研究对阅读水平与语境支持度对中国英语学习者词汇推理加工过程的影响进行了考察。主要研究发现有:(1)受试阅读水平影响其词汇推理成功率,在三种语境支持度下高阅读水平受试词汇推理成绩均显著高于低阅读水平受试。(2)语境支持度影响受试词汇推理加工,低阅读水平受试在不同语境支持度下,其词汇推理得分存在显著差异;他们指导语境下的词汇推理得分明显高于一般语境,一般语境下得分又明显高于非指导语境。高阅读水平受试在指导和非指导两种语境支持度下,以及一般和非指导两种语境支持度下的词汇推理成绩存在显著差异,而在指导语境和一般语境这两种条件下的词汇推理成绩没有显著差异。(3)阅读水平和语境支持度存在交互效应,共同影响词汇推理加工过程。本研究支持 Huckin 和 Bloch(1993)的假设,证实了词汇推理认知模型,对阅读和词汇教学有一定指导意义。在教学中,教师应设计包含指导和/或一般语境的阅读材料,发挥语境对阅读和词汇学习的作用。未来研究可以涉及更多的语篇体裁;选取不同语种的二语学习者作为受试。此外,本研究只考察了词汇推理加工过程中一个读者因素与一个语篇因素的交互作用,今后的研究可以考察更多读者因素和语篇因素对词汇推理加工过程的综合影响。

第三部分

词汇推理跨语言加工实验研究

　　本部分汇报词汇推理跨语言加工实验研究,共包括五章,由汉英跨语言词汇推理和汉英日跨语言词汇推理实验研究组成。第九章到第十二章汇报汉英跨语言词汇推理实验研究,第十三章汇报汉英日跨语言词汇推理实验研究。

　　第九章和第十章考察汉语词汇化这一跨语言因素对英语词汇推理加工过程及时间进程的影响。第九章的研究采用内省方法,考察母语词汇化对英语目标词汇推理加工过程的影响。研究结果表明,在推理汉语词汇化和非词汇化二语目标词意义过程中,受试使用的知识源类型呈现共享模式,汉语词汇化并没有对受试英语词汇推理过程中运用的知识源类型产生影响。受试使用最多的均是句子层面知识源,其次是词汇层面知识源,再次是语篇层面知识源,最后是非语言知识源。受试对镶嵌在英语语篇中的汉语词汇化目标词的推理成功率显著高于其母语非词汇化目标词的推理成功率,这表明二语目标词在母语中的词汇化程度对其推理成功率有显著影响。

　　第十章采用反应时方法考察汉语词汇化对英语词汇推理加工时间进程的影响。研究结果表明,汉语词汇化影响英语词汇推理加工过程的时间进程,受试汉语词汇化英语目标词汇推理时间明显快于其非词汇化英语目标词;受试汉语词汇化和非词汇化英语目标词汇推理反应时与其接受性词汇知识水平及词汇推理成功率均不存在显著相关关系。

　　第十一章考察中级水平英语学习者推理汉英目标词汇意义的跨语言加工模式。研究发现,在汉语和英语词汇推理加工过程中,受试均使用语言和非语言知识源,但其使用的相对频率也存在差异。较之二语词汇推理,世界知识、词汇搭配和词法在一语推理中使用得更为频繁;受试更多地利用语篇意义来推测二语非熟悉单词的意义。在汉英词汇推理过程中,受试对单一知识源的使用均更为频繁;但其在二语推理过程中则更多地使用多种知识源。

　　受试推理一语和二语目标词汇意义的成功率存在明显差异,其对镶嵌在汉语语篇中的假字目标词意义的推理成功率远高于其二语英语推理成功率。词汇推理成功后,受试对二语目标词汇知识的即时保持有明显的提高,其词形新知识、词义新知识以及超词汇层面的知识均发生了变化,推理后受试非熟悉目标词数量大为减少。研究还发现,受试英语接受性词汇知识水平越高,越有助其对目标词汇意义的推理和记忆;受试的词汇推理成功率与目标词汇意义记忆程度之间不存在显著相关。

第十二章考察高、低英语水平学习者词汇推理加工过程,并与采用相同实验材料的中级水平英语学习者的数据相对比,对处于不同教育阶段的中国英语学习者的汉英词汇推理加工过程进行对比研究,以探究和揭示其跨语言词汇推理加工的发展模式。研究表明,在汉英词汇推理过程中,受试使用的知识源类型呈共享模式,但不同语言水平受试的某些知识源类型使用频率存在差异;高、中、低语言水平受试的二语接受性词汇知识水平与词汇推理成功率和词汇知识保持间显著相关。此项实验首次从跨语言视角考察不同语言水平学习者汉英词汇推理加工,在一定程度上揭示了读者汉英这两种语言类型相距遥远的语言间的跨语言词汇推理发展模式。

第十三章考察中国学生汉英日跨语言词汇推理加工特点,以揭示其词汇推理加工机制。研究发现,中国学生在其一语、二语和三语词汇推理加工过程中使用的知识源类型具有共享模式,也体现差异;受试一语词汇推理成功率显著高于二语和三语。研究还发现二语和三语词汇推理后,受试在二语和三语目标词知识的即时记忆方面有显著提高,其词形新知识、词义新知识均发生了变化。这进一步表明,阅读过程中二语、三语词汇推理成功率以及推理结束后词汇知识的发展均受到读者二语和三语词汇知识水平的影响。另外,研究表明,受试二语和三语的目标词汇意义记忆程度与其词汇推理成功率不存在显著相关关系。

汉语词汇化对中国学生英语词汇推理加工过程影响的研究

国外研究者对二语词汇推理加工过程中的跨语言影响因素进行了研究,研究发现一语句法迁移(如:Nagy,McClure & Mir,1997)、读者一语陈述性和程序性知识的迁移(如:Wesche & Paribakht,2009)以及一语词汇化(如:Paribakht,2005,2010;Paribakht & Tréville,2007;Wesche & Paribakht,2009)等均影响其二语词汇推理加工过程。可以看出,目前,国外学者已经考察了一语词汇化对二语词汇推理加工过程的影响,但研究数量有限,且此类研究涉及的一语和二语,如英语、法语、波斯语,均属于拼音文字(Paribakht,2005,2010;Paribakht & Tréville,2007;Wesche & Paribakht,2009),目前仍旧缺乏汉语(表意文字)词汇化对语言类型相距遥远的英语(拼音文字)词汇推理认知加工过程影响的研究。此外,有声思维研究方法可以揭示读者阅读时短时记忆中的信息(Ericsson & Simon,1993),可反映读者在阅读过程中对信息的即时加工过程,包括推理过程(周红,范琳,2010:71)。有鉴于此,本研究采用内省方法,具体为有声思维和回溯相结合的方法,考察一语词汇化对二语词汇推理加工过程中知识源使用、推理成功率、推理后词汇知识发展的影响。

9.1 研究问题

本研究主要目的是考察一语词汇化对二语词汇推理加工过程的影响。具体研究以下三个问题:

(1)受试一语词汇化和非词汇化二语目标词汇推理加工过程中知识源类型及其频率使用情况是怎样的?

(2)受试一语词汇化和非词汇化二语目标词汇推理成功率是否存在差异?

(3)成功词汇推理对受试一语词汇化和非词汇化二语目标词汇知识发展有何种作用?

9.2 研究方法

9.2.1 受试

宁波大学外国语学院 34 名英语专业硕士研究生参加了本实验研究,其年龄介于 22 至 25 岁,均是母语为汉语的英语学习者,全部通过英语专业八级考试(TEM-8)。

9.2.2 实验材料

采用 VKS 量表(Paribakht & Wesche,1993,1997;Wesche & Paribakht,1996)测试受试推理前、后目标词汇知识的掌握程度。该量表包括 VKS 导引量表(VKS elicitation scale)和 VKS 赋分类型量表(VKS scoring categories scale)(见附录十)。VKS 导引量表包括 5 个导引归类,从 I 类(完全不熟悉目标词)到 V 类(能够在句子中从语义到句法均正确使用该目标词)。VKS 测试时,受试在 VKS 导引量表中选择目标词的恰当归类,并完成 VKS 赋分类型量表中的任务。研究者根据 VKS 赋分类型量表的赋分标准(1-5 分)统计受试进行词汇推理任务前、后所得分数,以确定其目标词汇知识的即时增长情况。

我们选取了来自《时代周刊》的两个英文语篇作为实验材料,主题分别涉及政治和失业(见附录十一)。让 5 名汉语为母语的高级英语学习者(英语专业硕士研究生)浏览这两个语篇,研究者参考这 5 名英语学习者的意见,初步选出 38 个非熟悉单词。另外,我们又让二语水平与参与正式实验的受试相类似的同学确定其对目标词的熟悉程度,去掉了 4 个部分同学熟悉的目标词。我们参照 Paribakht(2005)进行类似研究时的做法,利用英汉双语词典对选出的 34 个目标词汇进行核查,看其在汉语中是否有对等词(equivalents),再查看那些没有对等词的目标词汇所表征的释义概念是否普遍熟悉的;我们也咨询了其他 5 名汉语为母语的高级英语学习者(包括英语教师和英语专业硕士研究生),又去掉了其中释义概念普遍不熟悉的 4 个目标词。最后,我们还参考了 Packard(2000)、董秀芳(2002)以及王灿龙(2005)等关于词汇化的定义,将其中释义概念普遍熟悉,但在汉语中没有对等词的 15 个目标词确定为非词汇化英语目标词,其余在汉语中有对等词的 15 个目标词确定为词汇化英语目标词(见附录十二)。

9.2.3 实验程序

本实验采用内省研究方法来收集数据,具体是有声思维和回溯相结合的方法。正式实验前,用 VKS 测试受试词汇推理前对目标词知识的初始掌握程度并对其进行有声思维训练,使其熟悉有声思维实验方法。正式实验时,受试阅读英语语篇,该语篇包含汉语词汇化和非词汇化目标词。他们首先进行有声思维以明确其获取某一特定目标词意义时激活和使用的知识源,受试在有声思维后接着进行回溯,口头报告其如何成功进行词汇推理、获取了非熟悉英语目标词汇意义。有声思维可以揭示受试词汇推理加工的实时加工过程,但也存在一定缺陷(如:受试口头汇报不充分及口头报告内容不易诠释等);采用有声思维和回溯相结合,可以在一定程度上克服这些缺陷,做到实时有声思维数据和延时数据相互补充。有声思维和回溯任务后,再次采用 VKS 量表测试受试推理后对目标词汇的即时保持情况。受试进行词汇推理任务时,不存在绝对时间限制。受试在每个阶段的有声思维和回溯口头汇报,都由电脑录音软件记录下来。

9.3 研究结果

统计数据为受试进行有声思维和回溯时口头汇报的录音记录。在将口头录音记录转写成书面材料的过程中,我们发现某些受试提供的信息很少或声音太小或汇报内容不易诠释。剔除这些受试后,对 30 名受试的录音资料进行统计分析,其中定量数据用 SPSS17.0 进行统计处理。

9.3.1 英语词汇推理中知识源类型及其频率使用情况统计结果

9.3.1.1 英语词汇推理中使用的知识源类型统计结果

对收集到的受试的口头汇报资料进行了定性分析,以确定其推理目标词汇意义时使用的知识源类型。统计结果表明,受试在推理词汇化和非词汇化目标词意义过程中使用了包括语言知识与非语言知识在内的多种知识源。我们参照以往研究者对词汇推理过程中使用知识源类型的分类对本研究受试使用的知识源类型进行了划分(Paribakht, 2005; Wesche & Paribakht, 2009)(见图 9.1)。

由图 9.1 可见,语言知识源是受试在推理汉语词汇化和非词汇化目标词意义过程中使用的主要推理线索,这包括二语知识源(词汇层面、句子层面、语篇层面)和一语知识源(词汇层面)。受试同时使用非语言知识源,主要是世界知识,来推理非熟悉目标词汇的意义。在词汇层面,受试主要借助词汇本身特征,通过词汇联想、词汇搭配、词法、词形等来推理词汇化和非词汇化目标词的意义。在句子层面,受试主要依靠目标词所在的即时语境和目标词语法知识进行词汇推理。在语篇层面,受试需要超越句子层面,借助整体语篇语境(语篇意义和目标词周围句子)、形式图式推测目标词汇的意义。受试使用的非语言知识源包括语篇主题等相关背景知识。

I. 语言知识源	二语知识源	词汇层面	词汇联想(WA)
			词汇搭配(WC)
			词法(WM)
			词形(WF)
		句子层面	句子意义(SM)
			句子语法(SG)
		语篇层面	语篇意义(DM)
			形式图式(FS)
	一语知识源	词汇层面	一语词汇搭配(L1 WC)
II. 非语言知识源		世界知识(WK)	

图9.1 受试汉语词汇化和非词汇化目标词推理过程中使用的知识源分类

图9.2为受试推理汉语词汇化和非词汇化目标词意义过程中有声思维口头汇报示例。

"*The effects of unemployment*"
目标词:imponderables
词法
受试:[*imponderables*],*ponder* 是那种,是"思考"的意思,*im* 是否定词缀,[*imponderables*] 这是一个名词,*increase*,就是……,……没有经过太多考虑的事情,应该是"无法准确做出判断的事情"的意思吧。

"*Why Obama needs to show some passion*"
目标词:redolent
句子意义
受试:谓语是 *make*, *make a convincing trigger-happy argument* [*redolent*] *with provocation*,这个,根据这整个句子的意思 *Matt Welch* 在 *Reason* 杂志上做了一个令人信服的好战的辩论以反对 *McCain*, *provocation*,挑衅,这个 [*redolent*],[*redolent*] *with* 有可能

图9.2 受试目标词推理有声思维口头报告示例

是说,与后面的这个 *provocation against*,有可能这个,有可能这个[*redolent*]就表示,就是"带有……的口气"的意思。

"*Why Obama needs to show some passion*"
目标词:recommendation
形式图式
受试:这个[*recommendation*]我刚才认为是"赞成""推荐",在这里可能会是"提案"的意思。因为这一篇是政论文的文体,所以这个 *energy* [*recommendation*]肯定是"提案"的意思,是有关能源的提案,就是那种到议会里面或者是众院参议院做着的那种"提案"。

"*The effects of unemployment*"
目标词:reliefs
词汇搭配、句子意义
受试:这句话的意思是寻求帮助或排队等待 *unemployment* [*reliefs*]是丢脸的和受侮辱的。*unemployment* [*reliefs*]应该是英语中的一个固定搭配,意思应该跟 *help* 接近。能和 *unemployment* 搭配的,根据句意,应该是失业"救济"。

"*The effects of unemployment*"
目标词:pinch
一语词汇搭配
受试:*financial* 这个词的意思跟财政有关,嗯……,而且是跟失业有关,不好的方面,我首先想到的是汉语里与财政经常搭配的词是财政紧张或财政危机,根据 *financial* 这个词前面的 *feel*,我觉得它(*pinch*,作者加注)应该就是汉语里财政"紧张"的意思。

"*Why Obama needs to show some passion*"
目标词:egghead
世界知识
受试:[*egghead*]是一个没有见过的词,那这边的话,嗯,*It's the economy* [*egghead*]应该是对奥巴马的一种说法吧,因为当时奥巴马处于竞选状况,而且08年的时候经济很不好,他需要一直做演说或报告什么的,所以[*egghead*]应该是:"理论家"的意思。

图9.2 受试目标词推理有声思维口头报告示例(续)

9.3.1.2 英语词汇推理中知识源使用频率统计结果

表9.1为受试在推理非熟悉英语目标词意义过程中使用的语言及非语言层面知识源频率统计结果。本研究受试在推理一语词汇化和非词汇化二语目标词意义过程中使用的知识源类型呈现共享模式,他们均使用句子层面、词汇层面、语篇层面的语言知识源和非语言知识源。

表 9.1 受试词汇推理过程中知识源使用频率统计结果

知识源				词汇化		非词汇化		总计	
				次数	%	次数	%	次数	%
I.语言知识源	二语知识源	词汇层面	词汇联想	79	10.4	61	7.1	140	8.7
			词汇搭配	46	6.1	19	2.2	65	4.0
			词法	72	9.5	174	20.3	246	15.2
			词形	67	8.8	115	13.4	182	11.3
		句子层面	句子意义	407	53.7	402	46.8	809	50
			句子语法	33	4.4	29	3.4	62	3.8
		语篇层面	语篇意义	45	6.0	54	6.2	99	6.1
			形式图式	1	0.1	0	0	1	0.1
	一语知识源	词汇层面	一语词汇搭配	1	0.1	0	0	1	0.1
II.非语言知识源			世界知识	7	0.9	5	0.6	12	0.7

表 9.2 目标词各语言层面内知识源使用频率排序

目标词	词汇层面	句子层面	语篇层面
词汇化	WA>WM>WF>WC	SM>SG	DM>FS
非词汇化	WM>WF>WA>WC	SM>SG	DM>FS
所有目标词	WM>WF>WA>WC	SM>SG	DM>FS

然而,受试在推理汉语词汇化和非词汇化英语目标词汇意义过程中各层面知识源使用的相对频率存在差异,如词汇层面知识源(34.8%和43.0%)、句子层面知识源(58.1%和50.2%)、语篇层面知识源(6.1%和6.2%)、非语言知识源(0.9%和0.6%)。其中,句子意义知识源在受试推理汉语词汇化和非词汇化目标词意义过程中使用最频繁(53.7%和46.8%)。我们对推理目标词汇意义加工过程中各语言层面内知识源使用频率进行了排序(见表9.2)。推理汉语词汇化英语目标词时词汇层面知识源使用频率为:词汇联想>词法>词形>词汇搭配;句子层面知识源使用频率为:句子意义>句子语法;语篇层面知识源使用频率为:语篇意义>形式图式。受试推理汉语非词汇化英语目标词时词汇层面知识源使用频率为:词法>词形>词汇联想>词汇搭配;句子层面知识源使用

频率为:句子意义＞句子语法;语篇层面知识源使用频率为:语篇意义＞形式图式。受试推理所有目标词时词汇层面知识源使用频率为:词法＞词形＞词汇联想＞词汇搭配;句子层面知识源使用频率为:句子意义＞句子语法;语篇层面知识源使用频率为:语篇意义＞形式图式。另外,可以看出,受试词汇化及非词汇化目标词汇推理过程中词汇层面各知识源使用频率大小有所不同。

对受试推理中使用知识源类型的进一步分析结果表明,受试在推理汉语词汇化和非词汇化英语目标词意义过程中不仅使用了单一知识源,而且还使用了多种知识源。

表9.3 汉语词汇化和非词汇化目标词推理中单一与多种知识源使用情况统计结果

知识源数量	汉语词汇化(%)	汉语非词汇化(%)
单一知识源	54%	48%
多种知识源	46%	52%

9.3.2 英语词汇推理中词汇推理成功率统计结果

受试汉语词汇化和非词汇化英语目标词汇推理成功率由三级量表("2"代表成功推理,"1"代表部分成功推理,"0"代表错误推理)评定(参见Nassaji,2006)。

表9.4 受试汉语词汇化及非词汇化目标词成功、部分成功及错误推理频率统计结果

目标词	反应次数	成功推理		部分成功推理		错误推理	
		次数	%	次数	%	次数	%
词汇化	397	192	48	54	14	151	38
非词汇化	375	69	18	82	22	224	60

受试对两个实验语篇中的30个目标词做出反应。其中,受试对汉语词汇化英语目标词做出397次反应,对汉语非词汇化目标词做出375次反应。由表9.4可知,受试汉语词汇化目标词推理成功率(48%)远高于非词汇化目标词(18%);其汉语词汇化目标词错误推理(38%)也远低于非词汇化目标词(60%);其汉语词汇化目标词的部分成功推理(14%)略低于非词汇化目标词(22%)。我们对受试汉语词汇化和非词汇化英语目标词汇成功推理得分进行了配对样本T检验,结果表明两者间存在显著性差异($p < 0.001$)。

9.3.3 英语词汇推理后词汇知识变化统计结果

表9.5和表9.6呈现了受试汉语词汇化和非词汇化英语目标词推理前、后

词汇知识变化情况配对样本 T 检验结果,统计结果表明受试汉语词汇化和非词汇化英语目标词汇知识推理前、后都存在显著差异($Ps < 0.001$)。这说明通过对非熟悉目标词意义的推测加工,受试词汇化和非词汇化目标词汇知识有显著的即时增长。我们还对受试汉语词汇化和非词汇化英语目标词推理前、后词汇知识进行了配对样本 T 检验,结果表明其汉语非词汇化目标词词汇知识增长大于词汇化目标词,但两者间并无显著性差异($p = 0.166$)。

表 9.5　汉语词汇化目标词推理前、后词汇知识变化情况配对样本 T 检验结果

	均值	标准差	t	p
推理前	2.92	0.61	−7.55	0.000***
推理后	3.80	0.55		

注:VKS 分数最大值为 5.0;*** $p < 0.001$

表 9.6　汉语非词汇化目标词推理前、后词汇知识变化情况配对样本 T 检验结果

	均值	标准差	t	p
推理前	2.22	0.46	−8.85	0.000***
推理后	3.22	0.56		

注:VKS 分数最大值为 5.0;*** $p < 0.001$

9.4　讨论

本研究考察了一语词汇化和非词汇化对英语目标词意义推理加工过程的影响。研究结果表明,受试在推理英语目标词意义过程中使用的知识源类型呈现共享模式。这说明汉语词汇化并没有对受试英语词汇推理过程中知识源类型的使用产生影响。受试在推理汉语词汇化和非词汇化目标词意义过程中,使用了语言(词汇、句子、语篇)和非语言(世界知识)知识源,这一研究结果与以往词汇推理的相关研究发现总体一致(Bengeleil & Paribakht, 2004;Paribakht, 2005;Wesche & Paribakht, 2009;范琳、杨赛、王震,2013),这些研究均发现受试阅读过程中遇到非熟悉单词时会利用各种语言和非语言知识源推理词汇意义。

知识源使用频率统计结果表明在推理汉语词汇化和非词汇化目标词意义过程中,受试使用最多的是句子层面知识源,其次是词汇层面知识源,再次是语篇层面知识源,最后是非语言知识源。受试使用最多的是句子层面的语言线索,这与以往研究发现相一致(如:Paribakht, 2005, 2010;Wesche & Paribakht, 2009;王瑛,2011;范琳、杨赛、王震,2013),即句子层面知识源是受

试词汇推理加工过程中的主要线索来源,受试通常先关注目标词汇所在的即时语境,以推理出非熟悉目标词汇意义,必要时再关注句子层面以外的语言线索。知识源使用频率统计结果还表明在词汇层面,词汇联想是推理汉语词汇化目标词意义过程中使用最为频繁的知识源,汉语非词汇化目标词推理过程中最常用的则是词法。这说明尽管受试对汉语词汇化和非词汇化目标词都不熟悉,但较之汉语非词汇化英语目标词,受试可能之前对汉语词汇化目标词在感知和概念上更熟悉一些并能够形成相关联想。研究结果还表明,当受试在推理目标词意义过程中无法从词汇和句子层面知识源获取足够信息时,也借助于语篇层面知识源(主要是语篇意义)来推理英语目标词汇意义。

本研究发现,受试汉语词汇化和非词汇化英语目标词汇推理成功率存在显著性差异。受试对镶嵌在英语语篇中的汉语词汇化目标词的推理成功率远高于其汉语非词汇化目标词的推理成功率,这表明英语目标词在汉语中的词汇化程度对其推理成功率有显著影响。Paribakht(2005,2010)、Paribakht 和 Tréville(2007)、Wesche 和 Paribakht(2009)也发现,受试词汇化目标词的推理成功率明显高于其非词汇化目标词推理成功率。受试非词汇化英语目标词推理成功率较低,可能归因于一个在一语中未被词汇化的非熟悉单词的出现可能会降低受试激活一个适当图式的可能性(参见 Paribakht,2005),这就使得意义建构过程更难,准确性也更差,从而影响词汇推理成功率。抑或是由于受试在感知和概念上对非词汇化目标词所在句子的语境线索更不熟悉,降低了受试有效使用这些线索的能力和倾向(Laufer & Hulstijn,2001;Frantzen,2003),从而导致其对某些非词汇化目标词意义的推理出现偏差。

对受试推理前、后汉语词汇化和非词汇化英语目标词汇知识变化统计分析表明,推理后受试一语词汇化和非词汇化英语目标词汇知识均有显著增长($Ps < 0.001$),这说明词汇推理有助于受试新目标词汇知识的增长。这与 Paribakht(2005,2010)关于受试推理后词汇化和非词汇化目标词汇知识显著增长的研究结果趋于一致。可以看出,成功词汇推理对语言学习者二语词汇知识的系统发展至关重要,故提高词汇推理能力也应该是二语阅读课程的教学目的之一(Albrechtsen,Haastrup & Henriksen,2008)。

9.5　小结

本实验考察了汉语词汇化对语言学习者英语词汇推理加工过程的影响,主要研究发现如下:(1)在推理汉语词汇化和非词汇化英语目标词意义加工过程中,受试使用相同类型的知识源,但各类型知识源的使用频率存在差异;(2)受试汉语词汇化英语目标词的推理成功率明显高于其非词汇化英语目标词;(3)成功词汇推理对受试汉语词汇化和非词汇化目标词汇知识发展起着至关重要的作用。当然,本研究只是在相关研究的基础上,首次考察汉语词汇化对语言类型相距遥远的英语词汇推理加工过程的影响,在此领域尚需进行更多实验研究。未来研究可以采用内省和实时移动窗口或 ERP 技术相结合的方法,也可对语言学习者听力理解加工过程加以考察或者以不同题材的阅读语篇为实验材料等,以扩展该领域的研究范围,也更深入地揭示英语或汉英跨语言词汇推理加工过程的影响因素。

  本研究结果为外语和对外汉语词汇及阅读教学也提供了一定的理论和实践指导。研究发现,语言学习者的成功词汇推理有助于其目标词汇知识的即时增长,这为学习者在阅读过程中借助词汇推理习得词汇提供了依据。语言教师要意识到词汇推理对语言学习者词汇发展和语篇意义理解的重要性,并在阅读教学过程中,着重培养和提高学生利用各种知识源获取非熟悉单词意义的意识和能力。本研究也发现,非词汇化目标词对读者阅读过程中词汇推理造成更多困难,这也势必会影响他们对语篇意义的理解。但只有当读者真正理解语篇意义时,才会构建出语篇情景模型(闫嵘、张磊、尚蕊,2013)。因此,在外语和对外汉语词汇教学过程中,语言教师要特别注意那些在一语中未被词汇化的非熟悉词汇对读者词义理解和词汇学习能力产生的影响,采用显性和隐性词汇教学相结合的方法,帮助语言学习者更有效地加工非词汇化陌生词汇,以期促进和提高其第二语言语篇阅读理解能力。

一语词汇化对中国学生二语英语词汇推理加工时间进程影响的研究

随着词汇推理研究的不断深入,跨语言词汇推理加工机制受到研究者越来越多的关注。目前研究者已从多个视角开展相关研究,主要围绕一语书写系统(如:Wade-Woolley,1999)、一语句法规则(如:Nagy,McClure & Mir,1997)、一语陈述性知识(如:Albrechtsen,Haastrup & Henriksen,2008)和一语语言加工技能(如:Koda,2005)等对二语词汇推理加工过程的影响。然而,只有少量研究考察一语词汇化和语言类型远近对跨语言词汇推理加工的影响。Paribakht(2005)考察受试波斯语词汇化对同属印欧语系的英语词汇推理加工的影响,发现受试推理波斯语词汇化和非词汇化英语目标词汇意义过程中使用相同类型的知识源,但知识源子类型使用的相对频率存在差异。通过比较一语背景不同的波斯语和法语学习者的词汇化和非词汇化英语目标词汇推理加工过程,Paribakht 和 Tréville(2007)、Wesche 和 Paribakht(2009)及 Paribakht(2010)发现这两组学习者词汇化英语目标词汇意义推理成功率均明显高于其非词汇化英语目标词,且本族语为法语的英语学习者成功推理词汇化和非词汇化英语目标词汇的数量均多于母语为波斯语的英语学习者。这可能归因于这三种语言的语言类型距离远近不同。较之波斯语,法语与英语在语言类型上更近,更有利于学习者做出正确推理。这些以往研究表明,二语目标词在语言学习者一语中的词汇化地位影响其二语词汇推理加工过程。然而现存此类研究主要集中在一语和二语同属印欧语系的拼音文字之间。尤其是,现存研究多采用有声思维方法对语篇阅读中跨语言词汇推理加工过程进行考察,但有声思维反映的仅是储存在工作记忆中信息加工的产物,而并非信息加工过程本身(Ericsson & Simon,1984:61)。随着认知心理学以及神经科学的发展,研究者开始采用能更为准确揭示阅读推理过程的反应时方法考察语篇阅读中的预期推理(如:Estévez & Calvo,2000;金花、莫雷,2006)、主题推理(如:Till,

Mross & Kintsch,1988；范琳、刘振前,2007）及连接推理（如：Millis & Graesser,1994)等加工过程,但迄今尚未有研究采用反应时方法探究语篇阅读中的词汇推理加工过程。鉴于此,本文采用反应时方法考察汉语词汇化这一跨语言因素对英语词汇推理加工过程的影响,以期更好地揭示读者语篇阅读中词汇推理实时认知加工过程。

10.1　研究问题

本研究旨在采用反应时方法考察汉语词汇化对英语目标词汇推理加工时间进程的影响。具体探究以下问题：(1)汉语词汇化对英语语篇阅读过程中目标词汇意义推理时间和反应错误率有何种影响？(2)受试接受性词汇知识水平、英语目标词汇意义推理成功率、推理时间之间各存在何种关系？

10.2　研究方法

10.2.1　研究对象

34名英语专业硕士研究生参加本次研究。这些受试均来自宁波大学外国语学院,母语皆为汉语,全部通过 TEM-8。受试年龄介于22至26岁之间,平均年龄24岁,视力或矫正视力正常。

10.2.2　实验材料

采用 Nation(1990)词汇水平测试卷确定受试的英语接受性词汇知识水平。该测试卷包括5个不同词汇频率水平,依次为 2000、3000、5000、大学词汇水平(the university word list)及10000词汇水平。每一词汇频率水平包括6部分,每部分包含6个单词和3个测试题目,均以6择3的匹配方式出现,故每一词汇频率水平共计18个测试题目。该测试卷的90个题目每题赋分1分,最高可能分数是90分。所有受试需在25分钟之内完成测试卷。本章采用与第九章相同的两个阅读推理语篇和目标词来考察受试的词汇推理加工过程(见附录十一、附录十二)。

10.2.3 实验程序

本研究采用反应时方法,利用 E-prime 2.0 编写实验程序以及呈现实验材料。受试在隔音实验室中单独进行测试。实验开始前,用词汇水平测试卷测试受试英语接受性词汇知识水平,并口头和书面告知受试该实验的指导语,使其熟悉实验要求和基本流程。受试被告知需要分别阅读两个英语语篇,接着进行选择判断任务。实验中,受试首先快速浏览实验材料,接着该实验材料在电脑屏幕中间呈现。每次只呈现包含一个英语目标词的阅读材料,每个单词呈现700 毫秒,以红色标示的目标词呈现后,电脑屏幕上呈现词义判断选择项。受试需要又快又准地对选择项做出判断,判断后选择项自动消失,下一个刺激出现。所有刺激均以这种方式呈现。计算机记录受试目标词汇判断的反应时及判定结果。正式实验包括两个实验语篇,受试可以在完成一个语篇后,选择做短暂休息。整个实验持续约 35 分钟。

10.3 研究结果

实验结束后,我们对受试的实验数据进行统计分析。由于电脑故障等,4 名受试没有完成实验,故剔除了这些受试的实验数据。最后用于数据分析的有效数据来自剩余的 30 名受试,用 SPSS17.0 进行数据统计处理。

10.3.1 反应错误率统计结果

表 10.1 为受试在英语语篇阅读中推理汉语词汇化和非词汇化目标词汇意义反应错误率的统计数据。在语篇阅读过程中,受试推理汉语词汇化英语目标词汇意义的平均反应错误率为 48.23%,推理汉语非词汇化英语目标词汇意义的平均反应错误率为 65.20%。反应错误率配对样本 T 检验结果显示,受试汉语词汇化和非词汇化英语目标词汇意义的推理反应错误率存在显著差异($p <$ 0.001)即受试推理汉语非词汇化英语目标词汇意义的平均反应错误率高于其汉语词汇化英语目标词汇。这说明汉语词汇化是影响英语语篇阅读过程中词汇推理加工反应错误率的重要因素,汉语非词汇化英语目标词会对受试词汇推理造成较大困难。该结果与 Paribakht(2005)采用有声思维考察法语词汇化对英语语篇阅读中词汇推理加工影响的研究发现趋于一致。其研究发现法语非词汇化英语目标词汇意义推理平均反应错误率(52.3%)均高于其词汇化英语目标词(44.7%)。

表 10.1　受试汉语词汇化及非词汇化目标词反应错误率配对样本 T 检验结果

目标词	均值	标准差	t	p
词汇化	48.23	14.07	5.03	0.000***
非词汇化	65.20	9.04		

注：***$p < 0.001$

10.3.2 反应时统计结果

表 10.2 呈现了语篇阅读过程中受试推理汉语词汇化和非词汇化英语目标词汇意义反应时统计结果。在英语语篇理解加工过程中,受试推理汉语词汇化目标词汇意义的平均反应时为 3147.2 毫秒,而推理汉语非词汇化目标词汇意义的平均反应时为 5225.53 毫秒。反应时配对样本 T 检验结果显示,受试汉语词汇化和非词汇化英语目标词汇意义推理反应时有显著差异($p < 0.001$);受试推理汉语词汇化英语目标词汇意义的反应时间快于其汉语非词汇化英语目标词汇($MD = -2078.33$)。这说明汉语词汇化对英语目标词汇意义推理加工的时间进程有显著影响。这可归因于汉语词汇化目标词在英语中有相应的对等词,受试在词汇推理过程中会启动这个对等词,占用更少的认知资源,从而缩短推理时间。

表 10.2　受试汉语词汇化及非词汇化目标词反应时配对样本 T 检验结果

目标词	均值	标准差	t	p
词汇化	3147.20	492.72	15.26	0.000***
非词汇化	5225.53	819.68		

注：***$p < 0.001$

10.3.3 受试接受性词汇知识水平、词汇推理反应时、词汇推理成功率之间相关关系统计结果

我们对受试接受性词汇知识水平、词汇推理成功率、词汇推理时间进行了斯皮尔曼相关分析(见表 10.3)。

表 10.3 受试接受性词汇知识水平、推理成功率、推理时间相关关系统计结果

变量	项目	词汇知识水平	词汇化成功率	非词汇化成功率	词汇化反应时	非词汇化反应时
词汇化成功率	p	0.015 *				
非词汇化成功率	p	0.596				
词汇化反应时	p	0.427	0.569			
非词汇化反应时	p	0.409		0.083		

注：* $p < 0.05$（双侧检验）

由表 10.3 可知,受试接受性词汇知识水平与其汉语词汇化英语目标词汇推理成功率呈显著正相关关系（$p = 0.015$），说明词汇知识水平越高,则汉语词汇化英语目标词汇推理成功率越高。然而,受试接受性词汇知识水平与其汉语非词汇化英语目标词汇推理成功率之间不存在显著相关关系（$p = 0.596$）。此外,受试接受性词汇知识水平与其汉语词汇化和非词汇化英语目标词汇推理时间之间均不存在显著相关关系（$p = 0.427$；$p = 0.409$）。受试汉语词汇化英语目标词汇意义推理成功率与其汉语词汇化英语目标词汇意义推理时间之间不存在显著相关关系（$p = 0.569$）。受试汉语非词汇化英语目标词汇意义推理成功率与其汉语非词汇化英语目标词汇意义推理时间之间也不存在显著相关关系（$p = 0.083$）。

10.4　讨论

本研究着重考察了汉语词汇化对英语语篇阅读过程中目标词汇意义反应错误率和推理时间的影响以及受试接受性词汇知识水平、推理成功率与推理时间之间的相关关系。研究发现,受试汉语词汇化英语目标词汇意义推理时间快于其非词汇化英语目标词汇,且反应错误率较低。这说明英语目标词在汉语中的词汇化地位对其词汇推理时间及推理错误率有显著影响（$Ps < 0.001$）。这可能归因于汉语词汇化英语目标词在汉语中有相应的对等词,以语义联结为主要储存方式,受试在推理过程中就会在心理词库中启动这个对等词,进而影响词汇化目标词汇意义提取时间和成功率。该结果与以往研究发现一致（如 Paribakht, 2005, 2010；Wesche & Paribakht, 2009；范琳、张姣, 2014）,他们发现较之词汇化目标词,一语非词汇化二语目标词汇意义的推理加工过程花费时间更长,且成功率更低。Paribakht（2005）认为推理一个在一语中词汇化的词汇意义的过程是词条识别的过程,而推理一个在一语中未被词汇化的词汇意义的

过程是词条建构的过程。在推理非熟悉目标词汇意义过程中，一个适当的一语对等词会缩短受试推理词汇化目标词汇意义的过程。Paribakht（2010），Wesche 和 Paribakht（2009）发现由于波斯语词汇化英语目标词在波斯语中有相应的对等词，其词汇意义的推理加工过程被认为是词条识别的过程；而由于波斯语非词汇化英语目标词没有相应的对等词，其推理词汇意义的过程被认为是词条建构的过程。较之词条识别，词条建构过程依赖读者语义和概念加工的质量（参见 Rashidi & Farhani，2010），所以加工难度更大，时间更长，准确性也更差。受试汉语非词汇化英语目标词汇意义推理时间更长且反应错误率更高似乎还可归因于汉语非词汇化英语目标词在汉语中没有对等词，这可能会降低受试激活或建构一个恰当图式的可能性，使其无法运用语篇宏观结构的相关知识形成连贯心理表征以辅助汉语非词汇化目标词汇意义推理加工。此外，在推理汉语非词汇化英语目标词汇意义过程中，更多的认知资源可能会被分配到分析句子结构、激活或建构相关图式上，从而占用大量的工作记忆容量。然而，工作记忆容量对建构语篇中邻近状态或事件的局部连贯非常重要（Suh & Trabasso，1993；Lutz & Radvansky，1997），工作记忆资源的短缺也会影响汉语非词汇化英语目标词汇意义推理的时间和成功率。相比之下，汉语对等词的存在会减轻读者阅读过程中推理词汇化英语目标词汇意义的认知负荷。读者会有更多的认知资源以综合加工信息，形成更加连贯的心理表征，从而能更快和更为准确地推理出汉语词汇化英语目标词汇的意义。

相关分析结果表明，受试接受性词汇知识水平与其汉语词汇化英语目标词汇意义推理成功率之间存在显著正相关关系（$p<0.05$），而与汉语非词汇化英语目标词汇意义推理成功率相关关系不显著（$p>0.05$）。这与 Paribakht（2005）关于波斯语词汇化对英语词汇推理加工过程影响的研究结果趋于一致。这说明受试较高的二语接受性词汇知识水平有助于其成功推理出一语词汇化英语目标词汇的意义，但接受性词汇知识水平不能预测非词汇化目标词汇意义的推理成功率。这可能是由于非词汇化目标词汇意义的成功推理需要更高的词汇知识水平（Paribakht，2005），低于这个水平词汇推理就会出现困难。受试接受性词汇知识水平与其汉语词汇化和非词汇化英语目标词汇意义推理时间相关关系均不显著（$Ps>0.05$）。这说明词汇知识水平不能预测受试推理目标词汇意义的反应时间。词汇知识水平作为语言能力的一个重要方面，对低层次加工（如词汇识别）作用明显，但是对高层次加工（如推理加工）作用不明显，且二语读者在阅读过程中倾向于将有限的认知资源分配给低层次加工，这使得高层次加工过程受到抑制。此外，阅读理解的最终产物是形成关于整个语篇的连贯心理表征，该表征是读者将语篇中明示信息、语篇阅读中启动的先前知识以及阅读过程中的词汇推理信息进行整合的结果。阅读过程中，读者会根据形成的心理表征和建构的心理模型对非熟悉词汇进行感知、抽象和储存等。Gernsbacher(1990)的结构建构框架理论(structure building framework)认为，如果正在建构的心理模型与已有心理表征或心理模型所携带的信息相关时，当前心理模型的激活就会被加强，从而有助于推理出非熟悉目标词汇意义。这与Huckin 和 Bloch(1993)提出的二语词汇推理认知加工模型观点相一致，读者在阅读过程中推理非熟悉词汇意义时，会启动二语词汇推理认知加工模式，利用相关的基础知识模块来推理并确定该目标词汇意义。本实验中所有目标词汇均为非熟悉词汇，所以受试在词汇推理过程中都需要经过感知、抽象、储存等一系列复杂心理过程才能最终确定该目标词的词义。反应时间快慢很大程度上取决于受试建构相关心理模型的速度以及这些心理模型所携带信息与之前心理模型的相关度，而与受试的词汇知识水平关系不是特别密切。另外，一语阅读中的词汇加工经常是将具体词汇项目与心理词库自动匹配的一个过程(Perfetti, 1990)，该过程可能独立于句法和语义语境。然而，二语阅读中的词汇加工是有意识的，涉及多种心理加工活动，可能会有多种因素影响读者的词汇推理加工时间，仅仅词汇知识水平(陈述性知识是其中一个方面)的影响，也许尚不能对词汇推理时间产生显著影响。

受试目标词汇意义推理成功率和推理时间相关关系分析结果表明，受试汉语词汇化英语目标词汇意义推理时间与其汉语词汇化英语目标词汇意义推理成功率，以及受试汉语非词汇化英语目标词汇意义推理时间与其汉语非词汇化英语目标词汇意义推理成功率之间皆不存在显著的相关关系($Ps > 0.05$)。词汇推理是读者基于所有的语言和非语言知识源对非熟悉词汇意义确定的过程(Haastrup, 1991:13)，受试在推理汉语词汇化和非词汇化英语目标词汇意义过程中，会利用各种语言和非语言知识源进行推理。如果受试在感知和概念上对这些目标词所在句子的知识源比较熟悉，就能增强其有效使用这些线索的能力和倾向，从而提高推理成功率，但未必能够缩短受试推理这些词汇意义的时间。反之，会降低受试有效使用这些线索的能力和倾向，从而导致其对这些词汇意义的推理出现偏差(Laufer & Hulstijin, 2001; Frantzen, 2003; Matsumura, 2010)，但受试推理这些词汇意义的时间有可能不会受到影响。

10.5 小结

本研究采用反应时方法考察汉语词汇化对英语词汇推理加工时间进程的影响，主要有以下发现：(1)汉语词汇化影响英语词汇推理加工的时间进程，受试汉语词汇化英语目标词汇推理时间明显快于其非词汇化英语目标词汇,反应错误率也更低;(2)受试接受性词汇知识水平与其汉语词汇化英语目标词汇推理成功率之间存在显著的正相关关系,但与其汉语非词汇化英语目标词汇推理成功率以及汉语词汇化和非词汇化英语目标词汇推理时间之间皆不存在显著的相关关系;(3)受试汉语词汇化英语目标词汇推理成功率与其汉语词汇化英语目标词汇推理时间,以及受试汉语非词汇化英语目标词汇推理成功率与其汉语非词汇化英语目标词汇推理时间之间也均不存在显著的相关关系。

  本研究采用反应时方法来揭示读者语篇阅读过程中的词汇推理实时认知加工过程,未来研究可以采用更多心理学研究方法和手段,如采用 ERP,fMRI 等考察读者词汇推理加工的神经机制;采用眼动技术考察读者词汇推理加工的眼动机制;还可以采用反应时行为研究和神经机制研究相结合的方法,更深入地揭示词汇推理加工机制,为语篇阅读和词汇推理加工提供聚合的实证数据。

  本研究结果对二语词汇教学具有借鉴意义。研究发现,受试非词汇化目标词汇意义的推理时间多于词汇化目标词,且反应错误率也更高。因此,在教学过程中,语言教师要对目标语非词汇化词汇予以重视,尽量为语言学习者习得那些在一语中未被词汇化的非熟悉词汇提供帮助和指导,不断提高学习者的词汇广度和深度知识水平,鼓励学生进行精细阅读。本研究还发现,受试接受性词汇知识水平与其词汇化目标词汇意义推理成功率显著相关,因此在阅读过程中借助词汇推理进行词汇学习就非常重要。语言教师要意识到词汇推理训练的重要性,将词汇推理训练和旨在提高语言学习者词汇知识水平的相关训练结合起来,促进其词汇附带习得。

中国学生汉英跨语言词汇推理加工模式研究

继考察某单一语言(主要是二语)词汇推理加工过程后,国外学者又从一语对二语词汇推理加工过程中知识源类型的使用模式和频率的影响(如:Paribakht & Wesche,2006)、一语词汇化(如:Paribakht,2005)和句法迁移效用(如:Nagy, McClure & Mir,1997)等方面考察读者的跨语言词汇推理加工机制。在此基础上,为了更好地揭示一语对二语词汇推理加工的影响、词汇推理加工的跨语言模式及其发展模式,一语和二语词汇推理过程中知识源使用模式的异同,区分不同影响因素,Albrechtsen,Haastrup 和 Henriksen(2008)开展了同一组受试一语和二语(英语和丹麦语)跨语言词汇推理加工过程的研究;Wesche 和 Paribakht(2009)与 Paribakht(2010)考察不同一语背景,但相同二语的同一组受试的跨语言(英语、法语、波斯语)词汇推理加工过程。可以看出,国外学者已经开始关注读者的跨语言词汇推理加工机制,并在该领域获得了崭新的、具有启发意义的发现;对读者跨语言的词汇推理加工机制进行研究也应是该领域的发展趋势。然而,国外学者跨语言研究中的一语和二语均属于印欧语系的拼音文字;语言类型相距遥远的一语和二语(如:汉语和英语)之间词汇推理的跨语言加工机制究竟如何,仍然有待研究。鉴于此,本研究拟考察中国学生的汉英跨语言词汇推理加工特点,以期揭示其词汇推理加工过程中的加工机制和跨语言模式。

11.1 研究问题

本研究旨在对中国学生的汉英跨语言词汇推理加工模式进行考察。具体研究以下四个问题:(1)受试在一语、二语词汇推理加工过程中知识源使用类型及其使用频率的跨语言模式如何?(2)受试一语、二语词汇推理成功率是否存在差异?(3)受试成功推理二语词汇对其词汇知识发展有何种作用?(4)受试二语词汇知识水平与其成功词汇推理及词汇意义记忆程度之间关系如何?

11.2 研究方法

11.2.1 受试

本研究受试为 26 名宁波大学英语专业三年级本科生。他们年龄介于 22 至 24 岁,全部是母语为汉语的英语学习者,均通过 TEM-4。

11.2.2 实验材料

使用词汇水平测试卷(Nation,1990)来测量受试的二语接受性词汇知识水平(参见 10.2.2)。二语词汇推理任务进行前后,分别采用 VKS(Paribakht & Wesche,1993,1996,1997;Wesche & Paribakht,1996)测试受试目标词知识的掌握程度(参见 9.2.2)。

我们借鉴国外学者进行类似研究时采用的平行任务的设计理念(如:Albrechtsen, Haastrup & Henriksen, 2008; Wesche & Paribakht, 2009),设计了汉英平行实验语篇,分别由两个语篇构成。其中,英语推理语篇选取的是 Haastrup(1991)以及 Wesche 和 Paribakht(2009)的实验所用语篇,主题分别涉及健康和人权(见附录十三)。每个语篇中的 20 个目标词包含名词、动词、副词和形容词四个词类。我们让语言水平与本研究受试语言水平相似的同学确定其对目标词的熟悉程度,去掉了其中部分同学熟悉的 2 个单词,最终选定 18 个单词作为本研究的目标词(见附录十四)。英语实验语篇与目标词确定后,我们又选取了主题、长度、目标词的数量及词类与之相匹配的两个汉语实验语篇。因为受试的一语是汉语,他们已经掌握了大量一语词汇,因此本实验采用了假字目标词作为汉语目标词。这些目标词具有人工汉字的特征,与汉字在形态上具有一定相似性,例如:"祜破"(严峻)、"寘孙"(填补)等。

11.2.3 实验程序

本研究采用内省法,即有声思维法和回溯法相结合,回溯数据作为有声思维数据的补充。正式实验前,对受试进行有声思维训练。训练时,给受试呈现一些图片,要求他们在看图片的时候,说出其思维活动。之后,使用词汇水平测试卷测量受试的二语接受性词汇知识水平;运用词汇知识量表,在二语词汇推理任务进行前和结束后,分别测试受试对目标词知识的初始掌握程度以及目标词的即时记忆情况。正式实验时,受试首先浏览包含非熟悉目标词的汉英实验语篇,了解其大义,此后阅读包含非熟悉单词的汉英语篇时，进行有声思维，使用一语或二语报告其推理出的目标词汇意义，以及他们是如何获取该目标词词义的。接下来，受试进行回溯，汇报是什么帮助他们成功进行词汇推理和获取了单词意义。受试每一阶段的口头汇报均用电脑录音软件记录。在完成推理任务时，没有绝对的时间限制。

11.3 研究结果

有声思维和回溯录音记录是数据分析的主要资料。我们按统一格式记录、整理这些录音数据，并进行定性与定量分析。统计分析主要涉及一语和二语词汇推理加工过程中使用的知识源类型、词汇推理过程中知识源使用的跨语言模式、词汇推理成功率、推理前后二语目标词汇知识的发展情况、词汇知识水平与二语推理成功率和词汇意义保持间的关系。个别受试口头汇报提供的信息太少或声音太小无法转写，另有受试没能够完成有声思维和回溯实验过程。剔除无效受试后，对其余20名有效受试的录音数据进行定性与定量分析，使用SPSS17.0对定量数据进行统计处理。

11.3.1 一语和二语词汇推理加工过程中使用的共享知识源类型

为了确定受试推理非熟悉单词意义时使用的知识源类型，我们对其录音资料进行了定性分析。结果表明，受试在汉、英词汇推理过程中使用了包括语言与非语言知识在内的多种知识源。根据以往研究者对词汇推理过程中使用的知识源分类（如：Bengeleil & Paribakht, 2004; Wesche & Paribakht, 2009），我们对本研究受试所使用的知识源类型进行了归类（见图11.1）。

```
1. 语言知识源（linguistic knowledge sources）
    (1) 词汇知识（word knowledge）
        词汇联想（WA）
        词汇搭配（WC）
        词法（WM）
        词形（WF）
    (2) 句子知识（sentence knowledge）
        句子意义（SM）
        句子语法（SG）
        标点符号（P）
    (3) 语篇知识（discourse knowledge）
        语篇意义（DM）
2. 非语言知识源（non-linguistic knowledge source）
    世界知识（WK）
```

图11.1 受试一语和二语词汇推理加工过程中使用的共享知识源类型

由图 11.1 可见,受试在词汇推理过程中使用的语言知识源包括词汇、句子及语篇层面线索,非语言知识源主要是指世界知识。在词汇知识层面,受试主要依据词汇自身特征(如:词汇联想、词汇搭配、词法、词形)推理非熟悉单词的意义。在句子层面,受试往往利用目标词的语法知识或语义关系等知识源进行词汇推理,而在语篇知识层面,受试利用超越句子层面的关系和意义,即利用目标词所在语篇以及周围句子的意义进行词汇推理。非语言知识源包括语篇主题知识和其他相关背景知识。另外,受试还利用多种知识源来推理目标词汇意义。图 11.2 列举了受试在词汇推理加工过程中有声思维口头汇报示例。

"*Health in the Rich World and in the Poor*"(二语英语数据)

目标词:unfathomable

词汇联想

受试:[*unfathomable*] … [*unfathomable*],什么意思呢? 前面有个 *and* 连接,*and* 一般是表并列关系的,那这个[unfathomable]应该和前面 mysterious 这个单词的意思差不多吧……mysterious 这个单词我认识,是 difficult to understand,神秘的意思,所以[unfathomable]在这里应该也是跟"神秘"差不多的意思吧,我觉得是 *impossible to understand*,"深不可测的"意思吧。

"*Health in the Rich World and in the Poor*"(二语英语数据)

目标词:waver

词法

受试:[*waver*]…um, wave 这个单词学过的,做名词是"波浪"的意思。现在在它后面加了个 *er*,使名词变成了动词。这个词肯定跟 wave 有关。Um, it may mean it moves like the wave,像波浪一样波动。前面这个主语是 our beliefs,我们的信念,那这里它修饰信念,引申一下,我猜是"动摇"的意思吧。不知道对不对,就这样吧。

"*Health in the Rich World and in the Poor*"(二语英语数据)

目标词:sewage

句子意义、语篇知识

受试:首先这里 *very hot. And there is dust between their toes*. 他们脚趾之间全是有灰尘。And the smell of … in their noses,什么东西的味道在他们鼻子里面。根据这个句子,我猜这应该是 *the dirty things*,"脏东西"。

图 11.2 受试词汇推理有声思维口头汇报示例

"*Health in the Rich World and in the Poor*"（二语英语数据）

目标词：contract

多种知识源：句子语法、句子意义、语篇意义

受试：Um … 他们应该花更多的时间……去思考为什么他们自己没有［contract］那些疾病 *that so many of their patients die from. Um …* ［contract］在这里应该是个动词，因为有个名词在它后面。*And read the following sentence, they should find the illness, and actually they do not realize it.* 所以 *I guess the word* ［contract］*means doesn't pay attention to. And* 与 *the first sentence that doctors seem to overlook this fact* 意思相一致。

"美国收紧对非抗艾援助 乌干达艾滋病加速蔓延"（一语汉语数据）

目标词：炟陀袎（增加的）

语言知识源：语篇知识

受试：前面已经提到了乌干达抗艾医院人满为患，这里的病人的话肯定人数上是增加的，所以这里的三个字应该是"增加的"。

"美国收紧对非抗艾援助 乌干达艾滋病加速蔓延"（一语汉语数据）

目标词：達玢（治愈）

非语言知识源：世界知识

受试：不能××艾滋病。艾滋病一般是不能治愈的吧。不是每年都有很多人死于艾滋病嘛。这里应该是不能治愈艾滋病吧。

"美国收紧对非抗艾援助 乌干达艾滋病加速蔓延"（一语汉语数据）

目标词：礿扒（药物）

多种知识源：语篇意义、词法、世界知识

受试：当务之急是给病人提供足够的救生××。应该是，因为一般病人得病，先是提供药物吧。根据后文政府出台了个什么计划，就是要给这些艾滋病的患者提供一些预防援助、药物治疗，所以我觉得应该是救生药物。然后我觉得它这个字体也有点像药。

图11.2 受试词汇推理有声思维口头汇报示例（续）

11.3.2 一语和二语词汇推理过程中知识源使用的跨语言模式统计结果

表11.1为受试推测目标词意义时的主要知识源类型使用频率统计结果。可以看出，受试在一语、二语词汇推理过程中使用的知识源类型呈现共享模式，他们使用了多种知识源进行词汇推理（包括语言知识和非语言知识）。受试知识源使用频率也表现出相似模式，他们均更多地依赖语言知识源来推理词汇意义，比例分别高达86.8%和93.3%。其中句子层面知识源使用率最高，几乎占总知识源使用比率的一半。在二语词汇推理过程中，受试世界知识使用频率较

低(6.7%),而一语推理中使用频率则达13.2%,说明世界知识是其成功词汇推理的重要知识基础。与一语相比,受试在二语推理过程中更多地使用了语篇线索。

对受试在词汇推理过程中所使用的语言知识源子类型进行了统计,每一子类型具体使用频率见表11.2和表11.3。由表11.2可知,在汉英词汇推理过程中,受试表现出一种独特的词汇知识源使用模式。在二语词汇推理过程中,他们使用了词形、词法、词汇搭配、词汇联想四种子类型,其比例从5.2%到11.7%不等,其中词汇联想和词法知识源更受青睐。而受试在一语词汇推理过程中不使用词法线索,较少使用词汇联想线索(2.0%)。此外,词汇搭配是一语词汇推理中使用的最重要词汇知识源(20.1%),但其在二语词汇推理中的使用频率远不及一语(5.2%)。

表 11.1 受试使用的主要知识源类型频率统计结果

语言任务	语篇中的语言知识源			总语言知识源(%)	非语言知识源:世界知识(WK)(%)	主要知识源类型频率排序
	词汇(W)(%)	句子(S)(%)	语篇(D)(%)			
英语	33.1	43	17.2	93.3	6.7	S>W>D>W>K
汉语	34.1	40.7	12	86.8	13.2	S>W>WK>D

表 11.2 受试使用的词汇层面知识源频率统计结果

语言任务	词汇线索使用总频率(%)	词形(WF)(%)	词法(WM)(%)	词汇搭配(WC)(%)	词汇联想(WA)(%)	知识源子类型频率排序
英语	33.1	7.3	9.2	5.2	11.7	WA>WM>WF>WC
汉语	34.1	12	0	20.1	2.0	WC>WF>WA>WM

表11.3呈现了受试句子层面知识源的使用频率统计结果。从中可以看出,在一语和二语词汇推理加工过程中,受试均使用了句子层面知识源的三种子类型(句子意义、句子语法、标点符号)。其中句子意义线索是汉英词汇推理加工过程中最常用的句子层面线索(38%和30.5%);句子语法线索在二语词汇推理过程中也使用较多(12.2%);标点符号线索偶尔被用于一语词汇推理加工,但极少用于二语词汇推理。

表 11.3　受试使用的句子层面知识源频率统计结果

语言任务	句子线索使用总频率(%)	句子意义(SM)(%)	句子语法(SG)(%)	标点符号(P)(%)	知识源子类型的频率排序
英语	43	30.5	12.2	0.3	SM>SG>P
汉语	40.7	38	1.0	1.7	SM>P>SG

我们也对汉英两种语言词汇推理过程中受试使用的单一知识源和多种知识源情况进行了统计(见表11.4)。结果表明,在推理一语和二语目标词词义时,受试不仅有效地使用了单一知识源(81.7% 和 74.7%),还运用了多种知识源(18.3% 和 25.3%)。

表 11.4　受试词汇推理过程中使用的单一和多种知识源统计结果

语言任务	单一知识源(%)	多种知识源(%)
英语	74.7	25.3
汉语	81.7	18.3

11.3.3 一语和二语成功词汇推理统计结果

按照三级量表("2"代表成功,"1"代表部分成功,"0"代表错误推理)对受试一语和二语词汇推理成功率进行评分(参见 Nassaji,2003,2006)。成功词汇推理是指推测出的词汇意义在语义、句法方面均恰当;接近于其确切意义或语义但句法上不恰当的反应可称为部分成功(如需要提供一个名词时,产出了动词或者形容词);若其反应不能满足以上任何一种条件或者受试放弃猜测词汇意义,则被视为错误推理。

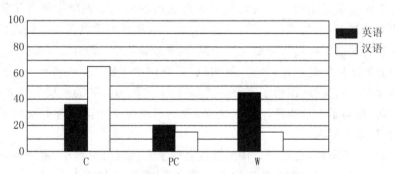

注:C代表成功推理,PC代表部分成功推理,W代表错误推理

图 11.3　受试一语和二语推理过程中成功推理、部分成功和错误推理

受试分别对一语和二语语篇中的 18 个目标词做出反应。其中,受试对二语目标词汇反应次数为 335 次,他们对所有一语假字目标词均做出了反应(360 次)。由图 11.3 和表 11.5 可知,受试的二语词汇推理成功率远远低于其一语,这可能是由其语言熟练程度和语篇背景知识等方面的欠缺所致。

表 11.5　受试一语和二语成功、部分成功及错误推理频率统计结果

语言任务	反应次数	成功推理		部分成功推理		错误推理	
		次数	百分比	次数	百分比	次数	百分比
英语	335	114	34	66	19.7	155	46.3
汉语	360	246	68.3	51	14.2	63	17.5

11.3.4　推理后二语词汇知识变化统计结果

VKS 得分表明了受试的单词熟悉程度和词汇意义回忆变化情况。结果表明,受试在完成二语词汇推理任务后,目标词汇知识水平具有显著的即时提高。对受试词汇推理前后 VKS 目标词汇知识得分的配对样本 T 检验结果表明,两者间差异非常显著($p < 0.001$)(见表 11.6)。

表 11.6　二语目标词汇知识推理前后配对样本 T 检验结果

	均值	标准差	t	p
推理前	1.84	0.84	−13.73	0.000***
推理后	2.47	0.79		

注:VKS 分数最大值为 5.0;***$p < 0.001$

我们对受试汇报的每一目标词汇推理前后的词汇知识层次进行了统计以进一步明确其 VKS 的得分情况(见表 11.7)。在统计时尤其关注了词汇推理后能够反映受试以下方面得分变化的情况:词形新知识(从最初的 VKS 第 1 层次到推理后第 2 层次的变化)、词义新知识(从最初的 VKS 第 1 或第 2 层次到推理后第 3 层次的变化,即给予正确的同义词/一语翻译)、超词汇层面的知识(即第 4 层次,在句子中恰当使用词汇语义)及词汇在句子中语义和句法均正确使用的情况(第 5 层次)。

由表 11.7 可知,受试通过词汇推理熟悉了大多数目标词汇,推理后非熟悉单词只占 6.3%。受试推理后的新词形识别率和回忆率分别为 31.3% 和 53.4%。此外,在词汇推理任务结束后,受试还能记住某些非熟悉词汇的意义,推理后新词汇意义回忆率为 9%。

表 11.7 推理前后二语目标词汇知识变化情况统计结果

推理前所有非熟悉单词(%)(VKS1/2)	推理后非熟悉词汇(%)(VKS1-1)	推理后新词形识别(%)(VKS1-2)	推理后新词形保持(%)(VKS2-2)	推理后新词汇意义保持(%)(VKS1/2-VKS3/4/5)
100	6.3	31.3	53.4	9

11.3.5 词汇知识水平与推理成功率和词汇意义保持之间相关关系统计结果

表 11.8 呈现了受试接受性词汇知识水平、词汇推理成功率以及词汇意义保持描述性统计结果。受试词汇水平测试平均分为 45.1 分,成功词汇推理和词汇记忆平均分分别为 15.2 分和 11.5 分。

表 11.8 受试词汇接受性知识水平、成功词汇推理与词汇意义保持得分描述性统计结果

	平均值	标准差
接受性词汇知识水平	45.1	10.03
成功词汇推理	15.2	3.76
词汇意义保持	11.5	5.56

我们对受试的二语接受性词汇知识水平、推理成功率(成功、部分成功)以及推理后词汇意义的记忆情况进行了相关分析(见表 11.9)。受试的接受性词汇知识水平与其词汇推理成功率、推理后目标词汇意义的记忆程度之间均存在显著相关($p < 0.05$,$r = 0.644$ 和 $r = 0.586$)。这表明受试较高的二语接受性词汇知识水平有助于其推理出非熟悉单词的意义并且记住该意义。然而,受试的二语词汇推理成功率与其目标词汇意义记忆程度之间的相关关系并不显著($p > 0.05$)。

表 11.9 受试词汇接受性知识水平与词汇推理成功率、词汇意义保持间的相关分析结果

	接受性词汇知识水平	推理成功率
推理成功率	0.644*	
词汇意义保持	0.586*	0.345

注:* $p < 0.05$

11.4 讨论

本研究重点对中国学生的汉英跨语言词汇推理加工模式进行考察。结果

表明,在一语和二语词汇推理加工过程中,受试使用的语言和非语言知识源既呈现出共享模式,也存在差异。在两种语言语篇的词汇推理过程中,受试均使用了多种不同层面的语言(词汇、句子、语篇)和非语言知识源(世界知识)来推测目标词汇的意义。这说明,在一语和二语词汇推理加工过程中,受试先前的语言和非语言知识与语篇语境线索交互作用,促使其获得非熟悉单词的意义。另外,本研究发现,在一语和二语词汇推理加工过程中,句子层面知识源(特别是句子意义)是受试的主要线索来源,这与Wesche和Paribakht(2009)、Paribakht(2010)关于英、法、波斯语间跨语言词汇推理加工研究的结果趋于一致,其受试对句子层面知识源的使用比例最高达到73.4%。这说明受试通常先关注目标词汇所在的即时语境,必要时再关注句子层面以外的语言线索。读者倍加青睐句子层面知识源,不仅因其与意义相关,还因为这些句子层面线索与目标词关系更紧密,就围绕在目标词周围(Wesche & Paribakht,2009)。本研究还发现,较之一语,句子语法知识源在二语词汇推理过程中的使用更为频繁,这可能是由中国英语课堂教学较注重语法所致。除句子层面知识源外,词汇层面知识源是一语和二语词汇推理加工过程中使用较多的线索。受试均使用了词形、词汇搭配和词汇联想,但词法线索的使用仅限于二语词汇推理加工。这可能是由于,至少在书写层面上,汉语不像英语那样有丰富、明确的派生和屈折的词法变化。本研究中,我们也把与汉字真字的偏旁和部首相似的假字目标词提供的用以推理词汇意义的线索作为词形知识源来加以统计。较之词汇层面的其他线索,受试在二语加工过程中更倾向于使用词汇联想线索,这表明他们在词汇推理过程中更关注即时语境中与目标词相关的联想,以此推测非熟悉单词意义。可以看出,世界知识、词汇搭配和词法在一语推理中使用得更为频繁,这与Wesche和Paribakht(2009)的研究发现相一致。这也表明,相比之下,受试对一语词汇推理的语境更为熟悉,具有更多相关词汇搭配知识,也更熟悉语篇主题知识。研究结果还表明,受试在二语阅读过程中更多地利用语篇意义来推测非熟悉单词的意义。这似乎表明,受试在二语语篇阅读推理过程中不能从单词和句子层面线索中获取足够的信息,从而可能需要利用更多语篇线索来推理这些非熟悉单词的意义。这支持了Bengeleil和Paribakht(2004)的"较之高语言水平组,中等语言水平组更依赖语篇线索"的研究结论。另外,对受试口头报告分析结果表明,他们在汉语词汇推理加工过程中较多地使用单一知识源。然而,较之一语,受试在二语推理过程中更多地使用了多种知识源,这表明他们在运用较少知识源和语境线索去建构目标词汇意义的能力方面存在欠缺,在二语词汇推理过程中需要借助语篇提供的多种线索。

本研究发现,受试推理一语和二语目标词汇意义的推理成功率存在明显差异。这与以往研究结论相一致。Albrechtsen、Haastrup 和 Henriksen(2008)以及 Wesche 和 Paribakht(2009)的研究均发现,其受试一语丹麦语、法语和波斯语的词汇推理成功率明显高于其二语英语。本研究受试对镶嵌在一语汉语语篇中的假字目标词意义的推理成功率远远高于其二语英语推理成功率;在一语词汇推理过程中,受试对所有假字目标词进行反应,但未能尝试对部分二语目标词汇做出反应。本研究的受试是大学生,其一语水平较高,有充足的相关语篇主题的背景知识,因此,对他们而言,假字目标词所处的语篇难度也较小,其一语词汇推理的成功率也就相应较高。受试二语词汇推理的成功率之所以较低,可归因于其较低的二语语言水平,尤其是其二语词汇知识水平较低,以及阅读技能、语篇特征文化熟悉度和程序性知识不足,这也导致二语读者不能够借助语言和非语言知识源对目标词汇意义进行较为有效的推理。词汇推理加工受到读者解决词汇问题过程中使用的陈述性知识、程序性知识以及两者间交互作用的影响(Albrechtsen, Haastrup & Henriksen, 2008)。陈述性知识包括语言知识、语用知识、语篇知识、社会文化知识、世界知识、副语言(paralanguage)和超语言方式交流的知识等范围广泛的事实性知识(factual knowledge) (Albrechtsen, Haastrup & Henriksen, 2008:13)。要提高二语读者的词汇推理能力,首先要着力加强其二语陈述性知识(如:词汇知识、语篇知识、世界知识)。程序性知识通常以隐性知识形式储存,母语使用者很少明确意识到其语言理解和产出过程中利用了程序性知识(Albrechtsen, Haastrup & Henriksen, 2008)。然而,如果二语读者目的语陈述性知识不足,则会妨碍他们将程序性潜能迁移至更费力的第二语言加工过程。课堂教学应强调显性陈述性知识的发展,也许仍有许多二语学习者没有经历有目的使用语言的过程,也没有感觉到有使用和发展其二语程序性知识的需要。因此,提高二语学习者对程序性知识的显性意识,挖掘他们在新语言情境下的加工潜力,应该是提高其二语词汇推理成功率的重要举措。

  推理前后目标词汇知识的对比分析表明,受试在二语目标词汇知识的即时记忆方面有明显提高,这表明词汇推理有助于词汇知识的发展。这一结论也与以往研究发现(如:Paribakht & Wesche, 1997;Wesche & Paribakht, 2009)相吻合。对受试推理前后的目标词汇知识层次进一步统计分析后发现,受试的词形新知识、词义新知识以及超词汇层面的知识均出现了变化。通过词汇推理他们熟悉了大多数目标词汇,推理后只有很少的非熟悉单词。研究还表明,在多数情况下,受试在二语词汇推理过程中主要涉及识别和记忆目标词的词形,成功回忆出目标词汇意义的情形则相对较少。他们不仅能够推理之前熟悉的单词词形,通过词汇推理还会获取之前某些非熟悉单词的词形,尤其是可以运用多种知识源来正确回忆非熟悉单词的词形,说明在通过阅读习得词汇这一缓慢、递增的过程中,词汇推理起着不可或缺的作用。当然,这种词汇知识的增长是短时的,由于我们没有能够再对受试实施一次 VKS 延迟测试,所以,经过更长时间后这种最初的知识还能记住多少,我们无从得知。但无论如何,发现词汇知识的即时增长是重要的,不能即时记住,接下来任何基于词汇推理任务的词汇知识发展都无从谈起(Wesche & Paribakht, 2009)。因此,成功的词汇推理对读者二语词汇知识的系统发展至关重要,提高词汇推理能力也应当是二语阅读课程的教学目的之一(Albrechtsen, Haastrup & Henriksen, 2008)。

本研究也发现,受试二语接受性词汇知识水平越高,就越有利于其对目标词汇意义的推理和记忆。这一发现也与以往研究结论(如:Albrechtsen, Haastrup & Henriksen, 2008; Wesche & Paribakht, 2009)相一致。这说明,作为二语语言水平至关重要的一部分,词汇知识是读者成功推理和记忆目标词汇意义的基础。阅读过程中,二语词汇推理成功率以及推理后词汇知识的增长均受到读者二语词汇知识水平的影响,本研究结果为该结论提供了有力支持。另外,我们还发现,受试的词汇推理成功率与目标词汇意义记忆程度之间不存在显著相关关系。这表明,对部分受试而言,成功词汇推理既不能预示他们目标词汇的初始学习情况,也不一定能够体现其词汇推理后对目标词汇意义和词汇不同特点的即时记忆程度。

11.5 小结

本研究考察了中国英语学习者的汉英词汇推理加工模式,主要研究发现如下:(1) 受试在词汇推理过程中利用了多种知识源,包括语言知识源和非语言知识源。其中,句子层面知识源在两种语言词汇推理过程中均使用最多;(2) 受试的一语词汇推理成功率明显高于其二语推理成功率;(3) 对二语词汇的成功推理有助于受试词汇知识的发展,对更好地理解和即时记忆单词意义,尤其是记忆单词词形,起着重要作用;(4) 受试的二语词汇知识水平与其词汇推理成功率和词义记忆程度之间存在显著相关。

当然,本研究只是在相关研究的基础上考察了母语为汉语的英语学习者(大学生)的汉英词汇推理加工过程,仍需进行更多此类实证研究,如以小学生、中学生为对象、听力文本为实验材料等,以扩展该领域的研究范围,从而更全面地揭示中国英语学习者汉英词汇推理加工模式。另外,研究推理加工的时间进程也是词汇推理加工过程研究的一个重要方面(范琳、刘振前,2007)。本研究仅仅采用内省法考察了受试的词汇推理加工过程,未来此类研究可以运用实时移动窗口技术,还可以将反应时法与ERP、fMRI、眼动技术等结合起来,以探究读者词汇推理实时加工过程,更好地揭示词汇推理认知加工过程的实质,从而取得更具普遍意义的结论。

  本研究的发现对外语和对外汉语的词汇及阅读教学均有可资借鉴的启示。研究发现,成功的词汇推理对二语目标词意义的即时记忆有显著影响,这为在阅读中借助词汇推理进行词汇学习提供了进一步支持。在词汇教学过程中,语言教师要采用显性和隐性词汇教学相结合的方式,对语言学习者词汇附带习得也予以重视。在阅读教学过程中,阅读策略和词汇推理策略可以结合起来教授,并有针对性地对二语读者,尤其是对低阅读能力读者,进行词汇推理技能训练。本研究受试较高的一语词汇推理成功率对提高其二语词汇推理的加工水平也有重要的借鉴意义。词汇推理的加工质量依赖于陈述性和程序性知识的相互作用,要在增强学习者二语陈述性知识的同时,着力提高其对程序性知识的显性意识,以提高第二语言读者的词汇推理能力,进而提高其语篇阅读理解能力。

第十二章

中国学生汉英跨语言词汇推理发展研究

国内外研究者对学习者跨语言词汇推理加工过程已经予以关注,如考察一语词汇化(如:Paribakht,2005,2010;范琳、张姣,2014)和句法迁移(如:Nagy,McClure & Mir,1997)对语言学习者二语词汇推理加工的影响,开展受试一语和二语跨语言词汇推理加工过程对比研究等(如:Albrechtsen,Haastrup & Henriksen,2008;Wesche & Paribakht,2009;范琳、杨赛、王震,2013)。尤其是,Albrechtsen,Haastrup 和 Henriksen(2008)对三组处于不同教育阶段的(七年级、十年级、大学一年级本科生)受试一语和二语词汇推理跨语言加工发展模式进行了研究,这也是目前仅有的一项跨语言词汇推理加工发展实验研究。可以看出,尽管研究者已经从跨语言角度考察词汇推理加工机制,但针对学习者跨语言词汇推理加工的发展研究还非常缺乏,尤其是缺乏表意文字汉语与拼音文字间词汇推理跨语言加工的发展研究。因此,本研究对处于不同教育阶段的中国英语学习者的汉英词汇推理加工过程进行对比研究,以探究和揭示其跨语言词汇推理加工的发展模式。

12.1 研究问题

本研究目的是考察中国学生的汉英词汇推理加工发展模式,具体探究以下问题:(1)不同语言水平受试一语和二语词汇推理过程中使用的知识源类型和频率呈现怎样的模式?(2)不同二语水平受试词汇推理成功率及其一语和二语词汇推理成功率是否存在差异?(3)不同语言水平受试二语词汇推理后的即时词汇知识保持情况是怎样的?(4)不同语言水平受试的二语接受性词汇知识水平、词汇推理成功率、词汇知识保持之间各存在何种关系?

12.2 研究方法

12.2.1 受试

有两组受试参与本实验研究。第一组为浙江某高校外语学院30名硕士研究生,他们是本研究高语言水平组,全部通过TEM-8,其年龄介于23到26岁。第二组受试是浙江某中学20名高一学生,他们为本研究低语言水平组,其年龄介于15到16岁。所有受试均为汉语为母语的英语学习者。以上两组受试的数据与采用类似实验材料(实验语篇相同、目标词不尽相同)和相同实验范式的来自浙江某高校英语专业三年级本科生(中级英语水平学习者)的研究结果加以对比,以期更好地考察中国英语学习者跨语言词汇推理加工的发展模式。

12.2.2 研究工具及实验材料

受试的英语接受性词汇知识水平由词汇水平测试卷(Nation,1990)加以测量(参见10.2.2)。本研究采用Paribakht和Wesche(1996,1997)、Wesche和Paribakht(1996)等使用的VKS来测试受试推理前后目标词汇知识的掌握程度(参见9.2.2,也见附录十)。

本研究采用与第十一章相同的平行汉英实验语篇(见附录十三),各有两个语篇,但本研究受试语言水平与前一研究受试水平不同,因此目标词有所差异。目标词均以粗体呈现,包含名词、动词、形容词和副词。实验前由7名与本研究受试英语水平相当的硕士研究生选出了他们熟悉的目标词用非词加以代替。同样的,由7名英语水平与本研究受试语言水平相当的中学生选出了影响其语篇理解的非熟悉单词,实验者在括号里提供了除目标词外,受试意见比较集中的生词的汉语对等词。我们又选定了在主题和长度上与英语语篇相匹配的两个汉语实验语篇,在目标词数量和词类上也与英语语篇保持一致。由于参与实验的受试汉语为母语,他们已经掌握了大量汉语词汇,所选语篇中他们不熟悉的汉语词汇很少,因此汉语目标词采用了假字目标词,如"玹袂"等。

12.2.3 实验程序

本研究采用有声思维和回溯相结合的方法。实验前,除对受试进行有声思维训练之外,还测试其二语接受性词汇知识水平。在进行词汇推理任务前,用VKS量表测试受试对目标词知识的初始掌握程度;推理任务结束后,再次用

VKS测试其对目标词知识的即时保持情况。受试先进行有声思维,而后进行回溯,汇报是什么帮助其获取单词意义。受试完成词汇推理任务没有绝对的时间限制。他们所有口头汇报均用录音机记录。

12.3 研究结果

我们对受试的有声思维和回溯口头汇报资料进行了统计分析。有受试声音太小无法转写或者口头汇报内容太少,其数据被剔除。最后,对27名硕士研究生和16名高中生的有效录音数据进行了定性与定量分析,用SPSS17.0统计处理定量数据。

12.3.1 受试词汇推理加工过程中所使用知识源类型

对受试有声思维和回溯数据进行的定性分析表明,受试在汉英词汇推理过程中均使用了包括语言与非语言知识在内的多种知识源。依据以往研究的分类(Bengeleil & Paribakht, 2004; Wesche & Paribakht, 2009),我们对受试词汇推理过程中使用的知识源进行了划分(见表12.1)。词汇层面、句子层面和语篇层面线索为受试词汇推理中所使用的语言知识源,世界知识是其使用的主要非语言知识源。受试在阅读过程中也综合利用多种知识源对目标词汇意义进行推理。本研究高、低语言水平受试使用的知识源类型与中级英语水平学习者汉英词汇推理加工中使用的知识源类型相一致(范琳、杨赛、王震,2013)。

表12.1 受试词汇推理中所用知识源分布情况

知识源分类	语言知识源	词汇层面	词汇联想(WA)
			词汇搭配(WC)
			词法(WM)
			词形(WF)
		句子层面	句子意义(SM)
			句子语法(SG)
			标点符号(P)
		语篇层面	语篇意义(DM)
	非语言知识源	世界知识(WK)	

12.3.2 受试词汇推理加工过程中使用的语言知识源频率统计结果

表12.2为高中生、研究生在英汉词汇推理过程中所使用的语言与非语言

知识源频率统计数据。统计结果表明,高、低二语水平组受试使用的知识源类型呈共享模式,均使用语言知识源和非语言知识源来推理词汇意义。受试各知识源使用的相对频率也大体一致,均更多地使用语言知识源(93.3%－96%),在二语词汇推理中他们均较多地利用句子知识源来推理词汇意义,其次是词汇层面知识源,这些结果也与范琳、杨赛和王震(2013)关于中级英语学习者的研究发现基本一致。

表 12.2 高、低语言水平受试词汇推理使用的知识源类型频率统计

组别	语言类型	语言知识源			语言知识源总计(%)	非语言知识源:世界知识(WK)(%)	频率等级
		词汇(W)(%)	句子(S)(%)	语篇(D)(%)			
低水平组	英语	20.5	58.4	16.7	95.6	4.4	S>W>D>WK
	汉语	42.1	38.5	12.7	93.3	6.7	W>S>D>WK
高水平组	英语	27.2	55.8	13	96	4	S>W>D>WK
	汉语	45	38	10.8	93.8	6.2	W>S>D>WK

12.3.2.1 受试词汇推理过程中所使用不同层面知识源频率统计结果

我们对高、低二语水平受试使用的词汇、句子层面知识源的频率分别进行了统计,结果见表 12.3 和表 12.4。

表 12.3 高、低语言水平受试词汇知识源使用频率统计结果

词汇知识源	低水平组		高水平组	
	汉语(%)	英语(%)	汉语(%)	英语(%)
词形(WF)	18.3	3.1	18.7	6.5
词法(WM)	0	2.8	0	8
词汇联想(WA)	7.3	10	4.7	7
词汇搭配(WC)	16.5	4.6	21.6	5.7
总计	42.1	20.5	45	27.2
频率等级	WF>WC>WA>WM	WA>WC>WF>WM	WC>WF>WA>WM	WM>WA>WF>WC

由表12.3可知,高、低语言水平受试在一语、二语推理过程中,均利用词形、词汇联想,词汇搭配线索;他们只在二语推理中使用词法,因为词法是拼音文字与表意文字的区分性特征之一。这也与中级水平语言学习者词汇知识源使用的趋势相一致(范琳、杨赛、王震,2013)。在一语词汇推理中,高、低水平组使用最多的分别是词汇搭配(21.6%)和词形信息(18.7%),使用最少的均为词汇联想(7.3%和4.7%);二语词汇推理中,低语言水平受试较少利用词形与词法知识源(3.1%和2.8%)。

由表12.4可知,在一语和二语词汇推理加工过程中,高语言水平(29.1%和47.7%)和低语言水平(33.2%和55.6%)受试均较多使用句子意义,很少或者不使用标点符号(0%—0.7%)。二语词汇推理中,低语言水平受试很少使用句子语法(2.8%),可能是因为他们还没有掌握足够的语法知识所致。

表12.4 受试句子知识源使用频率统计结果

句子知识源	低水平组		高水平组	
	汉语(%)	英语(%)	汉语(%)	英语(%)
句子意义(SM)	33.2	55.6	29.1	47.7
句子语法(SG)	4.7	2.8	8.2	8.1
标点符号(P)	0.6	0	0.7	0
总计	38.5	58.4	38	55.8
频率等级	SM>SG>P	SM>SG>P	SM>SG>P	SM>SG>P

12.3.2.2 受试词汇推理过程中单一与多种知识源使用情况统计结果

表12.5 高、低语言水平受试单一与多种知识源使用情况统计结果

知识源数量	低水平组		高水平组	
	汉语(%)	英语(%)	汉语(%)	英语(%)
单一知识源	61.4	76.7	69.8	68.6
多种知识源	38.6	23.3	30.2	31.4

表12.5为高、低语言水平受试一语与二语词汇推理中使用单一与多种知识源的统计结果。受试在词汇推理过程中,不仅使用单一知识源,还综合利用多种知识源来推理词汇意义。高、低语言水平组以及中级语言水平受试(见范琳、杨赛、王震,2013),在词汇推理过程中均更多使用单一知识源来推理词汇意义,所占比例为61.4%到76.7%。另外,较之高水平组受试,低水平组受试在二语词汇推理过程中多种知识源的综合利用率偏低,这可能是受其二语语言水

平所限,他们尚不能够熟练使用多种知识源来推理二语词汇意义。

12.3.3 受试词汇推理成功率统计结果

不同语言水平组受试词汇推理成功率由三级量表来评定("0"表示错误推理;"1"表示部分成功推理;"2"表示成功推理)(参见 Nassaji,2003,2006)。高语言水平组受试对汉语语篇中几乎所有假字目标词尝试进行推理(538 次),其对二语目标词的反应次数有所减少,为 521 次。16 名低水平组受试也积极尝试对一语(319 次)和二语(313 次)目标词汇意义进行推理。另外,受试一语词汇推理成功率远高于其二语推理成功率,这可能得益于其较高的语言熟练程度和充足的语篇背景知识。高语言水平组一语和二语词汇推理成功率和部分成功率高于低语言水平受试,也进一步说明语言水平是影响语言学习者词汇推理加工的重要因素。

表 12.6 高、低语言水平受试推理情况统计结果

组别	语言类型	反应次数	成功推理		部分成功推理		错误推理	
			次数	百分比%	次数	百分比%	次数	百分比%
低水平组	汉语	319	191	59.9	63	19.7	65	20.4
	英语	313	71	22.7	85	27.2	157	50.2
高水平组	汉语	538	307	57.1	106	19.7	125	23.2
	英语	521	235	45.1	51	9.8	238	45.7

12.3.4 受试推理后二语词汇知识变化统计结果

我们对受试词汇推理前、后的目标词汇知识层次进行了统计(见表 12.7)。推理前,受试对所有目标词汇或者汇报"不熟悉"或者汇报"不知道其意思"。词汇推理后,高、低语言水平组受试熟悉了绝大多数目标词汇,非熟悉单词比例只占 3.1% 和 7.6%;他们还能够在词汇推理任务结束后,保持某些目标词的词形(39.2% 和 24.2%)及其意义(29.6% 和 12.2%)。

表 12.7 受试词汇推理后二语目标词汇知识变化情况统计

组别	非熟悉单词(%) (VKS 1—1)	词形识别(%) (VKS 1—2)	词形保持(%) (VKS 2—2)	词汇意义保持(%) (VKS1/2—VKS 3/4/5)
低水平组	7.6	56	24.2	12.2
高水平组	3.1	28.1	39.2	29.6

对受试推理前、后 VKS 得分进行的配对样本 T 检验结果表明,高、低语言水平受试词汇推理前、后 VKS 得分均存在显著性差异($Ps < 0.001$),这也与中级语言水平组的相关研究结果一致($p < 0.001$)(见范琳、杨赛、王震,2013)。这说明不同语言水平受试在二语推理任务后,英语目标词汇知识即时保持均有显著增长。

12.3.5 受试二语接受性词汇知识水平与成功词汇推理、词汇知识保持之间相关关系统计结果

对受试接受性词汇知识水平、成功词汇推理和词汇知识保持之间相关关系分析结果表明,高、低语言水平受试二语接受性词汇知识水平与其词汇推理成功率和词汇意义保持均显著相关($Ps < 0.05$),但推理成功率与词汇知识保持之间不存在显著相关关系($Ps > 0.05$)。本研究这一发现也与针对中级语言水平受试的发现(范琳、杨赛、王震,2013)以及其他相关研究结果相一致(如:Wesche & Paribakht,2009)。这也说明了二语接受性词汇知识水平对读者成功推理非熟悉词汇意义和保持该意义的重要作用。

12.4 讨论

本研究以高中生和硕士研究生为受试,并与相关本科生研究结果加以对比,考察中国学生的汉英词汇推理的发展模式。研究发现,不同语言水平受试使用的词汇推理知识源呈共享模式;受试在一语和二语词汇推理加工过程中使用的语言和非语言知识源也呈共享模式。然而,语言知识源中词法线索的使用仅限于二语词汇推理,这可能是因为至少在书写层面上,汉语不像英语那样有明确的派生和屈折这样的词法变化(范琳、杨赛、王震,2013)。统计结果表明语言知识源是受试词汇推理过程中使用的主要知识源,而其中句子层面知识源又是受试二语词汇推理中使用率最高的语言知识源,尤其是句子意义。这一发现也与以往词汇推理研究结果保持一致(如:Wesche & Paribakht,2009;Paribakht,2010),其受试的句子层面知识源使用率均接近所有知识源的一半,这说明受试通常会先关注非熟悉目标词汇所在的即时语境来获取词汇意义。各语言水平组受试也都利用了词汇层面知识源,这包括词汇搭配,词形、词汇联想;他们在二语推理中还使用了词法知识源。研究结果还表明,较之二语词汇推理,受试在一语词汇推理加工中更多使用了词汇搭配,说明受试具有更多的一语词汇搭配相关知识。另外,一语词汇推理中,各水平组受试词汇联想使用率较低,这可能是因为汉语推理任务的目标词为假字目标词,一定程度上影响

了受试对一语目标词汇进行词汇联想。一语词汇推理中,各组受试较少使用句子语法,可能与汉语母语者对汉语语法关注较少有关;二语推理中,不同语言水平组使用的句子语法频率存在差异,低语言水平组很少使用句子语法(2.8%),可能是因为高一学生对语法知识还没有完全掌握;而中级组受试则相对频繁地使用了句子语法(12%),这是因为英语专业本科三年级学生对语法知识的掌握程度和语法意识都较强;但到了硕士阶段,受试句子语法的使用有所降低(8.1%),因为处于这个阶段的受试,主要关注学科专业知识的学习,英语语言基本功的提高已经不是其主要目的,也更关注语言意义,其对语法的关注程度和意识降低。不同语言水平受试也均利用了语篇线索(10.8%—16.7%)和少量世界知识这两种意义主导型(meaning-oriented)知识源,这说明当即时语境不足以让受试成功获取目标词意义时,他们会借助词汇或句子线索之外的知识源或者语篇背景知识来推理非熟悉单词意义。研究还发现所有受试使用的单一知识源均高于多种知识源,但二语词汇推理中,语言水平越高的受试组越能更多使用多种知识源,这可能是因其语言优势,高语言水平受试能够更为熟练地借助多种不同知识源来推理和确定目标词汇意义。

受试推理成功率统计结果表明,不同语言水平受试一语词汇推理成功率明显高于其二语词汇推理成功率,这与 Albrechtsen,Haastrup 和 Henriksen(2008)、Wesche 和 Paribakht(2009)发现相一致,其受试二语词汇推理成功率明显低于其一语推理成功率。Haastrup(1991)也发现,母语为丹麦语的高语言水平英语学习者词汇推理成功率高于低语言水平受试。就本研究而言,所有受试的汉语为母语,较之二语英语,其汉语水平较高,利于其成功推理词汇意义;他们还有足够的语篇背景知识用以推理目标词汇意义。对不同语言水平受试二语词汇推理成功率的对比分析发现,二语词汇推理成功率随着语言水平提高而上升,即硕士生推理成功率高于本科生,本科生又高于高中生。不言而喻,这与其二语语言水平有关,正如 Albrechtsen,Haastrup 和 Henriksen(2008)所言,学习者词汇推理成功率随教育水平增长,其针对三组处于不同教育阶段学习者的丹麦语与英语跨语言词汇推理加工研究发现,受试词汇推理成功率随着其教育水平和语言熟练程度增长。本研究以及以往相关研究结果(如:Albrechtsen,Haastrup & Henriksen,2008;Wesche & Paribakht,2009)说明程序性词汇知识(declarative lexical knowledge)对语言学习者的词汇推理,尤其是其二语词汇推理加工起着重要作用。词汇推理过程与阅读加工过程紧密相连,故词汇推理策略和阅读策略可结合起来讲授,这两种技能的发展可以通过旨在促进语言学习者技能使用意识的相关课堂教学活动来实现,且此类教学活动在母语和外语教学中均应占有一席之地(Albrechtsen,Haastrup & Henriksen,2008)。

受试词汇知识变化的统计结果表明,不同语言水平受试通过推理熟悉了大多数目标词,尤其是对目标词词形的识别和保持。受试推理任务前、后二语目标词 VKS 分数存在显著差异,这一发现与以往研究结果相一致(如:Wesche & Paribakht,2009)。这说明词汇推理后受试二语目标词汇知识有明显增长,即词汇推理有助于其词汇知识的发展。尽管阅读加工过程的词汇推理加工本身并非一种非常快速和有效的二语词汇学习模式(参见 Paribakht & Wesche,1997),但是鉴于阅读在教育以及现代生活诸多方面的重要作用,读者通过阅读进行词汇学习,多是始于借助词汇推理加工,已经无可争议(Wesche & Paribakht,2009:137)。本研究结果还表明不同语言水平受试词汇知识的即时保持存在差异,高语言水平受试推理后对目标词词形和词汇意义保持均明显高于低语言水平者。Wesche 和 Paribakht(2009)研究也发现,高英语词汇水平波斯语和法语母语受试的词汇意义保持高于低二语词汇水平受试。这说明读者较高的二语接受性词汇知识水平有助于其推理出非熟悉目标词汇的意义并保持该意义(范琳、杨赛、王震,2013)。因此,作为语言水平重要标志的词汇水平,对成功词汇推理以及此后非熟悉词汇意义的保持,具有积极的影响。另外,基于受试接受性词汇知识水平与推理成功率、词汇知识保持之间关系的数据分析也表明,不同语言水平受试接受性词汇知识水平均与其词汇推理成功率、词汇知识保持间有显著相关关系。受试二语阅读能力与词汇知识可强有力预测其二语词汇推理成功率(Albrechtsen,Haastrup & Henriksen,2008)。然而,数据分析也表明词汇推理成功率与词汇意义保持间相关关系不显著。这表明对有些受试而言,成功词汇推理既不能预示他们目标词汇的初始学习情况,也不一定能够体现其推理后对目标词汇意义以及词汇不同特点的即时保持(范琳、杨赛、王震,2013)。

12.5 小结

本研究考察了不同语言水平中国英语学习者跨语言词汇推理加工模式,主要发现如下:(1)受试在汉英词汇推理过程中使用的知识源类型呈共享模式,但高、低语言水平受试某些知识源类型使用频率存在差异;(2)英语词汇推理成功率随受试语言水平提高,其汉语词汇推理成功率均明显高于英语推理成功率;(3)二语目标词成功推理对不同语言水平受试词汇知识发展,尤其是目标词词形的识别和保持,有重要意义;(4)不同语言水平受试的二语接受性词汇知识水平与词汇推理成功率和词汇知识保持间显著相关,但其词汇推理成功率与词汇知识保持不存在显著相关关系。本研究首次尝试从跨语言视角考察不同语言水平学习者汉英词汇推理加工过程,在一定程度上揭示了读者汉、英两种语言类型相距遥远语言间的跨语言词汇推理发展模式,为提高外语和对外汉语词汇教学和学习效果也提供了有益的启示。

　　当然,本研究主要考察汉英跨语言词汇推理加工机制,有声思维和回溯相结合的实验研究非常费时耗力,加之又涉及两种语言的词汇推理加工研究,限于人力物力,本研究只考察了高中生和硕士研究生这两组受试,另一组用于对比的数据来自采用类似实验和相同研究范式的本科生,这样也只能反映语言学习者词汇推理发展的某种趋势。如果条件允许,能够同时进行高、中、低三组不同语言水平受试的汉英跨语言词汇推理加工研究,无疑可以更好地揭示语言学习者词汇推理加工的发展模式。本研究以及以往相关研究多考察受试阅读过程的词汇推理加工,尚需进行更多研究考察语言学习者听力理解过程中词汇推理加工机制;未来还可进一步考察汉语与英语之外的其他拼音文字间词汇推理跨语言加工机制以取得更具普遍意义的研究结论。

第十三章

中国学生汉英日词汇推理加工模式研究

国内外研究者考察了单一语言(主要是二语)词汇推理加工过程,明确了读者阅读理解过程中运用的推理策略、知识源、读者因素、语篇因素等对其词汇推理加工过程的影响。研究者进一步从跨语言视角考察了语言学习者一语和二语词汇推理加工机制和发展模式,但针对一语、二语和三语间跨语言词汇推理加工的研究还非常缺乏,尤其缺乏属于不同语言类型的三种语言间跨语言词汇推理加工的研究。鉴于此,本研究对中国学生汉英日跨语言词汇推理加工过程进行探索,以揭示其加工机制。

13.1　研究问题

本研究采用有声思维和回溯相结合的方法考察中国学生汉英日跨语言词汇推理加工模式。具体研究以下三个问题:(1)受试一语、二语和三语跨语言词汇推理加工过程中所使用的知识源类型及其使用频率如何?(2)受试三种语言语篇阅读中的目标词汇意义推理成功率是否存在差异?(3)受试二语和三语词汇知识与其词汇推理成功率以及新单词意义保持之间的关系如何?

13.2　研究方法

13.2.1　受试

本研究受试为宁波大学英语专业硕士研究生,共 20 人,其母语均为汉语,第二语言为英语,第三语言为日语,全部通过 TEM-8。

13.2.2 实验材料

本研究采用 VKS(参见 9.2.2,也见附录十)和日语词汇水平测试卷(Japanese Vocabulary Level Test)来测试受试对目标词汇知识的掌握情况及其日语词汇水平。Nation(1990)的词汇水平测试卷用以测量其接受性英语词汇知识水平,并确定他们是否掌握了阅读本实验材料所需的足够词汇知识。每个词汇频率水平的测试都分为 6 个部分,每部分给出 6 个单词和 3 个定义,要求受试进行选择,将定义与正确的单词配对。日语词汇水平测试卷根据日语语言水平测试 3—5 级(JPLT-3/4/5)进行设计。本测试卷共计 54 道题目(每题 1 分),有 3 个等级,每个等级有 18 个题项。每个词汇频率水平的测试都分为 6 个部分,每部分给出 6 个单词和 3 个定义,要求受试选择定义,与正确的单词进行配对。

根据国内外学者进行类似研究时的设计宗旨(如:Albrechtsen, Haastrup & Henriksen, 2008; Wesche & Paribakht, 2009; 范琳、杨赛、王震, 2013),我们设计了本实验所采用的平行语料。汉语、英语和日语三个平行语料(见附录十五),其主题相同,且均含有相同数量的目标词(见附录十六)。实验语篇的选择顺序依次为英语、汉语和日语。实验所用英语语篇选自《时代周刊》,标题为 *Postcard from Dever*,主题涉及大麻合法化。研究者从文中选取 19 个目标词,然后请 4 名英语水平与本研究受试水平相当的英语专业硕士研究生浏览该语篇,让其确定对这些目标词的熟悉程度,去掉了他们熟悉的 4 个单词;剩余的 15 个为本研究目标词,包括 4 个动词、5 个名词、5 个形容词及 1 个副词。英语语篇及目标词确定后,我们选取了主题同为大麻合法化、长度与英语语篇接近的汉语和日语语篇。由于受试为汉语母语者,选定的汉语语篇中几乎没有其不熟悉的词汇,因此该语篇中的目标词由计算机程序生成的假字目标词构成。在 1 名日语教师和 2 名日语专业硕士研究生的帮助下选定了日语语篇和目标词。日语语篇选自一份著名的日文报纸——《朝日新闻》。汉语和日语语篇中的目标词在数量和词类上与英语语篇中的目标词都保持一致,所有语篇中的目标词均由粗体标出,并加有下划线。

13.2.3 实验程序

实验采用有声思维和即时回溯相结合的方法来收集数据。数据收集过程中,后者作为前者的补充,以克服单纯使用有声思维法所存在的弊端。实验开始前,用英语、日语词汇水平测试卷测试受试二语(英语)、三语(日语)接受性词汇知识水平,并在词汇推理任务进行前,采用 VKS 测试受试英语和日语两种语言中目标词汇知识的初始掌握程度。然后,向受试介绍本实验任务及进行有声思维训练。正式实验时,受试阅读一语、二语和三语语篇,推测目标词汇意义,并用汉语、英语或日语说出自己的推理过程。词汇推理结束后进行回溯,口头报告其推理目标词意义的依据。受试进行推理任务时,不对其设定绝对的时间限制。他们各个阶段的口头汇报均由电脑录音软件记录。正式实验后,采用 VKS 量表测试受试词汇推理任务后对英日两种语言目标词的即时记忆情况。

13.3 研究结果

数据分析材料主要来自受试有声思维和回溯的录音记录。5 名受试在一语、二语和三语词汇推理过程中口头汇报声音太小或者提供的信息量不足,无法转写。剔除这些数据后,对其余 15 名受试的录音数据进行转写,之后进行定性与定量分析,使用 SPSS 17.0 对定量数据进行统计处理。

13.3.1 一语、二语和三语词汇推理加工过程中使用的知识源类型

1. 语言知识源
   (1) 词汇层面
   词汇联想
   词汇搭配
   词法
   词形
   (2) 句子层面
   句子意义
   句子语法
   标点符号
   (3) 语篇层面
   语篇意义
2. 非语言知识源
   世界知识

图 13.1　一语、二语和三语词汇推理过程中使用的知识源类型

为确定受试推理非熟悉单词意义时知识源类型的使用情况,我们对受试的录音资料进行了定性分析。结果表明,受试在一语、二语、三语词汇推理加工过

程中,更加倾向于使用多种类型的知识源(包括语言和非语言知识源)。参照以往研究者对读者词汇推理加工过程中使用知识源类型的划分(如:Paribakht & Wesche,1999;Bengeleil & Paribakht,2004),我们对本研究受试知识源的使用类型进行了分类(见图13.1)。

由图13.1可知,受试在汉、英、日词汇推理加工过程中共享包括语言知识和非语言知识在内的多种知识源。语言知识源主要包括语篇、句子和词汇层面线索;非语言知识源主要包括世界知识。受试在词汇知识源层面通常依据词法、词形、词汇联想、词汇搭配对非熟悉单词的意义进行推理。在句子知识源层面,受试主要运用目标词的语法知识、语义关系或标点符号进行词汇推理。在语篇知识源层面,受试主要利用目标词所在语篇、其周围语句的意义,即依赖超越句子层面的关系和意义进行词汇推理。非语言知识源主要涉及语篇主题知识和其他相关背景知识。另外,受试还使用多种知识源进行目标词汇意义推理(见图13.2)。

"*Postcard from Denver*"(二语英语数据)
目标词:rein(控制)
句子意义
受试:在这个句子里,它的意思是说,丹佛这个地方正在努力地怎么样罐装大麻的大量销售,嗯……,后面一句又说,该地议院通过了一项禁止大麻市集销售,以及……控制药店的大麻的数量,所以根据这个,可以知道[*rein*]这个词是"控制"的意思。

"米2州住民投票で大麻合法化"(三语日语数据)
目标词:ディスペンサリー(药店)
词形
受试:这个词读起来像英语单词"dispensary",而"dispensary"在英语当中是指"药店"的意思。

"大麻为何在荷兰'被合法'"(一语汉语数据)
目标词:脘孖(最多)
句子意义
受试:该句说,大麻是使用人数怎么样,同时是使用范围最广的一种毒品,后面又说,大麻的价格低廉,以及,呃……,它的危害较其他毒品低,所以……,前面说大麻是使用人数怎么样,应该是最多,后面又有范围最广,所以这个词的意思是"最多"。

图13.2 受试词汇推理有声思维口头汇报示例

"大麻为何在荷兰'被合法'"（一语汉语数据）

目标词：妢误（价格）

词汇搭配、词形、词汇联想

受试：我们一般看到成本就会想到价格，呃……，而本句话当中提到"黑市大麻的什么一般是成本的8—10倍"，所以这里应该说的是价格。再根据这个词第一个字有"介"字，会联想到"价"，所以就更加确定是"价格"的意思。

"大麻为何在荷兰'被合法'"（一语汉语数据）

目标词：纵梗（主要）

句子意义、语篇意义

受试：根据本文所讲的内容：大麻为何在荷兰"合法化"，可以判断大麻在荷兰是合法的。嗯……，并且这句话提到大麻在荷兰合法，但……不是在"鼓励"和"支持"，它合法的原因"主要"是"将大麻与非法渠道隔离，从而……减少人们接触硬毒品的机会"。所以这里根据意思可以判断是"主要"的意思。

"大麻为何在荷兰'被合法'"（一语汉语数据）

目标词：砼体（癌症）

世界知识、句子语法

受试：在句中提到"艾滋病"，该词后面有一个表示并列意思的 and，所以这个词和"艾滋病"都属于病症，嗯……以及句中有"晚期绝症"，我们可以联想到"白血病""类风湿性关节炎""癌症"和"运动神经元症"等绝症，同时……这个词是两个字的，所以应该是"癌症"。

"Postcard from Denver"（二语英语数据）

目标词：scooter（轮椅）

句子意义、句子语法

受试：本段话讲到：Medical marijuana is as necessary as his hospital bed, scooter, handicapped-access ramp and special lift chairs. 根据句子的意思……是说"大麻就像医院的床，特殊吊椅等等之类，对于病人来说很必要"，并且有 and 这一词来表示并列的同一类别的事物，所以……可以联想到是"轮椅"的意思。

"Postcard from Denver"（二语英语数据）

目标词：mitigate（缓解）

词汇搭配、句子意义

受试：这个词后面有一个 symptoms，表示症状，一般都会说治疗、缓解什么什么症状，然后……该词所在的句子意思是说，一个离职的警察的妻子……使用大麻来怎么样纤维肌痛的症状，所以应该……是用大麻来缓解这种症状的疼痛感，因此，这个词是"缓解"的意思。

图 13.2 受试词汇推理有声思维口头汇报示例（续）

"*Postcard from Denver*"（二语英语数据）

目标词:edict(法令)

词汇搭配、语篇意义

受试:因为在本句话当中出现了 council 和 passed 词,可以……想到是议会通过了什么法案和条令,在……这个词后面有一个句子来修饰,说[edict]可以禁止和阻止大麻的公开销售,所以可以判断是"法令"的意思。

"米 2 州住民投票で大麻合法化"（三语日语数据）

目标词:公 の な（公共的）
<small>こうてき</small>

词形、词汇搭配

受试:这个词和汉语中的公什么的一样,嗯……,有"公共的""公的"等等的意思,然后,这个词后面又接有"場所",所以可以知道这个词的意思是"公共的",也就是表示公共场所。

"米 2 州住民投票で大麻合法化"（三语日语数据）

目标词:求 めた（询问）
<small>もと</small>

句子意义、词形

受试:该句的意思是说,嗯……关于华盛顿所通过的大麻合法化的议案,webDICE 编辑部人员通过电话……来向大麻堂的老板前田耕一怎么样了,嗯……,这个词里面有一个"求"字,所以可能是寻求,是说……编辑部人员通过电话向前田耕一询问那个消息,所以,这个词的意思是"询问"。

"米 2 州住民投票で大麻合法化"（三语日语数据）

目标词:可決 された（通过）
<small>かけつ</small>

句子意义、词汇搭配

受试:在本句中的意思,额……,是说,华盛顿州对于大麻是否要合法化开展了民众投票调查,嗯……,最后的统计结果是以多数人赞同而通过该项合法化议案。通常来说,某个政府……通过某法案,是以多数票通过,或者多数票被否决,所以,……这个词的意思是"通过"的意思。

"大麻为何在荷兰'被合法'"（一语汉语数据）

目标词:笼梗教（宽松的）

句子意义、词汇搭配、词形

受试:本句说,"从 20 世纪 70 年代起,荷兰就对大麻采取了较为什么样的政策",呃……该句后面又说,"荷兰允许持有执照的咖啡馆向成年人售卖小剂量大麻,并且……该国的民众可以在咖啡馆或私人住所吸食大麻",所以,可以看出荷兰是支持大麻的吸食。一般说什么样的"政策",可以说是"严格的,宽松的",嗯……,这个词中的第一个字的像"宽",所以,综合来说,这个词的意思是"宽松的"意思。

图 13.2 受试词汇推理有声思维口头汇报示例（续）

> "*Postcard from Denver*"(二语英语数据)
> 目标词:mishap(事故)
> 句子意义、词形、词法
> 受试:这个词没有学过,但在这词当中有前缀 *mis* 可以判断是否定的意思,然后……余下部分 *shap* 读音和拼写像单词 *shape*,可以判断是不好的事情,以及本句话说的是"Ricky Miller,一个50岁的在一次医疗什么中失去的一条腿",所以应该是"事故"的意思。

图 13.2　受试词汇推理有声思维口头汇报示例(续)

13.3.2　一语、二语和三语词汇推理过程中知识源使用的跨语言模式统计结果

表 13.1 呈现了受试目标词意义推理时,主要知识源类型使用频率统计结果。可以发现,受试均更多利用语言知识源来推理词汇意义,其知识源使用相对频率呈现出相似模式,使用比例分别高达 87.2%、97.2% 和 97.8%。受试二语和三语词汇推理过程中的世界知识使用率较低(2.8% 和 2.2%),但一语推理中该知识源使用率则达 12.8%,这表明世界知识为一语成功词汇推理提供了重要的知识基础。受试在三种语言语篇阅读词汇推理加工过程中语篇线索使用频率均较低。需要指出的是,在语言知识源各个层面及其子类型的使用频率呈现独特模式。其中汉英词汇推理加工过程中,句子层面知识源使用率最高,几乎占总知识源使用比例的一半(48.6% 和 50.3%),而日语词汇推理加工过程中句子层面知识源使用频率相对较低(36.8%)。在词汇层面知识源使用率方面,日语最高,高于总知识源使用比例的一半(57.2%),其次是英语(45.0%),均明显高于汉语(33.4%)。受试在英语和日语词汇推理过程中,均运用了词汇层面 4 种知识源子类型(词法、词形、词汇搭配、词汇联想),而在汉语词汇推理过程中,受试没有使用词法线索。词形知识源在日语和汉语词汇推理中最受青睐(37.6% 和 19.3%),词汇搭配次之(10.9% 和 7.4%);而英语词汇推理过程中词法使用较多(15.8%),其次是词形(13.7%),再次是词汇搭配(11.5%),词汇联想使用频率与汉语和日语相接近。受试在三种语言词汇推理过程中均使用了句子意义、句子语法和标点符号三种句子层面线索子类型,但除了标点符号使用频率较接近外,其他两种子类型均存在较大差异。汉语和英语词汇推理加工中句子意义使用频率(44.3% 和 40.1%)明显高于日语(25.9%),而英语和日语词汇推理加工中句子语法使用频率(6.5% 和 7.5%)明显高于汉语(0.7%)。

表 13.1　受试使用的主要知识源类型频率统计结果

知识源				单项次数	单项%	分类次数	分类%	总计(%)
汉语	语言知识源	词汇层面	WA	20	6.7	99	33.4	87.2
			WC	22	7.4			
			WM	0	0			
			WF	57	19.3			
		句子层面	SM	131	44.3	144	48.6	
			SG	2	0.7			
			P	11	3.6			
		语篇层面	DM	15	5.2	15	5.2	
			FS	0	0			
	非语言知识源	世界知识	WK	38	12.8	38	12.8	12.8
英语	语言知识源	词汇层面	WA	13	4.0	145	45.0	97.2
			WC	37	11.5			
			WM	51	15.8			
			WF	44	13.7			
		句子层面	SM	129	40.1	162	50.3	
			SG	21	6.5			
			P	12	3.7			
		语篇层面	DM	6	1.9	6	1.9	
	非语言知识源	世界知识	WK	9	2.8	9	12.8	2.8

续表

知识源				单项次数	单项%	分类次数	分类%	总计(%)
日语	语言知识源	词汇层面	WA	13	4.9	152	57.2	
			WC	29	10.9			
			WM	10	3.8			
			WF	100	37.6			
		句子层面	SM	69	25.9	98	36.8	
			SG	20	7.5			
			P	9	3.4			
		语篇层面	DM	10	3.8		97.8	
	非语言知识源	世界知识	WK	6	2.2	6	2.2	2.2

由表 13.1 可知,受试在推理汉语目标词词义时,主要知识源使用频率排序为句子意义、词形、词汇搭配、词汇联想、语篇意义;在推理英语目标词词汇含义时,主要知识源的使用频率排序为句子意义、词法、词形、词汇搭配、句子语法;而在推理日语目标词词汇意义时,主要知识源的使用频率排序为词形、句子意义、词汇搭配、句子语法、词汇联想。表 13.2 呈现了受试在一语、二语和三语词汇推理过程中语言知识源使用频率的排序情况。受试推理目标词意义时,在语篇层面,只利用了语篇意义。

表 13.2 受试使用的主要语言知识源类型频率排序结果

语言任务	词汇层面	句子层面
汉语	WF>WC>WA>WM	SM>P>SG
英语	WM>WF>WC>WA	SM>SG>P
日语	WF>WC>WA>WM	SM>SG>P

受试汉、英、日词汇推理过程中单一知识源和多种知识源使用情况的统计结果(见表 13.3)表明,在推理一语、二语和三语目标词意义时,受试不仅有效地使用了单一知识源(67.4%、62.3% 和 52.4%),还充分利用了多种知识源(32.6%、37.7% 和 47.6%)。由此可知,受试在语篇阅读中遇到非熟悉单词

时,他们会运用单一知识源,也会使用多种知识源来推断这些生词的词义。然而,受试在日语词汇推理时,运用多种知识源的频率比进行汉语和英语词汇推理时更高,这可能是由于受试对日语的掌握程度较低,不能快速确定最佳线索,也可能是因为在日语中有很多的词形变化。

表13.3 受试词汇推理过程中使用的单一和多种知识源统计结果

语言任务	单一知识源(%)	多种知识源(%)
汉语	67.4	32.6
英语	62.3	37.7
日语	52.4	47.6

13.3.3 一语、二语和三语成功词汇推理统计结果

采用三级量表("0"代表错误推理,"1"代表部分成功,"2"代表成功)(参见Nassaji,2003,2006)对受试一语、二语和三语词汇推理成功率进行评定。推测出的词汇意义在语义、句法上均恰当,为成功词汇推理;语义基本贴切但句法上不恰当或句法上恰当但语义不恰当的反应为部分成功;若其反应不能满足以上任何一种条件或者受试放弃猜测词汇意义,则被视为错误推理。受试分别对一语和二语语篇中的15个目标词做出反应。其中受试对所有一语假字目标词均做出反应(218次);对二语目标词汇反应次数为209次,对三语目标词反应次数为205次。由表13.4可知,受试的二语和三语词汇推理成功率远低于其一语成功率,这可能是由其语篇背景知识及语言熟练程度等限制所致。与三语词汇推理加工过程相比较,受试在二语词汇推理过程中成功率更高一些(34.9%和28.8%),但三语词汇推理部分成功率比二语更高(41.0%和35.9%)。这可能是因为日语书面语词汇来源中汉语词汇数量较多;这些词包括直接采用的汉语词汇和利用汉字创造的词汇,读音和汉语相似(皮细庚,1997)。尽管受试不能单纯依据词形推测出目标词汇的恰当含义,但借助包括词形在内的相关线索也能够实现部分成功推理。

表13.4 受试一语、二语和三语成功、部分成功及错误推理频率统计结果

语言任务	反应次数	成功推理		部分成功推理		错误推理	
		次数	百分比	次数	百分比	次数	百分比
汉语	218	139	63.8	34	15.6	45	20.6
英语	209	73	34.9	75	35.9	61	29.2
日语	205	59	28.8	84	41.0	62	30.2

13.3.4 推理后二语和三语词汇知识变化统计结果

表 13.5 和表 13.6 呈现了受试词汇推理任务之前和之后二语和三语目标词汇 VKS 得分配对样本 T 检验结果。结果表明，受试二语、三语词汇推理任务前后，其目标词词汇知识水平具有显著差异（$p < 0.001$），即词汇推理任务结束后，受试目标词词汇知识水平有了显著的即时提高。这说明在阅读理解过程中进行词汇推理有助于语言学者的词汇习得。

表 13.5　二语目标词汇知识推理前后配对样本 T 检验结果

	均值	标准差	t	p
推理前	1.71	0.35	−13.46	0.000***
推理后	2.97	0.41		

注：每一项目测试的最高分数为 5；*** $p < 0.001$

表 13.6　三语目标词汇知识推理前后配对样本 T 检验结果

	均值	标准差	t	p
推理前	1.54	0.29	−17.05	0.000***
推理后	2.82	0.33		

注：每一项目测试的最高分数为 5；*** $p < 0.001$

我们对受试二语和三语目标词汇推理前后词汇知识的变化进行了统计（见表 13.7 和表 13.8）。结果表明，词汇推理加工后，受试非熟悉单词的数量比词汇推理前明显减少，占 15.7% 和 36.1%，受试经过词汇推理熟悉了大多数目标词汇。受试对词形的短期识别度明显提升，分别占 32.8% 和 26.1%；词形保持率较高，分别为 43.9% 和 33%。另外，在词汇推理任务结束后，受试能够记住某些非熟悉单词的意义，推理后新词汇意义回忆率分别为 7.6% 和 4.8%。二语和三语词汇推理任务后词形熟识度的提升和目标词的回忆情况表明词汇推理在阅读理解过程中的词汇理解和掌握方面起到了重要作用。

表 13.7　推理前后二语目标词汇知识变化情况统计结果

推理前所有非熟悉单词(%)	推理后非熟悉词汇(%)	推理后新词形识别(%)	推理后新词形保持(%)	推理后新词义保持(%)
100	15.7	32.8	43.9	7.6

表 13.8　推理前后三语目标词汇知识变化情况统计结果

推理前所有非熟悉单词(%)	推理后非熟悉词汇(%)	推理后新词形识别(%)	推理后新词形保持(%)	推理后新词义保持(%)
100	36.1	26.1	33	4.8

13.3.5 词汇知识水平与推理成功率和词汇意义保持的关系

表 13.9 呈现了受试二语和三语接受性词汇知识水平、成功词汇推理以及词汇意义保持得分的描述性分析统计结果。结果表明,受试二语接受性词汇知识水平及成功词汇推理得分均高于其三语,而受试二语词汇意义保持得分低于其三语得分。

表 13.9　受试接受性词汇知识水平、成功词汇推理与词汇意义保持得分描述性统计结果

语言类型		平均值	标准差
英语	词汇水平测试	52.3	5.2
	成功词汇推理	14.0	3.92
	词汇意义保持	18.9	5.46
日语	词汇水平测试	45.3	3.53
	成功词汇推理	13.1	2.12
	词汇意义保持	19.1	4.34

表 13.10 显示受试的二语和三语接受性词汇知识水平、词汇推理成功率,以及词汇意义保持之间相关分析结果。结果表明,受试的接受性词汇知识水平有助于其成功词汇推理和初始词汇意义保持。词汇水平较高的受试在阅读二语和三语语篇时,能更好地推断出目标词的词义,这说明词汇水平是二语和三语词汇成功推理的重要基础。词汇推理成功率与词义保持之间不存在显著相关关系,说明词汇推理成功并不一定能够实现词汇意义保持。然而,本研究表明,那些多次尝试推理目标词汇意义的受试能够对非熟悉单词的词形有更好的保持。

表 13.10　受试接受性词汇知识水平与词汇推理成功率、词汇意义保持间的相关分析结果

语言类型		词汇接受性知识水平	推理成功率
英语	推理成功率	0.668*	
	词汇意义保持	0.589*	0.357

续表

语言类型		词汇接受性知识水平	推理成功率
日语	推理成功率	0.612*	
	词汇意义保持	0.538*	0.302

注：*$p < 0.05$

13.4 讨论

本研究重点考察了中国学生汉英日跨语言词汇推理加工过程，主要涉及知识源使用、词汇推理成功率和词汇知识发展等方面。定性分析数据结果表明，受试在一语、二语和三语词汇推理加工过程中知识源使用呈共享模式，也表现出差异。他们在尝试推测一语、二语和三语阅读材料中非熟悉单词意义时，使用了不同层面的语言和非语言知识源。本研究发现，受试在一语和二语词汇推理加工过程中使用最多的是句子层面线索(特别是句子意义)，而在三语词汇推理过程中使用最为频繁的是词汇层面线索(尤其是词形知识源)，句子层面线索使用频率次之。具体来讲，在一语词汇推理过程中，使用频率较高的语言知识源排序如下：句子意义＞词形＞词汇搭配＞词汇联想＞语篇意义；在二语词汇推理过程中是：句子意义＞词法＞词形＞词汇搭配＞句子语法；在三语词汇推理过程中为：词形＞句子意义＞词汇搭配＞句子语法＞词汇联想。句子层面线索较受青睐主要是因为受试往往先关注目标词所在的即时语境，必要时才关注句子层面之外的语言线索。句子层面知识与意义相关，此类线索就围绕在目标词周围(Wesche & Paribakht, 2009)，因而，很容易成为受试的推理依据。这与Wesche 和 Paribakht(2009)、Paribakht(2010)关于英、法、波斯语和范琳、杨赛和王震(2013)关于英汉跨语言词汇推理加工研究的结果趋于一致。Wesche & Paribakht(2009)的研究中受试对句子层面知识源的使用比例最高达到73.4%。在一语、二语和三语词汇推理过程中，除句子层面知识源外，词汇层面知识源是使用较多的线索。受试均使用了词形、词汇联想及词汇搭配，而词法线索的使用仅限于二语和三语词汇推理加工过程。这与范琳、何漂飘和魏泓(2015)关于汉英跨语言词汇推理的研究结果相似。可能是因为，至少在书写系统中，汉语不像英语那样有屈折和派生的词法变化规则(范琳、何漂飘、魏泓，2015)。在三语词汇推理加工中，词汇层面知识源较之句子层面线索更受青睐，这一方面与日语词汇特征有关，另一方面与受试语言水平有关。现代日语中有大量的汉语词汇，多为模仿汉语的音及中国的繁体字而成的文字，这些汉字为读者理解日语单词提供了方便(胡以男，1993)，因此受试在日语词汇推理加工中会首先关注词汇层面线索,尤其是词形。然而,较之英语,受试在日语词汇推理加工中使用的词法线索明显偏少,这是因为日语构词法中虽然也有类似英语的词干和词尾,但其词干表达含义不如英语词根那样有规律可循,且日语词汇多在词尾或句子中表达语法含义,较之英语,其语义功能偏弱。其次,受试日语语言水平较之汉、英语言水平有较大差距,他们阅读长度与汉、英语篇相接近的材料并进行词汇推理有一定困难,因此,较之句子线索,词汇方面线索更容易成为他们的推理依据。另外,较之一语,句子层面语法线索在二语和三语词汇推理过程中的使用频率更高,这可能是由中国英语和日语教学较为注重语法教学所致。同时,一语、二语和三语知识源使用的统计数据表明受试在汉语词汇推理过程中世界知识使用率最高,这是因为受试对一语的世界知识更为了解,更有助于其进行目标词意义推理。

  此外,受试一语、二语和三语目标词意义推理成功率存在显著差异。一语的词汇推理成功率最高,这一比率几乎是二语和三语词汇推理成功率的 2 倍。Albrechtsen,Haastrup 和 Henriksen(2008)、Wesche 和 Paribakht(2009)、范琳等(2013,2015)的研究均表明,受试一语词汇推理(丹麦语、法语、波斯语和汉语)明显高于其二语英语的推理成功率。本研究中,受试对一语汉语语篇中的假字目标词词义的推理成功率远高于其二语(英语)和三语(日语)推理成功率;受试在一语词汇推理加工过程中,对所有目标词均进行反应,但未能对二语和三语语篇中的部分目标词尝试做出反应。本研究受试为硕士研究生,他们熟练掌握一语,有充足的语篇主题背景知识。对他们而言,包含假字目标词的一语语篇难度较小,因而其一语词汇推理成功率相应较高;而其二语和三语的语言知识、程序性知识相对有限,对语境的熟识度也相对较低,这导致受试不能根据语言和非语言线索对二语和三语目标词意义进行成功推理。

  二语和三语词汇推理前后目标词汇知识的对比分析表明,受试在二语和三语目标词知识的即时记忆方面有显著提高,这表明词汇推理有利于词汇知识的发展。这一发现也与以往研究结论(如:Wesche & Paribakht,2009;范琳等,2013,2015)相一致。我们对受试二语和三语目标词推理前后的词汇知识变化进行统计分析发现,词汇推理过程使受试熟悉了大多数目标词汇;他们的词形新知识、词义新知识均发生了变化。词汇推理过程加深了受试对非熟悉单词的感知程度,使其能够正确识别这些单词的词形,甚至可以有效利用多种知识源来正确回忆目标词汇的意义;但较之词形识别和保持,受试成功记忆二语和三语语篇中非熟悉单词意义的情形相对较少。

  本研究还发现,二语和三语接受性词汇知识水平较高的受试在阅读语篇时能够更成功地推断出非熟悉单词的意义,词义记忆情况也更好。这一研究结果也与以往相关研究的发现（如：Albrechtsen, Haastrup & Henriksen, 2008; Wesche & Paribakht, 2009; 范琳等, 2013, 2015）相一致。这表明，词汇知识作为二语和三语语言水平的重要组成部分，是读者成功推测并记忆目标词意义的基础。此项研究进一步证明，阅读过程中二语和三语词汇推理成功率以及推理后词汇知识的发展均受到读者二语和三语词汇知识水平的影响。此外，本研究还发现，受试的目标词汇意义记忆程度与其词汇推理成功率不存在显著相关关系。即对某些受试而言，成功推理出目标词汇意义不能预测其词汇学习的初始情况，也不一定能确保其词汇推理后对目标词汇意义和特点的即时记忆保持。在推理用时方面，每名受试需要一个半小时来完成二语和三语的推理任务以及有声思维环节，而完成一语推理过程和有声思维环节则只需半个小时左右，这是因为受试的母语语言能力要远高于他们的二语和三语能力。另外，每名受试因其理解能力、个性和思维方式不同所使用的推理时间也不同。

13.5 小结

本研究对中国汉英日三语学习者的跨语言词汇推理加工模式进行了考察，主要发现有：(1) 在词汇推理过程中，受试使用多种知识源，主要包括语言知识源（词汇、句子、语篇）和非语言知识源（世界知识），其中，句子层面知识源在一语、二语词汇推理加工过程中均使用最多；词汇层面知识源在三语词汇推理过程中使用最多；(2) 受试的一语词汇推理成功率明显高于二语、三语；(3) 受试对二语和三语词汇的成功推理有助于其词汇知识发展，对更好地理解以及即时记忆目标词意义，尤其是记忆词形，起重要作用；受试的词汇推理成功率和词义记忆程度与其二语和三语词汇知识水平之间存在显著相关关系。本研究首次尝试从跨语言角度考察汉英日学习者词汇推理加工过程，在一定程度上揭示了属于不同语言类型的汉英日三种语言间的跨语言词汇推理模式。研究结果也为外语和对外汉语的阅读及词汇教学提供了有益的启示。在阅读及词汇教学中，语言教师要培养学生在语篇阅读过程中，借助词汇推理获取非熟悉单词意义的能力，从而提高其阅读理解与词汇学习的效果。

第四部分

跨语言词汇推理加工理论模型及研究结论

　　本部分包括两章,第十四章对本研究中词汇推理影响因素以及跨语言词汇推理加工系列实验发现进行整合,并结合现存阅读及词汇推理相关理论及实证研究成果,尝试建构语言学习者跨语言词汇推理加工理论模型。第十五章对研究发现进行概括总结,阐明本研究提供的理论、实践和方法上的启示,指出研究存在的不足,并对未来研究方向进行展望。

第十四章

语言学习者跨语言词汇推理加工理论模型

我们在第二、第三部分报告了词汇推理影响因素以及跨语言词汇推理加工系列实验研究。本章重点阐述我们在综合本课题词汇推理研究的实验发现和现存语篇阅读及词汇推理相关理论及实证研究成果的基础上,尝试建构的语言学习者跨语言词汇推理加工理论模型。

14.1 词汇推理实验研究发现概述

我们开展的词汇推理实验研究表明,读者因素和语篇因素影响读者实时词汇推理的心理加工过程。读者因素中,我们考察了对词汇推理加工过程产生重要影响的学习者语言水平、接受性词汇知识水平、阅读水平以及语篇主题熟悉度这四个影响因素的作用。这些读者因素对词汇推理影响的研究表明,语言、词汇知识及阅读水平是影响实时词汇推理加工的决定性因素。研究结果支持不同语言水平、词汇知识水平及阅读水平读者在词汇推理加工能力方面存在显著差异的论点;高语言、词汇知识及阅读水平读者的词汇推理成功率更高。这些读者因素与词汇推理间存在互惠因果关系,即读者词汇推理技能的增长有助于其二语水平(包括词汇知识和阅读水平)的发展,而不断提高的二语水平又使得读者能够更好地利用各种知识源,更有效地进行词汇推理。因此,我们的研究有力地支持了高语言水平促进词汇推理加工的论点。主题熟悉度对词汇推理加工影响的研究发现与以往研究相一致,表明读者对推理语篇的主题熟悉程度是影响词汇推理加工的另一重要因素;对语篇主题熟悉度高的受试,其词汇推理成功率更高。主题熟悉度在激活相关图式过程中起着重要作用,使得读者能够把语篇的相关信息与背景知识相结合,从而促进其词汇推理加工。

读者词汇推理的实时认知加工过程同时受到语境线索、语篇句法复杂度、目标语词汇化程度等语篇因素的影响。语篇语境影响第二语言读者词汇推理加工过程,对语篇意义的理解和语篇记忆表征的建构也起着重要作用。本研究结果支持语境线索促进读者词汇推理加工的观点,恰当的语篇语境能够促进中国学生词汇推理加工过程。本研究结果还表明,语篇句法复杂度对读者第二语言词汇推理加工产生影响,句法复杂度低的语篇更易于读者成功推理词汇意义。研究还发现,汉语词汇化这一跨语言因素对目标词推理成功率有显著影响,汉语词汇化目标词推理成功率明显高于非词汇化英语目标词;反应时数据也表明,较之汉语非词汇化目标词,受试对汉语词汇化目标词的反应时明显更快。

阅读水平和语境支持度对词汇推理综合影响的研究表明,这两个因素均与词汇推理有着紧密的联系,且二者间交互效应显著。高阅读水平学习者的词汇推理能力明显高于低阅读水平学习者。低阅读水平学习者在三种语境支持条件下的词汇推理成绩存在显著差异,但高阅读水平学习者在指导语境和一般语境下的词汇推理成绩不存在显著差异。

受试跨语言词汇推理加工(汉英、汉英日)研究发现,其一语汉语、二语英语以及三语日语词汇推理加工过程中,尽管其知识源使用相对频率存在差异,但知识源使用类型呈共享模式,他们均使用包括语言和非语言知识在内的多种知识源。其词汇推理成功率存在差异,一语词汇推理成功率明显高于二语,二语词汇推理成功率高于三语。汉英跨语言词汇推理过程中,受试词汇推理成功率与其语言水平成正相关关系;其二语接受性词汇知识水平的提高有助于其对非熟悉目标词汇意义的推理加工和意义保持。汉英日跨语言词汇推理加工研究发现,受试的汉语词汇推理速度最快、成功率最高,日语推理速度最慢、成功率最低,这说明语言水平是影响读者词汇推理加工速度和成功率的重要因素。另外,受试二语、三语接受性词汇知识水平与成功词汇推理和词汇意义保持显著相关,其二语、三语成功词汇推理对其词汇知识发展,尤其是识别和记忆单词词形,有重要作用。

总之,我们开展的关于词汇推理加工的系列研究表明,读者因素和语篇因素均影响词汇推理过程,跨语言词汇推理加工过程中各影响因素的关系相对复杂。我们进而尝试构建了语言学习者跨语言词汇推理加工理论模型,这一模型是综合本研究的实验发现和现存语篇阅读推理及词汇推理相关理论及实证研究成果而建构的。

14.2 跨语言词汇推理加工理论模型建构

在研读大量文献的基础上,综合词汇推理实验研究结果,把词汇推理模型与交互阅读过程和图式理论的某些假设相结合,我们尝试建构了语言学习者跨语言词汇推理加工理论模型。该模型系统阐明了词汇推理加工过程中可能影响读者加工的各种因素以及这些因素间的交互关系。以下拟详细阐述语言学习者跨语言词汇推理加工理论模型的建构(见图14.1)。

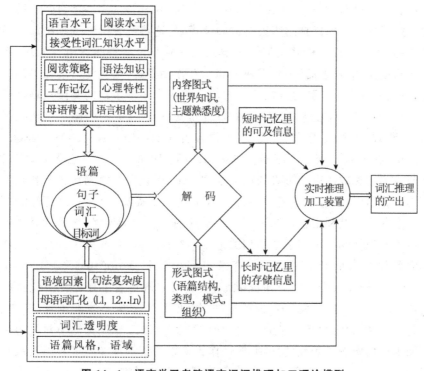

图14.1 语言学习者跨语言词汇推理加工理论模型

语言学习者词汇推理实时加工过程受到诸多因素影响。在某一研究中考察所有的,甚至是其中的多数影响因素,均不太具可操作性。因此,本研究也只能缩小其研究范围,仅关注对读者词汇推理加工过程产生较为重要影响的某些因素,即四个读者因素和三个语篇因素。本研究发现读者因素(语言水平、阅读水平、接受性词汇知识水平、主题熟悉度)和语篇因素(语境、语篇复杂度、词汇化程度)对二语读者词汇推理加工过程有重要影响。在语言学习者跨语言词汇推理加工理论模型中,本课题实验考察过的读者因素和语篇因素均放在实线方框内,而虚线方框里面的则是以往相关研究表明对词汇推理加工过程产生影响的因素。

在这一模型中,读者变量涉及如下变量——语言水平、词汇知识水平、阅读水平、阅读策略或阅读模式、工作记忆能力、母语背景/语言相似性和心理特性(psychological attributes)。读者的语言水平、接受性词汇知识水平、阅读水平是影响读者词汇推理加工的主要变量,本研究已经考察以上变量对词汇推理加工的作用。由于模型中还包括语篇内容图式这一变量,主题熟悉度则包括在内容图式中。语法知识也是词汇推理实时加工过程的重要影响因素,语法知识水平高的读者能够更好地推理目标词汇意义(如:Kaivanpana & Alavi, 2008; Alimorad, Ghaleb & Soozandehfar, 2010; Ranjbar, 2012)。影响读者词汇推理加工过程的另一因素是阅读策略或阅读模式,这是读者阅读过程中加工语篇所使用的方法,是其在长时间阅读中养成的一种特性。在阅读研究领域,有三种主要阅读模式:自上而下、自下而上和相互作用模式,这些为语篇加工的一般模式,不同读者在这三种语篇加工模式内会表现出多种多样的阅读策略和阅读模式(范琳、周红、刘振前,2011)。相关研究也表明,读者的个体加工模式对理解以及推理的生成有着至关重要的作用(如:Brown, 1980; Daneman, Carpenter & Just, 1982; Meyer, 1984; Block, 1986; Riazi & Babaei, 2008)。这些变量确实影响语言学习者的词汇推理加工,而且它们之间也相互作用和相互影响。我们可以假定,读者目标语言水平的不断提高,会促使其感知语篇细节间更多联系以及利用各种知识源进行推理的能力逐渐增强,从而使其能够及时激活工作记忆和长时记忆中的相关信息,对目标词汇意义做出推理。工作记忆能力是同时进行储存和加工、容量有限的记忆系统(Just & Carpenter, 1992)。在语篇阅读推理加工研究领域,研究者发现读者工作记忆对连接推理(如:Estevez & Calvo, 2000)、预期推理(如:Calvo, 2005)、主题推理(范琳、周红、刘振前,2011)等均产生影响。目前尚无专门针对工作记忆能力对读者词汇推理加工过程影响的研究,但词汇推理作为语篇阅读推理加工过程不可或缺的一部分,其加工过程也会受到读者工作记忆能力的影响,未来也应该开展这方面的研究。

　　读者的母语背景对词汇推理加工过程,尤其是对其跨语言词汇推理加工产生影响。语言类型间的距离对二语学习者已有词汇知识、词汇推理中使用的知识源起决定作用,同时影响词汇推理成功率及二语词汇发展(Wesche & Paribakht, 2009: 160)。语言类型距离相近的两种语言中存在大量语义、形态、句法上相似的同源词,这为二语学习者根据已知母语背景知识和词汇,成功推理非熟悉二语词汇提供了依据(刘雪丽、范琳,2016),因此,母语与二语的语言类型距离远近对读者跨语言词汇推理加工模式产生影响。如果其母语和二语语言类型距离较近,读者词汇推理成功率也会更高(Palmberg, 1985, 1988)。这是因为两种语言的语言类型越近,其语言相似点就越多,在二语习得过程中母语迁移的可能性就越大,因此读者就更容易调动与母语的相关知识进行二语目标词汇意义推理。反之,如果两种语言的语言类型距离越远,两者的差异就越大，读者推理二语目标词汇时相应文化背景知识也比较缺乏，二语推理成功率相应较低。由此，有研究者推断，较之母语为波斯语的英语学习者，母语为法语的英语学习者词汇推理成功率会更高。这可能是因为与波斯语相比，英语与法语的语言类型距离更近，更有助于学习者运用母语知识进行词汇推理（Wesche & Paribakht, 2009）。

另外，还有一些影响词汇推理加工的读者因素可以包括在心理特性这一总称里面，即读者对任务和话题的兴趣（如：Entin & Klare, 1985）、态度、观念、评价（如：van Dijk, 1982；Sabet & Mohammadi, 2013），阅读动机（如：Baker & Wigfield, 1999），元认知策略意识（如：Schunk & Rice, 1992）以及情感因素（如：Athey, 1982）。学界对这些心理特性因素的关注度不及前面提到的那些读者因素，但这些因素对语篇实时主题推理过程施加影响（参见范琳、周红、刘振前，2011），也会对读者词汇推理加工产生影响。研究发现在阅读长语篇时，语言学习者的认知风格对其词汇推理加工产生影响（Shen, 2010a）；不同认知风格（场独立型和场依存型）的语言学习者词汇推理成功率存在差异（Alavi & Kaivanpanah, 2009）。

目的语与母语的语言相似程度也对学习者跨语言词汇推理加工过程产生影响。语言相似性是指两种或多种语言在语音、词汇、语法结构、语篇各个层面上存在的一种大致相当的关系。采用 ERP 的相关研究证明，一语和二语之间的结构相似性对二语的句法加工有着直接的影响，存在着迁移作用。研究还发现，在加工一语中不存在的句法现象时，受试会借助一语的思维策略进行加工（田甜，2011）。Wesche 和 Paribakht（2009）研究表明尽管波斯语、法语和英语同属印欧语系，但法语学习者的英语二语词汇推理成功率高于波斯语学习者，这可能是因为法语与英语有更多相似性，从而有助于读者运用一语相关知识进行成功词汇推理。本研究实施的跨语言词汇推理加工研究表明，尽管受试三语日语水平明显低于其一语汉语和二语英语，但其日语词汇推理部分成功率却明显高于二语。这可能是因为日语与汉语在词汇层面有诸多相似性，这为学习者借助已知母语词汇，借助包括词形在内的相关线索实现部分成功推理提供了依据。

语篇中的词汇、句子和语篇知识源以及读者以内容图式和形式图式方式储存的先前知识（世界知识）是词汇推理模型的输入信息。读者借助推理语篇中的词汇、句子和语篇这些语言知识源以及非语言知识源来推理目标词汇意义和建构语篇表征。本研究以及以往相关研究表明（如：Bengeleil & Paribakht, 2004；Paribakht, 2005；Wesche & Paribakht, 2009；范琳、杨赛、王震，2013；范琳、张姣，2014）基于语篇的语言知识源是读者词汇推理加工过程中使用的主要知识源之一,也就是说语篇自身的特点会对读者推理加工产生影响,能够在很大程度上影响其词汇推理加工过程中产出的推理的数量和质量。本研究还发现,语篇因素,如句法复杂度、语篇中目标词在母语中的词汇化程度,均影响中国英语学习者词汇推理加工过程。另外,包含在语篇知识源中的语篇风格(text style)和语域(register)(Wesche & Praibakht, 2009)也影响读者词汇推理加工过程。其他语篇因素,如目标词透明度、目标词局域频次(local word frequency)以及语境因素也对读者词汇推理产出的认知过程有影响。限于人力物力,我们未能够针对这些语篇因素对词汇推理加工的影响展开研究。因此,在语言学习者跨语言词汇推理加工模型中,语篇因素就有五个组成部分——语境因素、句法复杂度、目标词母语词汇化程度、词汇透明度以及语篇风格和语域。

语篇的有关内容图式和形式图式也为读者语篇阅读过程中词汇推理的产生提供了重要输入。语言学习者拥有与语篇内容相关的背景知识或图式(即内容图式)和形式结构(即形式图式),有助于其更好地理解与回忆语篇的内容;相关研究也发现内容图式(如:世界知识)和形式图式(语篇宏观结构、语篇类型等)是读者词汇推理加工过程中利用的有效知识源(Wesche & Praibakht, 2009;范琳、杨赛、王震,2013)。如果读者缺乏相关图式,即使语言本身对其不构成困难,他们在理解、回忆语篇意义和内容方面也会存在困难(Horiba, 1990)。根据交互作用模型,阅读过程实际上受到词汇、正字法、句法、语义和语境这五种知识的制约,是一个复杂的"相互作用"过程(Rumelhart, 1977:129)。这一模型实际上假定了读者阅读过程中自上而下和自下而上两种信息的综合加工。自下而上的加工包括从语言的最小单位——字母和词语开始,依次进行短语、句子的解码,以及在语篇层次解读语篇的衔接(Anderson & Person, 1984),而自上而下加工则强调读者并非逐字逐句理解语篇,而是利用主题(即内容图式)的背景知识框架以及语篇的组织方式(形式图式)进行推理(Gough, 1985)。因此,在这一模型中,内容图式和形式图式均对词汇推理的实时加工装置(online inferential processing assembly)产生影响。

本模型的另一假设涉及语篇因素和读者因素之间的相互作用。以往相关研究证据表明,在推理的心理加工过程中,语篇因素和读者因素相互作用(如:Baumann, 1986;Goldman, Saul & Cote, 1995)。因此,语言学习者跨语言词汇推理加工理论模型认为在词汇推理加工过程中读者因素和语篇因素相互作用。跨语言推理模型的主要假设是,某些读者因素和语篇因素会影响读者词汇推理加工过程,它们间的相互影响可能是横向,也可能是纵向或者两者兼而有之,并共同影响语言学习者的词汇推理加工过程。

跨语言词汇推理加工理论模型的另一假设是读者通过解码(decoding)与编码(encoding)，来努力推理词汇意义和建构语篇表征。解码是理解过程中必不可少的部分，而编码则是解决理解困难的一种特殊的策略(Rickheit, Schnotz & Strohner, 1985)。通常认为经过解码加工的外来信息可以分为两部分，一部分是数量较小的信息，在短时记忆中保持激活，另外一部分是数量较大的信息，储存在长时记忆中(范琳、周红、刘振前，2011)。阅读以及阅读过程的推理加工活动是由读者的短时工作记忆和长时工作记忆协同完成的。研究表明，人的短时记忆广度为 7 ± 2 个组块，记忆容量有限(Miller, 1956)。推理加工发生的时间跨度通常被认为是在短时记忆中(Baddeley, 1979)。因此，短时记忆中保持激活的信息量是跨语言词汇推理加工模型中的一个重要参数。长时工作记忆的主要成分是提取结构，在语篇阅读理解中起着重要作用(鲁忠义，2009：115)。读者关于语篇的世界知识和领域知识(domain knowledge)是其长时记忆中已有的，以稳定方式储存，读者必须借助于短时记忆中的检索线索才能暂时获取这些信息。也就是说，长时工作记忆必须得到短时工作记忆的支持才能有效发挥作用。因此，在语言学习者跨语言词汇推理加工理论模型中，长时记忆中储存的信息和短时记忆中的可及信息是实时推理加工装置产出词汇推理所必需的。实时词汇推理加工装置在语篇理解过程中，综合来自各个知识源的信息，并将其归为"内部加工输出"。与此同时，这一推理加工装置通过假设、测试、验证、拒绝等一系列加工过程不断更新短时记忆中的可及信息，以保持短时记忆的工作效率(参见范琳、周红、刘振前，2011)。因此，词汇推理加工装置可以交互合并短时记忆与长时记忆中的信息，达到或部分达到成功产出目标词汇意义的目的。

在词汇推理加工研究领域，我们首次尝试建构跨语言词汇推理加工理论模型，详细阐述了可能影响读者词汇推理加工的因素及其相互作用，并考虑了语言类型距离对词汇推理加工过程的影响，将语言相似性以及母语背景等因素纳入该理论模型。当然，这只是解释语言学习者词汇推理加工过程的一个尝试性模型，本模型也未能包括所有可能影响词汇推理加工的因素以及知识源。

14.3 小结

本章对词汇推理的研究结果进行了总结，我们发现读者因素和语篇因素均为影响词汇推理加工的重要因素。读者在词汇推理过程中利用了包括语言知识和非语言知识在内的多种知识源；汉英、汉英日跨语言词汇推理加工研究也发现读者在推理过程中共享知识源使用模式,但某些知识源使用的相对频率存在差异。我们尝试建构的读者跨语言词汇推理加工理论模型,为未来词汇推理加工研究提供了一个可供参考的理论模型。

结论与展望

本章对本书汇报的实验研究结果进行简要总结,探究研究提供的启示,指出其存在的不足之处,并对未来研究方向进行展望。

15.1 主要研究发现

本研究首先从理论层面上对相关理论和方法论基础进行探究,这具体涉及语篇阅读过程中的推理与语篇阅读推理理论模型、词汇推理界定与词汇推理理论模型、词汇推理过程的跨语言问题、词汇推理研究方法、词汇推理过程运用的知识源以及其影响因素。理论部分理清相关概念和词汇推理加工涉及的一些理论与研究方法等,为后续相关实验研究奠定基础。

本研究的重点是采用定量与定性相结合的实证方法考察中国学生词汇推理加工过程的影响因素,其汉英、汉英日词汇推理跨语言加工机制和发展模式。主要研究发现有:

(1) 读者变量影响中国学生二语词汇推理加工过程。读者的第二语言水平、接受性词汇知识水平、阅读水平、主题熟悉度均对语言学习者的词汇推理加工过程产生影响。受试较高的语言水平、接受性词汇知识水平、阅读水平、语篇主题熟悉度均促进其二语词汇推理加工,这表现在其利用多种知识源,推理非熟悉目标词汇意义的成功率相对较高。

(2) 语篇变量也是影响中国学生二语词汇推理加工的因素之一。语篇语境、语篇难易度对二语学习者词汇推理加工过程产生影响。较高的语境支持度、较小的语篇难度有助于受试成功推理出词汇意义。研究还发现,受试汉语词汇化英语目标词推理成功率显著高于其非词汇化英语目标词;反应时数据也表明,较之汉语非词汇化英语目标词,受试对汉语词汇化英语目标词的反应时明显加快,错误率降低。

(3) 汉英跨语言词汇推理加工模式的研究发现,受试在汉英两种语言词汇推理加工过程中,使用了多种知识源,包括词汇、句子、语篇层面的语言知识以及非语言知识源,尤以句子层面语言知识源使用最多;受试一语词汇推理成功率明显高于其二语推理成功率;受试二语成功词汇推理有助于其词汇知识的发展,二语词汇知识与成功词汇推理和词汇意义保持间显著相关,这对于语言学习者更好地理解和即时记忆单词的意义,尤其是识别和记忆单词词形,起到了重要作用。

(4) 不同语言水平受试的汉英词汇推理发展模式研究结果表明,高、低语言水平受试知识源使用的类型呈共享模式,但某些知识源使用频率因语言水平不同而存在差异。受试一语词汇推理成功率均明显高于其二语推理成功率;两组受试的接受性词汇知识水平与词汇推理成功率和词汇知识保持之间呈显著相关,成功推理二语目标词汇有助于受试更好地理解和即时记忆词汇意义,尤其是词形的识别和记忆;受试词汇知识发展程度及二语词汇推理成功率随其语言水平提高而增长,这说明较高的二语接受性词汇知识水平有助于其成功推理并保持非熟悉目标词汇的意义。

(5) 汉英日三种语言跨语言词汇推理加工过程的研究发现与汉英跨语言词汇推理加工过程有相似之处,但研究发现更为丰富。受试也利用了多种知识源,其中,一语、二语词汇推理过程中句子层面语言知识源使用频率最高,三语词汇推理过程中词形知识源使用频率最高。受试一语、二语、三语词汇推理成功率呈明显递减趋势;受试二语和三语词汇知识与其成功词汇推理和词汇意义保持显著相关;成功词汇推理对二语和三语目标词意义的即时记忆有显著影响。受试二语及三语成功词汇推理有助于其词汇知识的发展,对其更好地理解和即时记忆目标词汇意义,尤其是识别和记忆目标词词形,发挥了重要作用。

综上所述,本研究在相关研究的基础上,采用定量、定性研究相结合的方法,针对拥有不同语言背景的学习群体展开研究,更为全面地揭示了影响中国学生词汇推理加工过程的因素。尤其是,本研究从跨语言视角出发,初步探明了语言学习者在语言类型相距遥远的汉英及汉英日跨语言词汇推理加工过程中的共性特征和差异,以及影响这些加工过程的因素及其相互关系。

15.2　研究启示

本研究首次系统考察了中国学生词汇推理加工过程,我们针对拼音文字与表意文字间跨语言词汇推理加工机制的研究也是目前国内外首项该类研究。在词汇推理研究领域,本研究在理论、研究方法和教学意义方面均具有其价值,具体体现在以下几个方面。

15.2.1　理论启示

在理论上,本研究考察了读者词汇推理加工,尤其是跨语言词汇推理加工过程的一些根本问题，同时验证了建构主义理论、最小假设模型、心理模型、二语词汇推理认知加工模型等几个重要理论模型和假设的普遍性。尤其是，在综合本研究实验发现和现存语篇阅读推理、词汇推理相关理论及实证研究成果的基础上，我们首次构建了中国语言学习者跨语言词汇推理加工理论模型，集中体现了本研究在理论上的重要贡献，在国内外词汇推理研究领域做出了有意义的创新。该理论模型全面描述了影响语言学习者词汇推理加工过程的因素，以及各因素间的相互关系，对揭示读者词汇推理及其跨语言词汇推理加工过程的本质具有重要意义，为后续同类研究奠定了理论基础。

15.2.2 研究方法启示

本研究采用了问卷调查法、有声思维和回溯相结合的方法、反应时方法考察中国学生一语、二语、三语词汇推理加工机制及其跨语言词汇推理加工过程。有声思维和反应时实时研究方法，可以更好地揭示读者词汇推理加工的实时过程。我们首次把反应时即时测量方法运用于中国学生词汇推理即时认知加工过程的研究；将心理学实验研究方法应用到读者词汇推理过程研究，也拓宽了国内外该研究领域的方法论视角。另外，本研究对相关研究问题，又从不同侧面，采用了不同研究方法加以考察，如采用有声思维和回溯相结合的方法，克服了只采用有声思维方法的缺陷，同时还采用反应时实时方法进行实验，获得的研究证据做到相互验证、相互补充，也就更为可靠。

15.2.3 教学启示

培养语言学习者阅读能力一直是外语教学的重点，词汇推理能力则是决定其阅读能力高低的重要因素之一，而学习者阅读能力低下在很大程度上可归因于其词汇推理能力方面的欠缺。因此，对语言学习者词汇推理加工过程的研究具有重要的实践意义。此类研究可以揭示影响语言学习者推理加工过程的因素以及这些因素间的相互关系，为有针对性地解决外语学习者词汇推理能力和阅读能力低下的问题提供实证以及理论依据。本研究成果可应用于外语阅读教学和对外汉语阅读教学，为这两个应用学科提供理论和方法指导；给教学提供有关的参考资料和数据，有利于提高外语词汇和阅读教学效果。

在阅读与词汇教学方面，语言教师及学习者教或学的重心要放在理解发生的过程上，应充分认识外语阅读过程中词汇推理的作用。本研究表明，受试接受性词汇知识水平与词汇推理成功率以及词汇意义保持显著相关，因此在阅读过程中借助词汇推理进行词汇学习就非常重要；通过显性词汇教学等手段提高学习者的词汇水平也是提高其非熟悉目标词汇推理成功率的基础和保证。本研究也发现,受试非词汇化目标词的推理成功率低于词汇化目标词。因此,在外语和对外汉语词汇教学中,语言教师应采用显性和隐性词汇教学相结合的方法,尽量为语言学习者习得那些在一语中未被词汇化的非熟悉词汇提供帮助和指导,不断提高学习者词汇广度和深度知识水平,鼓励学生进行精细阅读,并根据学生水平提高阅读要求,促进其词汇附带习得,从而提高其语篇阅读理解能力。

在推理能力培养方面,本研究发现受试一语词汇推理成功率均明显高于其外语词汇推理成功率,这对提高语言学习者外语词汇推理加工水平有重要借鉴意义,也表明对外语读者,尤其是低技能外语读者进行词汇推理训练十分必要。本研究发现,低技能读者在整合问题方面,只是能力相对较低,并非完全缺乏该能力。我们有理由假设,倘若低技能读者意识到词汇推理加工的重要性,他们将会充分运用此项能力,做出恰当的推理(Oakhill, 1984)。鉴于此,教师应在外语阅读教学中,引导外语读者,特别是低技能读者关注推理加工的重要性,并对其进行推理机能训练,帮助其在阅读过程中进行更有效的推理加工活动。针对学习障碍儿童的研究也表明,经过推理训练,受试使用策略和回答推理性问题的能力得到明显提高(Fritschmann, Deshler & Schumaker, 2007)。因此,教师可以同低技能读者一起阅读和讨论阅读语篇,鼓励他们通过预测语篇内容、提出问题,对语篇意义和语篇中的非熟悉目标词汇做出推理。教学中应当在增强其外语陈述性知识的同时,促进其程序性知识显性意识的提高;着力培养和提高学生运用各种知识源获取非熟悉单词意义的意识和能力,从而加深其对语篇意义的理解,并提高建构有意义、连贯的语篇表征的能力。学习者也必须具备足够的相关背景知识,这样才有可能在阅读过程中成功推理词汇意义。另外,语言教师在阅读教学和测试中应注意语篇句法难度、语境支持度、话题熟悉度、句子长度等因素,尽量做到语篇难度适合学生的水平。

15.3 研究局限和未来研究方向

我们实施的实验研究系统考察了中国语言学习者词汇推理加工过程,然而由于词汇推理加工过程的复杂性,以及人力物力等资源的限制,本研究难以避免地在概念、方法以及其他一些方面存在不足。

(1) 由于有声思维和回溯相结合的方法较为费时耗力,本研究中的某些实验受试数量不够多。未来研究可以考察更多受试,使取得的研究结论更具代表性。

(2) 本研究仅限于对读者阅读过程中词汇推理加工的考察,进行语言学习者听力加工过程词汇推理研究也应该是未来研究方向之一。

（3）本研究对高中生、本科生、硕士研究生的汉英跨语言词汇推理加工发展模式进行了研究，未来研究可开展更多语言水平组的发展研究，甚至特殊群体，如阅读困难受试的相关研究。

（4）本研究以及以往相关研究只考察词汇接受性知识水平对词汇推理成功率、词汇知识保持的影响，未来研究还可以进一步考察语言学习者词汇知识深度对这两个变量的影响。

（5）本研究采用反应时方法考察了汉语词汇化对英语词汇推理加工时间进程的影响。未来研究可以采用更多心理学研究方法和手段，如 ERP，fMRI 等考察读者词汇推理加工的神经机制，采用眼动技术考察读者词汇推理加工的眼动机制；还可以采用反应时行为研究和神经机制研究相结合的方法，更深入地揭示词汇推理加工机制，为语篇阅读和词汇推理加工提供聚合的实证数据。

词汇推理加工是一个复杂的认知加工过程，众多因素会影响这一认知过程，尤其是读者跨语言词汇推理加工涉及的因素更多，本课题研究者目前仍不能恰当地解释这一有待进一步研究的课题。因此，我们进而提出了在此领域进行深入研究的一些建议，以便通过整合各项未来研究成果取得关于语言学习者词汇推理加工过程更具普遍意义的研究结论。

参考文献

Alavi, S. M. & Kaivanpanah, S. 2009. Examining the role of individual differences in lexical inferencing [J]. *Journal of Applied Sciences* 9 (15): 2829—2834.

Albrecht, J. E. & Myers, J. L. 1998. Accessing distant text information during reading: Effects of contextual cues [J]. *Discourse Processes* 26: 87—107.

Albrechtsen, D., Haastrup, K. & Henriksen, B. 2008. *Vocabulary and Writing in a First and Second Language: Processes and Development* [M]. New York: Palgrave Macmillan.

Alimorad, Z., Ghalebi, S. R. & Soozandehfar, S. M. A. 2010. The role of grammar in L2 lexical inferencing [J]. *AzerELTA Online Journal* 5: 1—12.

Al-Shumaimeri, Y. 2006. The effects of content familiarity and language ability on reading comprehension performance of low- and high-ability Saudi tertiary students studying English as a foreign language [J]. *Educational Sciences & Islamic Studies* 2: 1—19.

Anderson, R. C. & Person, P. D. 1984. A Schema-theoretic view of basic process in reading comprehension [A]. In P. D. Pearson, R. Barr, M. L. Kamil & P. Mosenthal (eds.), *Handbook of Reading Research* [C]. New Jersey: Lawrence Erlbaum, pp. 255—291.

Ard, J. & Holmburg, T. 1983. Verification of language transfer [A]. In S. Gass & L. Selinker (eds.), *Language Transfer in Language Learning* [C]. Rowley, MA: Newbury House, pp. 157—176.

Arnaud, P. & Savignon, S. 1997. Rare words, complex lexical units and the advanced learner [A]. In J. Coady & T. Huckin (eds.), *Second Language Vocabulary Acquisition: A Rational for Pedagogy* [C]. Cambridge: Cambridge University Press, pp. 157—173.

Atef-Vahid, S., Maftoon, P. & Zahedi, K. 2013. Topic familiarity, passage sight vocabulary, and L2 lexical inferencing: an investigation in the Iranian EFL context [J]. *International Journal of Research Studies in Language Learning* 2 (4): 79—99.

Athey, I. 1982. Reading: The affective domain reconceptualized [J]. *Advances in Reading/Language Research* 1: 203—217.

Baddeley, A. D. 1979. Working memory and reading [A]. In P. A. Kolers, M. E.

Wrolstad & H. Bouma (eds.), *Processing of Visible Language* [C]. Nato Conference Series, Vol 13. Springer, Boston, MA, pp. 355—370.

Baker, L. & Wigfield, A. 1999. Dimensions of children's motivation for reading and their relations to reading activity and reading achievement [J]. *Reading Research Quarterly* 34: 452—477.

Baldo, A. 2010. Lexical inferencing in L2 [J]. *Language and Literature Journal* 5 (1): 60—69.

Barnett, M. A. 1988. Reading through context: How real and perceived strategy use affects L2 comprehension [J]. *The Modern Language Journal* 72 (2): 150—162.

Bartlett, F. C. 1932. *Remembering: A Study in Experimental and Social Psychology* [M]. Cambridge: Cambridge University Press.

Baumann, J. 1986. Effects of rewritten content textbook passages on middle grade students' comprehension of main idea: Making the inconsiderate considerate [J]. *Journal of Reading Behavior* 18: 1—21.

Beck, I. L., McKeown, M. G. & McCaslin, E. S. 1983. Vocabulary development: All contexts are not created equal [J]. *The Elementary School Journal* 83 (3): 177—181.

Bengeleil, N. & Paribakht, T. S. 2004. L2 reading proficiency and lexical inferencing by university EFL learners [J]. *The Canadian Modern Language Review* 61 (2): 225—249.

Bensoussan, M. 1992. Learners' spontaneous translations in an L2 reading comprehension task, vocabulary knowledge and use of schemata [A]. In P. Arnaud & H. Bejoint (eds.), *Vocabulary and Applied Linguistics* [C]. London: Palgrave Macmillan, pp. 102—112.

Bensoussan, M. & Laufer, B. 1984. Lexical guessing in EFL reading comprehension [J]. *Journal of Research in Reading* 7: 15—32.

Bialystok, E. 1979. The role of conscious strategies in second language proficiency [J]. *The Canadian Modern Language Review* 35: 372—394.

Bialystok, E. 1983. Inferencing: Testing the "hypothesis-testing" hypothesis [A]. In H. W. Seiger & M. H. Long (eds.), *Classroom Oriented Research in Second Language Acquisition* [C]. Rowley, MA: Newbury House, pp. 104—124.

Biemans, H. J. A. & Simons, P. R. 1996. Contact 2: A computer-assisted instructional strategy for promoting conceptual change [J]. *Instructional Science* (24): 157—176.

Biria, R. & Baghbaderani, A. 2015. The interplay between topic familiarity and passage sight vocabulary: Focusing on its impact on EFL learners' lexical inferencing and recall [J]. *Journal of Applied Linguistics and Language Research* 2 (4): 179—195.

Block, E. 1986. The comprehension strategies of second language readers [J]. *TESOL Quarterly* 20 (3): 463—494.

Blum, S. & Levenston, E. 1980. Lexical simplification in second language acquisition [J]. *Studies in Second Language Acquisition* 2 (2): 43—63.

Bransford, J. D. & Johnson, M. K. 1972. Contextual prerequisites for understanding: Some investigations of comprehension and recall [J]. *Journal of Verbal Learning and Verbal Behavior* (11): 717—726.

Brown, A. L. 1980. Metacognitive development and reading [A]. In R. J. Spiro, B. C. Bruce & W. F. Brewer (eds.), *Theoretical Issues in Reading Comprehension* [C]. Hillsdale, NJ: Lawrence Erlbaum, pp. 453—481.

Brown, G. & Yule, G. 1983. *Discourse Analysis* [M]. Cambridge: Cambridge University Press.

Brown, J. D. 2001. *Using Surveys in Language Programs* [M]. Cambridge: Cambridge University Press.

Cai, W. & Lee, B. P. H. 2012. Processing unfamiliar words: Strategies, knowledge sources, and the relationship to text and word comprehension [J]. *Canadian Journal of Applied Linguistics* 15: 122—145.

Calvo, M. G. 2005. Relative contribution of vocabulary knowledge and working memory span to elaborative inferences in reading [J]. *Learning and Individual Differences* 15: 53—65.

Carton, A. S. 1971. Inferencing: A process in using and learning language [A]. In P. Pimsleur & T. Quinn (eds.), *The Psychology of Second Language Learning: Papers from the Second International Congress of Applied Linguistics* [C]. Cambridge: Cambridge University Press, pp. 45—58.

Chang, C. 2006. Effects of L1 topic familiarity and linguistic difficulty on the reading strategies and mental representations of nonnative readers of Chinese [J]. *Journal of Language and Learning* 4 (2): 172—198.

Chen, C. & Truscott, J. 2010. The effects of repetition and L1 lexicalization on incidental vocabulary acquisition [J]. *Applied Linguistics* 31 (5): 693—713.

Chern, C. 1993. Chinese students' word-solving strategies in reading in English [A]. In T. Huckin, M. Haynes & J. Coady (eds.), *Second Language Reading and Vocabulary Learning* [C]. Norwood, NJ: Ablex, Publishing Corporation, pp. 67—82.

Chikalanga, I. 1992. A Suggested taxonomy of inferences for the reading teacher [J]. *Reading in a Foreign Language* 8 (2): 697—709.

Comer, W. J. 2012. Lexical inferencing in reading L2 Russian [J]. *Reading in a Foreign Language* 24 (2): 209—230.

Cook, G. 1994. *Discourse and Literature: The Interplay of Form and Mind* [M]. Oxford: Oxford University Press.

Daneman, M., Carpenter, P. A. & Just, M. A. 1982. Cognitive processes and reading skills [J]. *Advances in Reading/Language Research* 1: 83—124.

De Bot, K., Paribakht, T. S. & Wesche. M. B. 1997. Toward a lexical processing model for the study of second language vocabulary acquisition: Evidence from ESL reading [J]. *Studies in Second Language Acquisition* 19 (3): 309—329.

Diakidoy, I. 1998. The role of reading comprehension in word meaning acquisition during reading [J]. *European Journal of Psychology of Education* 13(2): 131—154.

Dolgunsöz, E. 2016. Using eye-tracking to measure lexical inferences and its effects on reading rate during EFL reading [J]. *Journal of Language and Linguistic Studies*, 12 (1): 63—78.

Drum, P. & Konopak, B. 1987. Learning word meanings from written context [A]. In M. Mckeown & M. Curtis (eds.), *The Nature of Vocabulary Acquisition* [C]. London: Lawrence Erlbaum, pp. 73—87.

Dunmore, D. 1989. Using contextual clues to infer word meaning: An evaluation of current exercise types [J]. *Reading in a Foreign Language* 6 (1): 337—347.

Ellis, R. 1994. *The Study of Second Language Acquisition* [M]. Oxford: Oxford University Press.

Ellis, R. 1999. *The Study of Second Language Acquisition* [M]. Shanghai: Shanghai Foreign Languages Education Press.

Entin, E. B. & Klare, G. R. 1985. Relationships of measures of interest, prior knowledge, and readability to comprehension of expository passages [J]. *Advances in Reading/Language Research* (3): 9—38.

Ericsson, K. A. & Simon, H. A. 1984. *Protocol Analysis: Verbal Reports as Data* [M]. Cambridge, MA: The Massachusetts Institute Technology Press.

Ericsson, K. A. & Simon, H. A. 1993. *Protocol Analysis: Verbal Reports as Data* [M]. Cambridge, MA: The Massachusetts Institute Technology Press.

Estévez, A. & Calvo, M. G. 2000. Working memory capacity and time course of predictive inferences [J]. *Memory* 8 (1): 51—61.

Flores d'Arcais, G. B. & Schreuder, R. 1983. The process of language understanding: A few issues in contemporary psycholinguistics [A]. In G. B. Flores d'Arcais & R. J. Jarvella (eds.), *The Process of Language Understanding* [C]. John Wiley and Sons, Inc, pp. 1—41.

Frantzen, D. 2003. Factors affecting how second language Spanish students derive meaning from context [J]. *The Modern Language Journal* 87 (2): 168—199.

Fraser, C. A. 1999. Lexical processing strategy use and vocabulary learning through reading [J]. *Studies in Second Language Acquisition* 21 (2): 225—241.

Fritschmann, N., Deshler, D. & Schumaker, J. 2007. The effects of instruction in an inference strategy on the reading comprehension skills of adolescents with disabilities [J]. *Learning Disability Quarterly* 30 (4): 245—262.

Gass, S. 1999. Discussion: Incidental vocabulary learning [J]. *Studies in Second Language*

Acquisition 21 (2): 319—333.

Gernsbacher, M. A. 1990. *Language Comprehension as Structure Building* [M]. Hillsdale, NJ: Lawrence Erlbaum.

Gernsbacher, M. A. 1994. *Handbook of Psycholinguistics* [M]. San Diego, CA, US: Academic Press.

Gernsbacher, M. A., Varnes, K. R. & Faust, M. E. 1990. Investigating differences in general comprehension skill [J]. *Journal of Experimental Psychology: Learning, Memory, and Cognition* 16: 430—445.

Ghahremani-Ghajar, S. & Masny, D. 1999. Making sense in a second orthography [J]. *International Journal of Applied Linguistics* 125(1): 229—251.

Godfroid, A., Boers, F. & Housen, A. 2013. An eye for words: Gauging the role of attention in incidental L2 vocabulary acquisition by means of eye-tracking [J]. *Studies in Second Language Acquisition* 35 (3): 483—517.

Goldman, S. R., Saul, E. U. & Cote, N. 1995. Paragraphing, reader, and task effects on discourse comprehension [J]. *Discourse Processes* 20: 273—305.

Gough, P. B. 1985. One second of reading: postscript [A]. In H. Singer & R. B. Ruddell (eds.), *Theoretical Models and Processes of Reading* [C]. Newark, DE: International Reading Association, pp. 687—688.

Grabe, W. 2004. Research on teaching reading [J]. *Annual Review of Applied Linguistics* 24: 44—69.

Grabe, W. & Stroller, F. L. 2011. *Teaching and Researching: Reading* [M]. New York: Longman.

Graesser, A. C., & Bower, G. H. 1990. *Inferences and Text Comprehension* [M]. San Diego, CA: Academic Press.

Graesser, A. C., Singer, M., & Trabasso, T. 1994. Constructing inferences during narrative text comprehension [J]. *Psychological Review* 101 (3): 371—395.

Grellet. F. 1981. *Developing Reading Skills: A Practical Guide to Reading Comprehension Exercises* [M]. Cambridge: Cambridge University Press.

Grice, H. 1975. Logic and conversation [A]. In H. Grice, P. Cole & J. Morgan (eds.), *Syntax and Semantics* [C]. New York: Academic Press, pp. 41—58.

Haastrup, K. 1991. *Lexical Inferencing Procedures or Talking about Words: Receptive Procedures in Foreign Language Learning with Special Reference to English* [M]. Tubingen: Gunter Narr Verlag.

Haastrup, K. 2008. Lexical inferencing procedures in two languages [A]. In D. Albrechtsen, K. Haastrup & B. Henriksen (eds.). *Vocabulary and Writing in a First and Second Language: Processes and Development* [C]. Houndsmill: Palgrave MacMillan, pp. 67—111.

Hamada, M. 2009. Development of L2 word-meaning inference while reading [J]. *System* 37

(3)447—460.

Hasan, R. 1984. Coherence and cohesive harmony [A]. In J. Flood (ed.), *Understanding Reading Comprehension: Cognition, Language, and the Structure of Prose* [C]. Newark, Delaware: International Reading Association, pp. 181—219.

Haynes, M. 1993. Patterns and perils of guessing in second language reading [A]. In T. Huckin, M. Haynes & J. Coady (eds.), *Second Language Reading and Vocabulary Learning* [C]. Norwood, NJ: Ablex Publishing Corporation, pp. 46—64.

Haynes, M. & Baker, I. 1993. American and Chinese readers learning from lexical familiarizations in English text [A]. In T. Huckin, M. Haynes & J. Coady (eds.), *Second Language Reading and Vocabulary Learning* [C]. Norwood, NJ: Ablex Publishing Corporation, pp. 130—152.

Henry, O. 2013. *Selected Stories by O. Henry* [M]. Nanjing: Yilin Press.

Hoey, M. 1991. *Patterns of Lexis in Text* [M]. Oxford: Oxford University Press.

Horiba, Y. 1990. Native comprehension processes: A study of native and non-native readers of Japanese [J]. *The Modern Language Journal* 74 (2): 189—202.

Horiba, Y. 2000. Reader control in reading: Effects of language competence, text type, and task [J]. *Discourse Processes* 29: 223—267.

Horst, M. & Meara, P. 1999. Test of a model for predicting second language lexical growth through reading [J]. *The Canadian Modern Language Review* 56 (2): 308—328.

Hsueh-chao, M. H. & Nation, P. 2000. Unknown vocabulary density and reading comprehension [J]. *Reading in a Foreign Language* (1): 403—430.

Hu, M. & Nassaji, H. 2012. Ease of inferencing, learner inferential strategies, and their relationship with the retention of word meanings inferred from context [J]. *The Canadian Modern Language Review* 68 (1): 54—77.

Huckin, T. & Bloch, J. 1993. Strategies for inferring word meaning in context: A cognitive model [A]. In T. Huckin., M. Haynes & J. Coady (eds.), *Second Language Reading and Vocabulary Learning* [C]. Norwood, NJ: Ablex Publishing Cooperation, pp. 153—178.

Huckin, T. & Coady, J. 1999. Incidental vocabulary acquisition in a second language [J]. *Studies in Second Language Acquisition* 21 (2): 181—93.

Huettel, S. A., Song, A. W. & McCarthy, G. 2009. *Functional Magnetic Resonance Imaging* (2nd edn.) [M]. Massachusetts: Sinauer.

Hulstijn, J., Hollander, M. & Greidanus, T. 1996. Incidental vocabulary learning by advanced foreign language students: The influence of marginal glosses, dictionary use and reoccurrence of unknown words [J]. *Modern Language Journal* 80 (3): 327—339.

İstifci, İ. 2009. Lexical inferencing strategies of Turkish EFL learners [J]. *Journal of Language and Linguistic Studies* 5 (1): 97—109.

Jarvis, S. & Pavlenko, A. 2008. *Crosslinguistic Influence in Language and*

Cognition [M]. New York: Routledge.

Jenkins, J. R. & Dixon, R. 1983. Vocabulary learning [J]. *Contemporary Educational Psychology* 8 (3): 237—260.

Jiang, N. 2000. Lexical representation and development in a second language [J]. *Applied Linguistics* 21: 47—77.

Johnson-Laird, P. N. 1983. *Mental Models* [M]. Cambridge, MA: Harvard University Press.

Johnson, K. & Johnson, H. 1998. *Encyclopedic Dictionary of Applied Linguistics: A Handbook for Language Teaching* [M]. NY: Blackwell Publishers Ltd.

Just, M. A. & Carpenter, P. A. 1992. A capacity theory of comprehension: Individual differences in working memory [J]. *Psychology Review* 99: 122—149.

Kaivanpanah, S. & Alavi, S. M. 2008. The role of linguistic knowledge in word-meaning inferencing [J]. *System* 36 (2): 172—195.

Kaivanpanah, S. & Soltani Moghaddam, M. 2012. Knowledge sources in EFL learners' lexical inferencing across reading proficiency levels [J]. *RELC Journal* (3): 373—391.

Kanatlar, G. M. & Peker, B. G. 2009. Guessing-words-in-context strategies used by beginning and upper-intermediate level EFL students [J]. *The International Journal of Learning* 16 (5): 435—444.

Károly, K. 2002. *Lexical Repetition in Text: A Study of the Text-organizing Function of Lexical Repetition in Foreign Language Argumentative Discourse* [M]. New York: P. Lang.

Kasper, G. 1998. Analysing verbal protocols [J]. *TESOL Quarterly* 32 (2): 358—362.

Keenan, J. M., Golding, G. M., Potts G. R., Jennings, T. M. & Aman, C. J. 1990. Methodological issues in evaluating the occurrence of inferences [J]. *Psychology of Learning and Motivation* 25: 295—312.

Kelly, P. 1990. Guessing: No substitute for systematic learning of lexis [J]. *System* 18: 199—207.

Kintsch, W. 1988. The role of knowledge in discourse comprehension: A construction-integration model [J]. *Psychological Review* 92: 163—182.

Kintsch, W. 1998. *Comprehension: A Paradigm for Cognition* [M]. Cambridge: Cambridge University Press.

Kintsch, W. & van Dijk, T. A. 1978. Toward a model of text comprehension and production [J]. *Psychological Review* 85: 363—394.

Koda, K. 2005. *Insights into Second Language Reading: A Cross-linguistic Approach* [M]. New York: Cambridge University Press.

Koda, K., Takahashi, E. & Fender, M. 1998. Effects of L1 processing experience on L2 morphological awareness [J]. *Ilha do Desterro* 35: 59—87.

Kondo-Brown, K. 2006. How do English L1 learners of advanced Japanese infer unknown

Kanji words in authentic texts? [J]. *Language Learning* 56 (1): 109—153.

Lado, R. 1957. *Linguistic Across Cultures: Applied Linguistics for Language Teachers* [M]. Ann Arbor, Michigan: University of Michigan.

Laufer, B. 1997. The lexical plight in second language reading: Words you don't know, words you think you know and words you can't guess [A]. In J. Coady & T. Huckin (eds.), *Second Language Vocabulary Acquisition: A Rational for Pedagogy* [C]. Cambridge: Cambridge University Press, pp. 20—34.

Laufer, B. & Hulstijn, J. 2001. Incidental vocabulary acquisition in a second language: The construct of task-induced involvement [J]. *Applied Linguistics* 22: 1—26.

Laufer, B. 2010. Lexical threshold revisited: Lexical text coverage, learners' vocabulary size and reading comprehension [J]. *Reading in a Foreign Language* (1): 15—30.

Lawson, M. & Hogben, D. 1996. The vocabulary-learning strategies of foreign-language students [J]. *Language Learning* 46 (1): 101—135.

Levelt, W. 1989. *Speaking: From Intention to Articulation* [M]. Cambridge, MA: MIT Press.

Li, X. L. 1988. Effects of contextual cues on inferring and remembering meanings of new words [J]. *Applied Linguistics* (9): 402—413.

Liu, N. & Nation, I. S. P. 1985. Factors affecting guessing vocabulary in context [J]. *RELC Journal* 16 (1): 33—42.

Luck, S. J. 2012. Event-related potentials [A]. In H. Cooper, P. M. Carnic, D. L. Long, A. T. Panter, D. Rindskopf & K. J. Sher (eds.), *APA Handbook of Research Methods in Psychology: Volume 1, Foundations, Planning, Measures, and Psychometrics* [C]. Washington, D.C.: American Psychological Association, pp. 523—546.

Lutz, M. F. & Radvansky, G. A. 1997. The fate of completed goal information in narrative comprehension [J]. *Journal of Memory and Language* 36: 293—310.

Marzban, A. & Hadipour, R. 2012. Depth versus breadth of vocabulary knowledge: Assessing their roles in Iranian intermediate EFL students' lexical inferencing success through reading [J]. *Procedia-Social and Behavioral Sciences* 46: 5296—5300.

Matsumura, Y. 2010. Factors influencing the lexical inferencing of Japanese EFL learners [D]. Tokyo: Temple University.

McKoon, G., Gerrig, R. J. & Greene, S. B. 1996. Pronoun resolution without pronouns: Some consequences of memory-based text processing [J]. *Journal of Experimental Psychology: Learning, Memory, and Cognition* 22 (4): 919—932.

McKoon, G. & Ratcliff, R. 1992. Inference during reading [J]. *Psychological Review* 99: 440—446.

McKoon, G. & Ratcliff, R. 1998. Memory-based language processing: Psycholinguistic research in the 1990s [J]. *Annual Review of Psychology* 49: 25—42.

Meyer, B. J. 1984. Text dimensions and cognitive processing [A]. In H. Mandl, N.

Stein & T. Trabasso (eds.), *Learning and Comprehension of Text* [C]. Hillsdale, NJ: Lawrence Erlbaum Associates, pp. 3—51.

Miller, G. A. 1956. The magical number seven, plus or minus two: Some limits on our capacity for processing information [J]. *Psychological Review* 63: 81—97.

Millis, K. K. & A. C. Graesser. 1994. The time-course of constructing knowledge-based inferences for scientific texts [J]. *Journal of Memory and Language* (5): 583—599.

Mondria, J. A. & Wit-de-Boer, M. 1991. The effects of contextual richness on the guessability and retention of words in a foreign language [J]. *Applied Linguistics* 12 (3): 249—267.

Mori, Y. 2003. The roles of context and word morphology in learning new kanji words [J]. *The Modern Language Journal* 87 (3): 404—420.

Morrison, L. 1996. Talking about words: a study of French as a second language learners' lexical inferencing procedures [J]. *The Canadian Modern Language Review* 53 (1): 41—75.

Murray, J. D. & Engle, R. 2005. Accessing situation model information: memory-based processing versus here-and-now accounts [J]. *The Journal of Psychology* 139 (3): 261—272.

Nagy, W. 1997. On the role of context in first- and second-language vocabulary learning [A]. In N. Schmidt & M. McCarthy (eds.), *Vocabulary: Description, Acquisition and Pedagogy* [C]. Cambridge: Cambridge University Press, pp. 64—83.

Nagy, W. & Anderson, R. 1984. How many words are there in printed school English? [J]. *Reading Research Quarterly* 19: 304—330.

Nagy, W. E., Anderson, R. C. & Herman, P. A. 1987. Learning word meanings from context during normal reading [J]. *American Educational Research Journal* 24: 237—270.

Nagy, W. E., McClure, E. F. & Mir, M. 1997. Linguistic transfer and the use of context by Spanish-English bilinguals [J]. *Applied Psycholinguistics* 18: 431—452.

Nassaji, H. 2002. Schema theory and knowledge-based processes in second language reading comprehension: A need for alternative perspectives [J]. *Language Learning* 52 (2): 439—482.

Nassaji, H. 2003. L2 vocabulary learning from context: Strategies, knowledge sources, and their relationship with success in L2 lexical inferencing [J]. *TESOL Quarterly* 37 (4): 645—670.

Nassaji, H. 2006. The relationship between depth of vocabulary knowledge and L2 learners' lexical inferencing strategy use and success [J]. *The Modern Language Journal* 90: 387—401.

Nation, I. S. P. 1990. *Teaching and Learning Vocabulary* [M]. New York: Newbury House.

Nation, I. S. P. 2001. *Learning Vocabulary in Another Language* [M]. Cambridge: Cambridge University Press.

Nation, I. S. P. 2006. How large a vocabulary is needed for reading and listening? [J]. *The Canadian Modern Language Review* (1): 59—82.

Noordman, G. M., Vonk, W. & Kempff, H. J. 1992. Causal inferences during the reading of expository texts [J]. *Journal of Memory and Language* 31: 573—590.

Oakhill, J. 1982. Constructive process in skilled and less skilled comprehenders' memory for sentences [J]. *British Journal of Psychology* (1): 13—20.

O'Brien, E., Cook, A. & Lorch, Jr. R. 2015. *Inferences During Reading* [M]. Cambridge: Cambridge University Press.

Odlin T. 1989. *Language Transfer* [M]. Cambridge: Cambridge University Press.

Oh, S. Y. 2001. Two types of input modification and EFL reading comprehension: Simplification versus elaboration [J]. *TESOL Quarterly*, 35 (1): 69—96.

Oxford, R. 1990. *Language Learning Strategies: What Every Teacher Should Know* [M]. Boston, MA: Heinle & Heinle.

Packard, J. L. 2000. *The Morphology of Chinese: A Linguistic and Cognitive Approach* [M]. Cambridge: Cambridge University Press.

Palmberg, R. 1985. How much English vocabulary do Swedish-speaking primary-school pupils know before starting to learn English at school [A]. In H. Ringbom (ed.), *Foreign Language Learning and Bilingualism* [C]. Abo: Abo Akademi, pp. 89—97.

Palmberg, R. 1988. On lexical inferencing and language distance [J]. *Journal of Pragmatics* 12: 207—214.

Paribakht, T. S. 1985. Strategic competence and language proficiency [J]. *Applied Linguistics* 6 (2): 132—146.

Paribakht, T. S. 2004. The role of grammar in second language learning processing [J]. *RELC* 35 (2): 149—160.

Paribakht, T. S. 2005. The Influence of first language lexicalization on second language lexical inferencing: A study of Farsi-speaking learners of English as a foreign language [J]. *Language Learning* 55: 701—748.

Paribakht, T. S. 2010. The effect of lexicalization in the native language on second language lexical inferencing: A cross-linguistic study [A]. In R. Chacón-Beltrán, C. Abello-Contesse, M. M. Torreblanca-López (eds.), *Insights into Non-native Vocabulary Teaching and Learning* [C]. Clevedon: Multilingual Matters, pp. 61—82.

Paribakht, T. S. & Wesche, M. 1993. Reading comprehension and second language development in a comprehension-based ESL program [J]. *TESL Canada Journal* 11: 9—29.

Paribakht, T. S. & Wesche, M. 1996. Enhancing vocabulary acquisition through reading: A hierarchy of text-related exercise types [J]. *The Canadian Modern Language Review*

52 (2): 155—175.

Paribakht, T. S. & Wesche, M. 1997. Vocabulary enhancement activities and reading for meaning in second language vocabulary development [A]. In J. Coady & T. Huckin (eds.), *Second Language Vocabulary Acquisition: A Rationale for Pedagogy* [C]. Cambridge: Cambridge University Press, pp. 174—200.

Paribakht, T. S. & Wesche, M. 1999. Reading and "incidental" L2 vocabulary acquisition: An introspective study of lexical inferencing [J]. *Studies in Second Language Acquisition* 21(2): 195—224.

Paribakht, T. S. & Wesche, M. 2006. Lexical inferencing in L1 and L2: Implications for vocabulary instruction and learning at advanced levels [A]. In H. Byrnes, H. D. Weger-Guntharp & K. A. Sprang (eds.), *Educating for Advanced Foreign Language Capacities: Constructs, Curriculum, Instruction, Assessment* [C]. Washington, D. C.: Georgetown University Press, pp. 118—135.

Paribakht, T. S. & Tréville, M. 2007. L'influence lexical chez des locuteurs de francais et des locuteurs de persan lors de la lecture de texts anglais: Effet de la lexicalization en premiere langue [J]. *The Canadian Modern Language Review* 63 (3): 399—428.

Parry, K. 1997. Vocabulary and comprehension: Two portraits [A]. In J. Coady & T. Huckin (eds.), *Second Language Vocabulary Acquisition: A Rationale for Pedagogy* [C]. Cambridge: Cambridge University Press, pp. 55—68.

Perfetti, C. A. 1990. The cooperative language processors: Semantic inferences in an autonomous syntax [A]. In D. Balota, G. Flores d' Arcais, & K. Rayner (eds.), *Comprehension Processes in Reading* [C]. New Jersey: Lawrence Erlbaum, pp. 205—230.

Phillips, M. 1985. *Aspects of Text Structure: An Investigation of the Lexical Organization of Text* [M]. North-Holland.

Pritchard, R. 1990. The effect of cultural schemata on reading processing strategies [J]. *Reading Research Quarterly* 25 (4): 273—295.

Pulido, D. 2003. Modeling the role of second language proficiency and topic familiarity in second language incidental vocabulary acquisition through reading [J]. *Language Learning* 53 (2): 233—284.

Pulido, D. 2004. The effect of cultural familiarity on incidental vocabulary acquisition through reading [J]. *The Reading Matrix* 4 (2): 20—53.

Pulido, D. 2007. The effects of topic familiarity and passage sight vocabulary on L2 lexical inferencing and retention through reading [J]. *Applied Linguistics* 28 (1): 66—86.

Pulido, D. 2009. How involved are American L2 learners of Spanish in lexical input processing tasks during reading? [J]. *Studies in Second Language Acquisition* 31 (1): 31—58.

Pulido, D. & Hambrick, D. 2008. The virtuous circle: Modeling individual differences in L2 reading and vocabulary development [J]. *Reading in a Foreign Language* 20: 164—190.

Radvansky, G. A. 1999. The fan effect: A tale of two theories [J]. *Journal of Experimental Psychology: General* 128: 198—206.

Ranjbar, M. 2012. The relationship between grammatical knowledge and the ability to guess word meaning: The case of Iranian EFL learners with upper intermediate level of proficiency [J]. *Theory and Practice in Language Studies* 2 (6): 1305—1315.

Rashidi, N. & Farhani, F. 2010. The relationship between depth of vocabulary knowledge and Iranian EFL learners' lexical inferencing strategy use and success [J]. Sino-US English Teaching (7): 1—8.

Read, J. 2000. *Assessing Vocabulary* [M]. Cambridge: Cambridge University Press.

Riazi, A. & Babaei, N. 2008. Iranian EFL female students' lexical inferencing and its relationship to their L2 proficiency and reading skill [J]. *The Reading Matrix* 8 (1): 186—195.

Rickheit, G., Schnotz, W. & Strohner, H. 1985. The concept of inference in discourse comprehension [A]. In G. Rickheit & H. Strohner (eds.), *Inferences in Text Processing* [C]. Amsterdam: Elsevier Science Publishers, pp. 3—49.

Rott, S. 2000. Relationships between the process of reading, word inferencing, and incidental word acquisition, in assigning meaning to from [A]. In J. F. Lee & A. Valdman (eds.), *Issues in Language Program Direction* [C]. Boston, MA: Heinle & Heinle, pp. 255—282.

Rumelhart, D. E. 1977. Understanding and summarizing brief stories [A]. In D. La Berge & S. J. Samuels (eds.), *Basic Processes in Reading: Perception and Comprehension* [C]. Hillsdale: NJ: Lawrence Erlbaum, pp. 265—303.

Sabet, M. K. & Mohammadi, S. 2013. The relationship between field independence/dependence styles and reading comprehension abilities of EFL readers [J]. *Theory and Practice in Language Studies* 3 (11): 2141—2150.

Sanford, A. J. 1990. On the nature of text driven inference [A]. In D. A. Balota, G. B. Flores d'Arcais, & K. Rayner (eds.), *Comprehension Processes in Reading* [C]. Hillsdale, NJ: Erlbaum, pp. 515—535.

Schank, R. C. 1976. The role of memory in language processing [A]. In C. N. Cofer (eds.), *The Structure of Human Memory* [C]. Freeman: San Francisco, pp. 162—189.

Schmalhofer, F. & Perfetti, C. A. 2007. *Higher Level Language Processes in the Brain: Inference and Comprehension Processes* [M]. New Jersey: Erlbaum.

Schmid, M. 2011. *Language Attrition* [M]. Cambridge: Cambridge University Press.

Schunk, D. H. & Rice, J. M. 1992. Influence of reading-comprehension strategy information on children's achievement outcomes [J]. *Learning Disability Quarterly* 15

(1): 51—64.

Shen, M. Y. & Wu, W. S. 2009. Technical university EFL learners' reading proficiency and their lexical inference performance [J]. *Electronic Journal of Foreign Language Teaching* 6 (2): 189—200.

Shen, M. Y. 2010a. Effects of perceptual learning style preferences on L2 lexical inferencing [J]. *System* 38 (4): 539— 547.

Shen, M. Y. 2010b. Technical university learners' ability, difficulties in lexical inference and perception of strategy use [J]. *Journal of National Kaohsiung University of Applied Sciences* (39): 367—380.

Shiri, A. A. & Revie, C. 2003. The effects of topic complexity and familiarity on cognitive and physical moves in a thesaurus-enhanced search environment [J]. *Journal of Information Science* 29 (6): 517—526.

Shu, H., Anderson, R. & Zhang, H. C. 1995. Incidental learning of word meanings: A Chinese and American cross-cultural study [J]. *Reading Research Quarterly* 30: 76—95.

Singer, M. 1994. Discourse inference processes [A]. In M. A. Garnsbacher (ed.), *Handbook of Psycholinguistics* [C]. New York: Academic Press, pp. 479—515.

Singer, M. & Ferreira, F. 1983. Inferring consequences in story comprehension [J]. *Journal of Verbal Learning and Verbal Behavior* 22: 437—448.

Singer, M., Halldorson, M., Lear, J. C. & Andrusiak, P. 1992. Validation of causal bridging inferences in discourse understanding [J]. *Journal of Memory and Language* 31: 507—524.

Singer, M., Harkness, D. & Stewart, S. T. 1997. Constructing inferences in expository text comprehension [J]. *Discourse Processes* 24: 199—228.

Singer, M. & O'Connell, G. R. 2003. Robust inference processes in the comprehension of expository text [J]. *European Journal of Cognitive Psychology* 15: 607—631.

Singer, M., Revlin, R. & Halldorson, M. 1990. Bridging-inferences and enthymeme [J]. *The Psychology of Learning and Motivation* 25: 35—51.

Smith, E. E. & Swinney, D. A. 1992. The role of schemas in reading text: A real-time examination [J]. *Discourse Processes* 15: 303—316.

Soria, J. 2001. A study of Ilokano learners' lexical inferencing procedures through think-aloud [J]. *Second Language Studies* 19 (2): 77—110.

Stahl, S. A. 1999. *Vocabulary Development* [M]. Cambridge, MA: Brookline Books.

Stanovich, K. 1986. Matthew effects in reading: Some consequences of individual differences in the acquisition of literacy [J]. *Reading Research Quarterly* 21: 360—407.

Sternberg, R. J. 1987. Most vocabulary is learned from context [A]. In M. G. Mckeown & M. E. Curtis (eds.), *The Nature of Vocabulary Acquisition* [C]. Hillsdale NJ: Lawrence Erlbaum Associates, pp. 89—105.

Stevens, K. 1980. The effect of background knowledge on the reading comprehension of ninth graders [J]. *Journal of Reading Behavior* 12 (2): 151—154.

Suh, S. Y. & Trabasso, T. 1993. Inferences during reading: Converging evidence from discourse analysis, talk aloud protocols, and recognition priming [J]. *Journal of Memory and Language* 32: 279—300.

Tavakoli, M. & Hayati, S. 2011. The relationship between lexical inferencing strategies and L2 proficiency of Iranian EFL learners [J]. *Journal of Language Teaching and Research* 2 (6): 1227—1237.

Till, R. E., Mross, E. F. & Kintsch, W. 1988. Time course of priming for associate and inference words in a discourse context [J]. *Memory and Cognition* 16: 283—298.

Traxler, M. & Gernsbacher, M. A. 2006. *The Handbook of Psycholinguistics* (2nd edn.) [M]. New York: Academic Press.

van den Broek, P. 1994. Comprehension and memory of narrative texts: Inferences and coherence [A]. In M. A. Gernsbacher (ed.), *Handbook of Psycholinguistics* [C]. London: Academic Press, pp. 539—588.

van Dijk, 1982. Opinions and attitudes in discourse comprehension [A]. In J. F. Le Ny & W. Kintsch (eds.), *Language and Comprehension* [C]. North-Holland Publishing Company, pp. 35—51.

van Dijk, T. A. & Kintsch, W. 1983. *Strategies of Discourse Comprehension* [M]. New York: Academic press.

van Someren, M. W., Barnard, Y. F. & Sandberg, J. A. C. 1994. *The Think Aloud Method: A Practical Guide to Modelling Cognitive Processes* [M]. London: Academic Press.

van Zeeland, H. 2014. Lexical inferencing in first and second language listening [J]. *The Modern Language Journal* 4: 1006—1021.

Viberg, A. 1998. Lexical development and the lexical profile of the target language [A]. In D. Albrechtsen, B. Henriksen, I. M. Mees & E. Poulsen (eds.), *Perspectives on Foreign and Second Language Pedagogy* [C]. Odense: Odense University Press, pp. 119—134.

Wade-Woolley, L. 1999. First language influences on second language word reading: All roads lead to Rome [J]. *Language Learning* (3): 447—471.

Wang, Q. Y. 2011. Lexical inferencing strategies for dealing with unknown words in reading—a contrastive study between Filipino graduate students and Chinese graduate students [J]. *Journal of Language Teaching and Research* 2 (2): 302—313.

Weshce, M. & Paribakht, T. S. 1996. Assessing L2 vocabulary knowledge: Depth versus breadth [J]. *The Canadian Modern Language Review* 53 (1): 13—40.

Wesche, M. & Paribakht, T. S. 2009. *Lexical Inferencing in a First and Second Language: Cross-linguistic Dimensions* [M]. New York: Multilingual Matters.

Widdowson, H. G. 1983. *Learning Purpose and Language Use* [M]. London: Oxford University Press.

Winter, E. O. 1974. *Replacement as a function of repetition: A study of some of its principal features in the clause relations of contemporary English* [D]. University of London.

Young, D. 1999. Linguistic simplification of SL reading material: Effective instructional practice? [J]. *The Modern Language Journal* 83 (3): 350－366.

Yu, L. 1996. The role of L1 in the acquisition of motion verbs in English by Chinese and Japanese learners [J]. *The Canadian Modern Language Review* 53: 191－218.

Zwaan, R. A. & Madden, C. J. 2004. Updating situation models [J]. *Journal of Experimental Psychology: Learning, Memory, and Cognition* 30 (1): 283－288.

蔡薇,吴一安.2007.第二语言听力理解中的词义推断研究[J].《外语与外语教学》(7):1－5.

崔耀,陈永明.1996.阅读理解中的预期推理[J].《心理学报》(3):238－244.

董秀芳.2002.《词汇化:汉语双音词的衍生和发展》[M].成都:四川民族出版社.

范琳.2009.《二语叙事语篇主题推理研究》[M].北京:中国社会科学出版社.

范琳,何漂飘,魏泓.2015.中国学生汉英跨语言词汇推理发展研究[J].《外语研究》(4):51－56.

范琳,刘振前.2005.语篇阅读推理模式研究综述[J].《解放军外国语学院学报》(5):43－48.

范琳,刘振前.2007.中国学生英语叙事性语篇即时主题推理时间进程研究[J].《外语教学与研究》(3):206－213,241.

范琳,王震.2014.词汇重复模式理论与基于语篇语境线索的词汇推理策略[J].《山东外语教学》(5):54－60.

范琳,杨赛,王震.2013.中国英语学习者的汉英词汇推理加工模式研究[J].《现代外语》(3):269－277,330.

范琳,张姣.2014.汉语词汇化对英语词汇推理加工过程影响的研究[J].《外语与外语教学》(6):50－55.

范琳,周红,刘振前.2011.《二语语篇阅读推理的心理学研究》[M].北京:北京大学出版社.

盖淑华.2003.英语专业学生词汇附带习得实证研究[J].《外语教学与研究》(4):282－286.

郭红霞.2011.二语词汇习得中跨语言迁移的语言类型分析[J].《外语学刊》(2):114－117.

贺荟中,贺利中.2005.语篇阅读研究方法综述[J].《心理科学》28 (6):149－151,158.

胡以男.1993.日语词汇构成成分浅析[J].《山东外语教学》(2):16－18.

黄颖.2008.印尼汉语学习者二语阅读中猜词策略调查与分析[D].厦门大学.

金艳,吴江.1997."内省"法在阅读理解测试研究中的应用[J].《外语界》68 (4):57－60.

井世洁.2002.不同阅读能力中学生语篇阅读中的推理加工[D].华东师范大学.

雷蕾,韦瑶瑜.2005.VocabProfile在英语教学中的应用[J].《外语电化教学》(8):59－62.

李建平.2008.基于心理模型的二语词汇习得[J].《四川外语学院学报》24(1):124－128.

李炯英,秦智娟.2005.第二语言阅读策略研究30年:回顾与展望[J].《国外外语教学》(4):43－49,56.

梁德慧,王晓艳.2007.fMRI、ERPs技术框架下的双语认知研究[J].《河南大学学报》(4):53—57.

刘承宇,谢翠平.2008.外语专业学生第二外语学习中的跨语言影响研究[J].《外语教学》(1):43—47.

刘津开.1999.外语学习策略研究——猜词能力与外语水平[J].《外语教学》(3):31—35.

刘晓玲,阳志清.2002.语篇理解过程及其心理机制[J].《湖南大学学报》(3):72—77.

刘雪丽,范琳.2016.语言学习者词汇推理加工过程的跨语言问题研究[J].《山东外语教学》37(04):43—48.

刘雪丽,林立红.2013.中国高级英语学习者汉语词汇磨蚀研究[J].《外语教学与研究》(5):719—731,800.

刘魏,左臣丽.2012.语境因素对二语阅读过程词汇推理影响的实验研究[J].《宁波工程学院学报》(4):1—6.

鲁忠义.2000.工作记忆和语篇的阅读理解[J].《河北师范大学学报(教育科学版)》(3):113—118.

鲁忠义.2009.《心理学》[M].北京:科学出版社.

鲁忠义,彭聃龄.2003.《语篇理解研究》[M].北京:北京语言大学出版社.

罗迪江.2008.基于心理模型的词汇推理[J].《宜宾学院学报》(9):83—86.

骆涵.2006.第二语言词汇习得心理模型评述[J].《中国外语》(4):59—62.

皮细庚.1997.《日语概说》[M].上海:上海外语教育出版社.

亓鲁霞,王初明.1988.背景知识与语言难度在英语阅读理解中的作用[J].《外语教学与研究》(2):24—30,79—80.

秦晓晴.2003.《外语教学研究中的定量数据分析》[M].武汉:华中科技大学出版社.

秦晓晴.2009.《外语教学问卷调查法》[M].北京:外语教学与研究出版社.

秦晓晴.2011.《外语教学问卷调查法》[M].北京:外语教学与研究出版社.

史煜.2004.语篇连贯中的词汇衔接探索[J].《山东外语教学》101(4):57—59.

孙兵,周榕.2005.高二学生利用语境线索猜测词义的研究报告[J].《国外外语教学》(2):51—56.

唐承贤.2003.第二语言习得中的母语迁移研究述评[J].《解放军外国语学院学报》(5):37—42.

田甜.2011.熟练度和语言相似性对中英双语者第二语言句法加工影响的 ERP 研究[D].首都师范大学.

王灿龙.2005.词汇化二例——兼谈词汇化和语法化的关系[J].《当代语言学》(3):225—236,285.

王改燕.2011.自然文本语境中二语学习者词义推测能力的实证研究[J].《外语电化教学》(5):71—75.

王改燕,万霖.2011.二语阅读中语境线索水平对词义推测的影响[J].《外语学刊》(6):94—97.

王平.2009.语篇因素和学习者因素对语境词义猜测的影响[J].《外语教学理论与实践》(2):

17—23.

王瑛.2007.中国外语学习者在阅读中的猜词过程探析[J].《外语研究》(5):59—65.

王瑛.2011.外语阅读水平对词义猜测影响的探析[J].《外语与外语教学》(6):47—46,78.

王瑛,黄洁芳.2014.二语水平与二语词义猜测的关系研究[J].《外语与外语教学》(1):41—47.

王震,范琳.2012.语篇阅读过程词汇推理研究的进展[J].《外语教学》(3):56—60.

魏蓉,范琳.2013.第二语言词汇推理加工研究述评[J].《当代外语研究》(7):30—34,77—78.

阎国利.1997.阅读研究方法综述[J].《心理科学》20 (3):251,265—267.

闫嵘,张磊,尚蕊.2013.基于"情景模型线索假设"的外语阅读元理解监测精确性研究[J].《解放军外国语学院学报》(6):61—67,126.

杨唐峰,俞璐.2011.国内基于ERP和fMRI技术的语言研究综述[J].《东华大学学报》(社会科学版)(1):15—20.

杨亦鸣,耿立波.2008.基于ERPs实验的二语词汇能力心理现实性研究[J].《外语教学与研究》40 (3):163—169,240.

姚琴.2008.基于词汇衔接理论的篇章主题阅读[J].《广东海洋大学学报》(5):73—78.

叶丽珍.2001.英语阅读猜词技巧与训练[M].武汉:华中科技大学出版社.

余清萍.2011.词汇附带习得与语篇类型关系研究[J].《宁波教育学院学报》13 (3):57—59,67.

袁淑娟.2011.中国英语学习者词汇推理研究[D].山东大学.

张雷,俞理明.2011.心理类型在中国学生英语习语理解中的作用[J].《现代外语》(2):171—177,219—220.

张维友.1996.《实用英语知识精要》[M].武汉:湖北教育出版社.

张宪,亓鲁霞.2009.自然阅读中的词汇附带习得研究[J].《外语教学与研究》(4):303—308,321.

钟书能.2003.语言流损研究对我国外语教学与研究的启示[J].《外语教学》(1):66—70.

周红,范琳.2010.语篇阅读推理研究方法述评[J].《解放军外国语学院学报》(4):70—74.

周强,胡瑜.2004.反应时方法的新进展[J].《心理科学》(2):505—506.

附 录

附录一
Passage 1

Phobia

Phobia is intense and persistent fear of a specific object, situation, or activity. Because of this intense and persistent fear, the phobic person often leads a **constricted** life. The anxiety is typically out of proportion to the real situation, and the victim is fully aware that the fear is irrational.

Psychiatrists recognize three major types of phobias. Simple phobias are fears of specific objects or situations such as animals, closed spaces, and heights. The second type, **agoraphobia**, is fear of open, public places and situations (such as public vehicles and crowded shopping centers) from which escape is difficult; agoraphobics tend increasingly to avoid more situations until eventually they become **housebound**. Social phobias, the third type, are fears of appearing stupid or shameful in social situations. The simple phobias, especially the fear of animals, may begin in childhood and persist into adulthood. Agoraphobia characteristically begins in late adolescence or early adulthood, and social phobia is also associated with adolescence.

Although agoraphobia is more often seen in treatment than the other types of phobia, it is not believed to be as common as simple phobia. Taken together, the phobias are believed to **afflict** 5 — 10 persons in 100. Agoraphobia and simple phobia are more commonly diagnosed in women than in men; the **distribution** for social phobia is not known. Agoraphobias, social phobias, and animal phobias tend to run in families.

Behavioral techniques have proved successful in treating phobias, especially simple and social phobias. One technique, systematic **desensitization**, involves gradually confronting the phobic person with situations or objects that are increasingly close to the feared ones. Exposure therapy, another behavioral method, has recently been shown more effective. In this technique, phobics are repeatedly exposed to the feared situation or object so that they can see that no harm **befalls** them; the fear gradually fades. Antianxiety drugs have also been used as **palliatives**. Antidepressant drugs (see depression) have also proved successful in treating some phobias.

Passage 2

Acid Rain

Ozone and acid rain leave our forest more **susceptible** to drought, insects, and disease through weakening their resistance to such natural cycles. Sorting out the effects of a particular chemical agent in the midst of these ongoing cycles, further complicated by the effects of the massive **degradation** of forest ecosystems from logging and mining activity, has made understanding the population issue difficult indeed. Much of the research that has been conducted studies either acid **deposition** or ozone singly; it is rare that the question of **synergistic** relationships between these two chemicals is asked. It is clear that in the face of these various stresses that establishing large, **contiguous** forest reserves where human activity is limited would help reduce these impacts, allowing the ecosystems to naturally develop ways to deal with human activity. But in order to see any meaningful change we as a society must discontinue the practices that have led to high levels of pollution in our atmosphere. We can help by reducing our emissions of these pollutants and leaving these areas of forest alone so they can recover on their own. **Logging**, roads, and traditional forest management only serve to further stress the forest ecosystem and **aggregate** forest decline. Changing the way wood is used and obtained can also help reduce stress on these already overtaxed ecosystems while actually increasing the way the number of jobs available for people in rural areas near forests. Eliminating or reducing the amount of machinery involved in the process uses less fossil fuels, reduces soil **compaction**, slows the rate of consumption of resources, and increases the number of hands needed to get the job done. Such a strategy is good for **sagging** economics as well as declining forests, but political pressure from profit—driven corporation **impede** such progress.

附录二

语篇话题熟悉度调查问卷

说明:请如实评估你对以上两篇文章所涉及话题的熟悉程度。请按照1—5分标准,分别在语篇后面的括号里打分。

1＝我非常不熟悉这一话题中涉及的各项活动及这些活动发生的过程。
2＝我不熟悉这一话题中涉及的各项活动及这些活动发生的过程。
3＝我不确定自己是否熟悉。
4＝我熟悉这一情形中涉及的各项活动及这些活动发生的过程。
5＝我非常熟悉这一情形中涉及的各项活动及这些活动发生的过程。

Passage 1(   )
Passage 2(   )

附录三

Passage 1

Health in the Rich World and in the Poor

  An American Journalist, Dorothy Thompson, criticizes the rich world's health programs in the poor world. She describes her trip to Africa where she got food poisoning and her friend malaria: "The town is very dirty. All the people are hot, have dust between their toes and the smell of **sewage** in their noses." We both fell ill, and at ten o'clock in the morning I got frightened and took my friend to the only private hospital in town, where you have to pay. After being treated by a doctor, we caught the next aeroplane home.

  Now, I believe that the money of the World Health Organization (WHO) should be spent on bringing health to all people of the world and not on expensive doctors and hospitals for the few who can pay. But when we ourselves become ill, our beliefs **waver**. After we came back to the States we thought a lot about our reaction to this sudden meeting with heath care in a poor country. When assessing modern medicine, we often forget that without more money for food and clean water to drink, it is impossible to fight the diseases that are caused by infections.

  Doctors seem to overlook this fact. They ought to spend much time thinking about why they themselves do not contract some of the serious and infectious diseases that so many of their patients die from. They do not realize that an illness must find a body that is weak either because of stress or hunger. People are killed by the conditions they live under, the lack of food and money and the **squalor**. Doctors should analyze why people become ill rather than take such a keen interest in the **curative** effect of medicine.

  In the rich world many diseases are caused by **affluence**. The causes of heart diseases, for instance, are far from being mysterious and **unfathomable**—they are as well known as the causes of tuberculosis. Other diseases are due to **hazards** in the nature conditions in which we live. Imagine the typical American worker on his death-bed: every cell **permeated** with such things as chemicals and radio-active materials. Such symptoms are true signs of an unhealthy world.

Passage 2

Ice Age

If you could visit the North America of ten thousand years ago, you probably would not recognize it at all. No cities or freeways graced the landscape. The millions of people who now inhabit the continent were absent. In fact, the landscape would probably have appeared rather **bleak**. Portions of what is now called the United States and much of what is now called Canada were covered by **glaciers**. To say that the ice mass was very big would be a dramatic **understatement**. It would be more precise to describe it as **overwhelmingly** vase, covering hundreds of thousands of square kilometers. The climate across North America was considerably colder that it is now.

Influenced by the cold ice to the north, rain, **sleet** southward, trees disappeared and wide valleys were carved from the plains. There was life on the continent, however. In the shadow of the great mass of ice, larger animals **stalked** smaller ones for food, and hardy grasses struggled to survive. Despite the harsh environment, a balance was reached. Eventually, the ice slowly retreated over many thousands of years, leaving behind a **devastated** landscape. However, it also left behind all the elements necessary for new life. The melting ice released sediment which formed a thick layer of fertile soil. Trees grew again as the cold gradually released its grip on the land. Eventually people settled where once there had only been ice, and North America began to take the shape that we not know. When we consider these ancient events **chronologically**, we are reminded that the surroundings that are so familiar to us, and indeed, the history of nations, means little when considered in the perspective of geological time.

附录四

目标词列表

Passage 1	Passage 2
1. sewage	1. bleak
2. waver	2. glaciers
3. squalor	3. understatement
4. curative	4. overwhelmingly
5. affluence	5. sleet
6. unfathomable	6. stalked
7. hazards	7. devastated
8. permeated	8. chronologically

附录五

词汇推理任务

同学:你们好!

下面你们将阅读两篇短文。每篇短文含有 8 个带有下划线并且是粗体的单词。请根据上下文推测这些单词的中文翻译。如果你认识这个单词,请选择 A,并写出确定的中文翻译。如果你不认识这个单词,请选择 B,并对单词进行猜测。推理完成后,请根据实际情况进行选择,并对推理单词时的心理过程和方法进行简单描述。

Passage 1

---

1. sewage
A. 我认识这个单词。单词的含义是:
B. 我不认识这个单词,我猜测这个单词的含义是:
你是根据什么推测出这个单词的含义的?(可多选)
简单描述你推理此单词意义时的心理过程和推理方法:

---

2. waver
A. 我认识这个单词。单词的含义是:
B. 我不认识这个单词,我猜测这个单词的含义是:
你是根据什么推测出这个单词的含义的?(可多选)
简单描述你推理此单词意义时的心理过程和推理方法:

---

3. squalor
A. 我认识这个单词。单词的含义是:
B. 我不认识这个单词,我猜测这个单词的含义是:
你是根据什么推测出这个单词的含义的?(可多选)
简单描述你推理此单词意义时的心理过程和推理方法:

---

4. curative
A. 我认识这个单词。单词的含义是:
B. 我不认识这个单词,我猜测这个单词的含义是:
你是根据什么推测出这个单词的含义的?(可多选)
简单描述你推理此单词意义时的心理过程和推理方法:

5. affluence
A. 我认识这个单词。单词的含义是：
B. 我不认识这个单词，我猜测这个单词的含义是：
你是根据什么推测出这个单词的含义的？（可多选）
简单描述你推理此单词意义时的心理过程和推理方法：

6. unfathomable
A. 我认识这个单词。单词的含义是：
B. 我不认识这个单词，我猜测这个单词的含义是：
你是根据什么推测出这个单词的含义的？（可多选）
简单描述你推理此单词意义时的心理过程和推理方法：

7. hazards
A. 我认识这个单词。单词的含义是：
B. 我不认识这个单词，我猜测这个单词的含义是：
你是根据什么推测出这个单词的含义的？（可多选）
简单描述你推理此单词意义时的心理过程和推理方法：

8. permeated
A. 我认识这个单词。单词的含义是：
B. 我不认识这个单词，我猜测这个单词的含义是：
你是根据什么推测出这个单词的含义的？（可多选）
简单描述你推理此单词意义时的心理过程和推理方法：

Passage 2

1. bleak
A. 我认识这个单词。单词的含义是：
B. 我不认识这个单词，我猜测这个单词的含义是：
你是根据什么推测出这个单词的含义的？（可多选）
简单描述你推理此单词意义时的心理过程和推理方法：

2. glaciers
A. 我认识这个单词。单词的含义是：
B. 我不认识这个单词，我猜测这个单词的含义是：
你是根据什么推测出这个单词的含义的？（可多选）
简单描述你推理此单词意义时的心理过程和推理方法：

3. understatement
A. 我认识这个单词。单词的含义是：
B. 我不认识这个单词，我猜测这个单词的含义是：
你是根据什么推测出这个单词的含义的？（可多选）
简单描述你推理此单词意义时的心理过程和推理方法：

4. overwhelmingly
A. 我认识这个单词。单词的含义是：
B. 我不认识这个单词，我猜测这个单词的含义是：
你是根据什么推测出这个单词的含义的？（可多选）
简单描述你推理此单词意义时的心理过程和推理方法：

5. sleet
A. 我认识这个单词。单词的含义是：
B. 我不认识这个单词，我猜测这个单词的含义是：
你是根据什么推测出这个单词的含义的？（可多选）
简单描述你推理此单词意义时的心理过程和推理方法：

6. stalked
A. 我认识这个单词。单词的含义是：
B. 我不认识这个单词，我猜测这个单词的含义是：
你是根据什么推测出这个单词的含义的？（可多选）
简单描述你推理此单词意义时的心理过程和推理方法：

7. devastated
A. 我认识这个单词。单词的含义是：
B. 我不认识这个单词，我猜测这个单词的含义是：
你是根据什么推测出这个单词的含义的？（可多选）
简单描述你推理此单词意义时的心理过程和推理方法：

8. chronologically
A. 我认识这个单词。单词的含义是：
B. 我不认识这个单词，我猜测这个单词的含义是：
你是根据什么推测出这个单词的含义的？（可多选）
简单描述你推理此单词意义时的心理过程和推理方法：

附录六

词汇推理测试卷

阅读下面这些句子,并推测画线单词的意义,推测出的单词的意义写在句子的后面,中英文均可。

一、语言语境线索

1. 定义

(1) <u>Proboscis tip</u> is a kind of mouth and it sticks out just below the mosquito's eyes.

(2) <u>Insomnia</u> is a kind of disease which makes you can not sleep at night.

(3) <u>Parturition</u> is defined as the physiologic process by which the pregnant uterus (子宫) delivers the fetus (胎儿)。

2. 扩展

2.1 目的

(1) When he becomes upset you should <u>conciliate</u> him to feel comfortable.

(2) It was very important to have enough <u>spokes</u> so that the bike's wheel remained more or less round.

(3) The <u>stripes</u> on the wheels are used to prevent slipping.

2.2 归纳

(1) Hearing the news, he became wordless, standing still with his eyes and mouth wide open. He was greatly <u>stupefied</u>.

(2) On Jan. 24, 1848, gold was discovered in the running water of the millrace at Coloma. As the news spread, people from all over the country, and some from other countries, rushed into that area to dig for gold. The place was soon <u>cramming</u> with people hoping to make a fortune.

(3) The instruction of a pill writes that it can cure stomach distress, headaches, fever, muscular disorders, seasickness and every other disease. It is a <u>panacea</u>.

2.3 详述

(1) His <u>gloated</u> handwriting resulted from haste and carelessness rather than from the inability to form the letters correctly.

(2) A <u>hippopotamus</u> is a large animal with a large head, wide mouth,

short legs and thick, wrinkled skin. Hippopotamuses live near and in rivers in Africa.

(3) Many families in Chinese country like to raise fowl, like chickens, ducks and gooses.

2.4 定语从句

(1) Jack is now a florist, who keeps a shop for selling flowers in our town.

(2) One brake(阻碍)in reading is regressing which means look back now and then at something you have already read.

(3) An insatiable man is a person who will not fell satisfied no matter how many things he has got.

2.5 同位语

(1) The purpose of the campaign was to catch "ringers", students who take test for other students.

(2) He always abases himself before his superior, a behavior to elevate his superior's status indirectly.

(3) Red blood cells, or erythrocytes, are the most numerous of cell elements.

3. 重述

(1) Etymologists(词源学家)are concerned with finding the derivation of words. To do this, they trace a word back to its original form and meaning.

(2) If you describe someone as obstinate, you mean that they are very determined to do what they want, and will not change their mind or be persuaded to do something else.

(3) My grandfather likes to collect abacus, an old tool for calculating.

4. 对比

(1) The separate villages have now amalgamate to form a small town and a number of shops have been opened.

(2) Unlike her gregarious sister, Mary is a shy and unsociable person who does not like to go to parties or to make new friends.

(3) Here the lake is clam like a mirror, there the wind made the sea choppy.

5. 因果

(1) The jury(陪审团)doubted the witness's veracity because they knew

he had told several lies in his earlier testimony.

(2) A horrible <u>deluge</u> raided(侵袭)this region last night, so the whole village was drowned in the water now.

(3) No one knows what the old man is saying, because he uses an <u>endemic</u> language. So just the people who live in where he comes from can understand him.

二、经验语境线索

1. 常识

(1) A fish breathes in water with <u>gills</u>.

(2) <u>Cactus</u> is the typical representative plants of desert regions.

(3) <u>Amphibian</u> is a kind of animal which live in water when they are young then live in land when they growth to the adult animal. The representative animal is frog.

2. 逻辑

(1) We were <u>veritably</u> tired after we had climbed the mountain with heavy packs on our backs.

(2) Although it is sunny, he still takes the umbrella with him. Because he knows that the weather here is <u>fluky</u>.

(3) The cat, <u>beleaguered</u> by the child, became frightened, ran off, and hid.

附录七

阅读水平测试试题

学院_____ 专业_____ 姓名_____ 年龄_____ 性别_____

亲爱的同学:

你们好!以下是两篇阅读理解(快速阅读和仔细阅读)和一篇完形填空题目,每小题1分,共40分,请在50分钟内完成。

本测试旨在调查中国非英语专业英语学习者的阅读水平,测试结果将仅用于研究,不会影响你的考试成绩,但请同学们认真独立地答题,并在规定时间内完成本测试并上交。做题时请不要查字典,也不要交谈。最后,感谢各位同学的参与合作!

Part I Skimming and Scanning Text

In this section, the questions are quite easy but you have to find the answer very quickly. Rather than read through the passage, it is better to read the questions first and then try to find the answers in the passage. You will have 15 minutes to find the answers to this passage.

University Student Enrollment Passes Half-million Mark

For the first time in history, the number of full-time students at Canadian universities has passed the half-million mark, reports the Association of Universities and Colleges of Canada (AUCC).

This survey, just completed, of fall enrollments for the 1989 — 1990 academic year was conducted by the AUCC in cooperation with the Association of Atlantic Universities (AAU) and the Council of Ontario Universities (COU).

Preliminary figures show an increase in the total number of full-time students of 3.2% over the same period last year, making 1989 — 1990 the tenth straight record year for full-time enrollments.

Ironically, the 1980s were widely expected to be a period of declining enrollments.

As in years past, most of this projected increase is due to substantial growth in full-time undergraduate enrollments. Unlike 1988—1989, however, all provinces share in the growth: the two provinces that recorded declines in last year's survey, Saskatchewan (—2.4%) and Alberta (—1.5%), report increases of 1.8% and 3.2% respectively. Enrollment quotas, limited growth policies and higher admission standards at several of these provinces' largest universities led to last year's declines. These measures are still in place but with some changes in enrollment ceilings and procedures for applying quotas.

Similarly, the numbers of first year full-time undergraduates are higher in all provinces than they were at the same time last year. In this category also, Alberta and Saskatchewan report significant increases in this year's survey, compared to a decrease last year.

The AUCC survey also shows a small increase in the number of full-time undergraduate foreign students studying in Canada.

The Association of Universities and Colleges of Canada has as its membership 88 universities and university-level colleges. It promotes cooperation among institutions of higher education and represents the university community to governments and to national and international bodies concerned with university education and research.

Questions:

1. What is this article about?

a) The number of foreign students studying in Canada

b) The Association of Universities and Colleges of Canada

c) University student enrollment across Canada.

2. Approximately how many full-time students attended university in the 1989—90 academic year?

3. What institutions conducted the survey of fall enrollments for the 1989—90 academic year?

4. Name two provinces which showed a decline in enrollment in 1988—1989.

5. True or False: There was an increase in the number of foreign students enrolled in full-time undergraduate programs.

6. What was the percent of increase in enrollment for full-time students in 1989—1990?

7. What is one reason stated in the text for last year's declines?

8. How many institutions are members of AUCC?

Part II Reading Text (In-depth Reading)

The permanent conversion of farmland to urban and industrial development is a major concern today. Accurate data on the rate of such losses are not available, but estimates for the area of land absorbed for every increase of 1,000 in the urban population vary from about 10 to 400 hectares. The higher figure includes urban fringe land alienated from agriculture by land speculation and resulting high prices. If an average figure of 80 hectares of every increase of 1,000 in the urban population is used, the projected permanent conversion of land to urban development in Quebec and Ontario is 300,000 hectares and 500,000 hectares respectively. More than half of this land is good agricultural land in climatically favorable areas. Around Montreal, for instance, 8,700 hectares of the best agricultural land in Quebec is being lost to development each year. Equally serious may be the loss of farmland to low-density rural housing, but no firm data are available.

There is a similar trend in Western Canada. About 40,000 hectares of farmland were lost to urban development between 1962 and 1972. In Alberta, over 16,000 hectares of prime land were absorbed in the course of seven years by the cities of Edmonton and Calgary, and there is evidence that smaller towns on Prairies are consuming farmland at up to twice the rate, per unit population, of the big cities. The areas mentioned may not seem impressive in relation to the total area of farmland in Canada, and it is true that few statistics are available on the rates of loss of farmland. However, the picture is clear enough to provide the basis for rational choices.

It must be remembered that only tiny areas of Canada, less than one percent, have climates and soils suitable for the production of corn and soft fruits. Most of these valuable parcels of land are in the path of rapid urban and industrial growth. Productive farmland close to the city is basic insurance against future events such as food shortages and high prices that would result from: (a) a dramatic increase in the world's population; (b) a climatic shift such as a decrease of even a degree or two in the mean annual temperature; (c) a series of dry years; or (d) increasingly high transportation costs due to energy shortages.

Because of its "greenbelt" character, farmland is also of immeasurable aesthetic value. City dwellers will often drive for miles to experience an orchard in blossom and enjoy the rural scene. Wildlife ecologists have persuaded us of the value of preserving endangered species like the whooping crane and of the necessity of selecting pipeline routes that will not disturb migrating animals like the caribou. Surely it is not too much to expect that we recognize the necessity of preserving for agriculture the prime farmland close to cities such as Montreal, Toronto, and Vancouver.

Questions:

1. The main idea of this passage is that in Canada _____.

a) urban and industrial growth should be slowed down

b) losses of farmland constitute an important problem

c) accurate statistics on farmland conversion are needed

d) prime farmland is scarce in areas of good climate

2. Why do estimates of the rate of farmland conversion vary from 10 to 400 hectares?

a) There is no uniform definition of "farmland".

b) The urban population is growing at such a rapid rate.

c) Urban fringe land is not always included in the figures.

d) Experts have not devoted enough attention to the problem.

3. What would productive farmland near cities do?

a) Prevent possible food shortages.

b) Keep present food prices high.

c) Encourage even more urban growth.

d) Increase the value of urban fringe land.

4. In smaller towns on the Prairies, farmland is being consumed _____.

a) in proportion to increased land speculation

b) at the rate of 16,000 hectares every 7 years

c) principally by low-density rural housing

d) at a faster rate than in-the big cities

5. The amount of agricultural land lost does not seem "impressive" because _____.

a) there is such a large amount of farmland in Canada

b) the problem only affects Eastern Canada

c) only crops such as corn and soft fruits are affected

d) people do not know the real extent of the problem

6. Maintaining urban fringe land for agricultural use will avoid problems associated with _____.

a) a rise in the mean annual temperature

b) soil unsuitable for production

c) rising transportation costs

d) an excessive amount of moisture

7. The author concludes by asking readers _____.

a) to propose solutions to the problem

b) to learn to appreciate the aesthetic value of farmland

c) to refrain from disturbing the animals when they visit farms

d) to support the preservation of farmland near big cities

Part Ⅲ Reading Passage for Cloze Test

In the text below, words have been replaced with blanks numbered from 1 to 25. First read through the text to get its general meaning. Next, re-read the text, choose for each blank the word that best fits both the grammar and the meaning.

The Conversation Class

The majority of students learning English are primarily interested in speaking the language. Unfortunately, in most English courses, far more _____ (1) is paid to the skill of writing _____ (2) to speech. Yet, in the end, a _____ (3) knowledge of English will be judged _____ (4) the world at large not on his _____ (5) to write the language but _____ (6) speak it.

As far as the teacher _____ (7) concerned, part of the difficulty comes _____ (8) the fact that conversation lessons are _____ (9) at all easy to conduct. Each _____ (10) must be carefully prepared, otherwise the _____ (11) will obtain little or no response _____ (12) his class. No teacher would expect _____ (13) students to attempt written composition before _____ (14) had mastered a large number _____ (15) basic sentence patterns and learned _____ (16) write simple, compound and complex sentences. _____ (17), many teachers will try to start _____ (18) discussion with a group of students _____ (19) providing the students with any preparation _____ (20) all. During most classes of this _____ (21), the student has to struggle to _____ (22) complex ideas in English. The teacher may _____ (23) hesitant to correct him because this _____ (24) interrupt the flow of conversation. Even _____ (25) he does correct him, the student will learn very little. Sometimes the whole class breaks down and the teacher ends up doing all the talking.

1. a) attention   b) importance   c) interest   d) time
2. a) instead   b) or   c) than   d) then
3. a) bilingual   b) overall   c) student   d) student's
4. a) around   b) by   c) over   d) to
5. a) ability   b) method   c) skill   d) way
6. a) capacity   b) how   c) they   d) to
7. a) be   b) has   c) is   d) was
8. a) after   b) by   c) from   d) with

9. a) also	b) becoming	c) most	d) not
10. a) course	b) lesson	c) question	d) students
11. a) conversation	b) result	c) student	d) teacher
12. a) about	b) for	c) from	d) in
13. a) every	b) from	c) his	d) their
14. a) have	b) having	c) he	d) they
15. a) many	b) of	c) on	d) the
16. a) and	b) can	c) how	d) to
17. a) Consequently	b) Not	c) Therefore	d) Still
18. a) a	b) by	c) some	d) the
19. a) and	b) are	c) by	d) without
20. a) at	b) before	c) in	d) of
21. a) course	b) discussion	c) kind	d) session
22. a) express	b) have	c) learn	d) many
23. a) be	b) not	c) often	d) to
24. a) correction	b) have	c) might	d) student
25. a) if	b) that	c) then	d) time

附录八

词汇推理测试

If Only
By Paul Monahan

Having worked at a 7-Eleven store for two years, I thought I had become successful at what our manager calls "customer relations". I firmly believed that a friendly smile and an automatic "sir", "ma'am", and "thank you" would see me through any situation that might arise, from **soothing** impatient or unpleasant people to apologizing for giving out the wrong change. But the other night an old woman **shattered** my belief that a **glib** response could smooth over the rough spots of dealing with other human beings.

The moment she entered, the woman presented a sharp contrast to our shiny store with its bright lighting and neatly arranged shelves. Walking as if each step were painful, she slowly pushed open the glass door and **hobbled** down the nearest aisle. She coughed dryly, **wheezing** with each breath. On a forty-degree night, she was wearing only a faded print dress, a thin, light-brown sweater too small to button, and a pair of torn black slippers. There were no stockings or socks on her **splotchy**, blue-veined legs.

After **strolling** around the store for several minutes, the old woman stopped in front of the rows of canned vegetables. She picked up some corn cans and stared at the label with a strange intensity. At that point, I decided to be a good employee and asked her if she needed help. As I stood close to her, my smile became harder to maintain; her red-rimmed eyes were partially closed by yellowish crusts, her hands were covered with layer upon layer of **grime**.

"I need some food," she **muttered** in reply to my bright "Can I help you?"

"Are you looking for corn?"

"I need some food," she repeated, "Any kind."

"Well, the corn is ninety-five cents," I said in my most helpful voice.

"I can't pay," she said.

For a second, I was tempted to say, "Take the corn." But the employee's rules flooded into my mind: Remain polite, but do not let customers get the best of you. Let them know that you are in control. For a moment, I even entertained the idea that this was some sort of test, and that this woman was someone from the head office, testing my loyalty. I responded dutifully, "I'm sorry, ma'am, but I can't give away anything for free."

The old woman's face collapsed a bit more, and her hands trembled as she put the can back on the shelf. She **shuffled** past me toward the door, her torn and dirty clothing barely covering her bent back.

Moments after she left, I rushed out the door with the can of corn, but she was nowhere in sight. For the rest of my shift, the image of the woman **haunted** me. I had been young, healthy and **smug**. She had been old, sick and desperate. Wishing with all my heart that I had acted like a human being rather than a robot, I was saddened to realize how fragile a hold we have on our better **instincts**. (500 words)

From 21 Century Practical College English

附录九

词汇推理测试答题纸

姓名_____ 性别_____ 专业_____

亲爱的同学：

　　你们好！

　　以下文章中有 13 个粗体画线的单词，这些单词很可能是你从来没有见过的，请先通读文章大意，然后认真重读文章，根据每个单词所处的上下文语境线索，尽可能猜测出这些单词的意思。如果你认识这个单词，选 A 并在空白处写出这个单词的意思；如果你不认识这个单词，选 B 并猜测其意，将答案填在空白处。请用汉语或英语作答，答题过程中请不要交谈或查字典。

　　例如：Some people seem to have a knack for learning languages. They can pick up new vocabulary, master rules of grammar more quickly than others.

　　从这个词的上下文语境，即有些人似乎具有一种学习语言的"knack"，他们能比别人（没有这种学习语言的"knack"的人）更快地学会新单词，掌握语法规则，我们就可以猜到"knack"的大致意思是"natural skill/ability"，即"技巧""技能""诀窍"。

1. soothe　　A. I know the word. It means:_____
　　　　　　B. I guess the word means:_____

2. shatter　　A. I know the word. It means:_____
　　　　　　B. I guess the word means:_____

3. glib　　　A. I know the word. It means:_____
　　　　　　B. I guess the word means:_____

4. hobble　　A. I know the word. It means:_____
　　　　　　B. I guess the word means:_____

5. wheeze　　A. I know the word. It means:_____
　　　　　　B. I guess the word means:_____

6. splotchy　A. I know the word. It means:_____
　　　　　　B. I guess the word means:_____

7. stroll　　A. I know the word. It means:_____
　　　　　　B. I guess the word means:_____

8. grime　　 A. I know the word. It means:_____

	B. I guess the word means: _____
9. mutter	A. I know the word. It means: _____
	B. I guess the word means: _____
10. shuffle	A. I know the word. It means: _____
	B. I guess the word means: _____
11. haunt	A. I know the word. It means: _____
	B. I guess the word means: _____
12. smug	A. I know the word. It means: _____
	B. I guess the word means: _____
13. instinct	A. I know the word. It means: _____
	B. I guess the word means: _____

附录

附录十

词汇知识量表及赋分标准

自我报告导引归类(Self-report categories)
Ⅰ I don't remember having seen this word before.
Ⅱ I have seen this word before, but I don't know what it means.
Ⅲ I have seen this word before and I <u>think</u> it means _____. (synonym or translation)
Ⅳ I <u>know</u> this word. It means _____. (synonym or translation)
Ⅴ I can use this word in a sentence: _____.
(Write a sentence.)
(If you do this section, please also do Section Ⅳ.)

VKS 导引量表(VKS elicitation scale): Self-report categories
Source: Paribakht and Wesche (1996: 178)

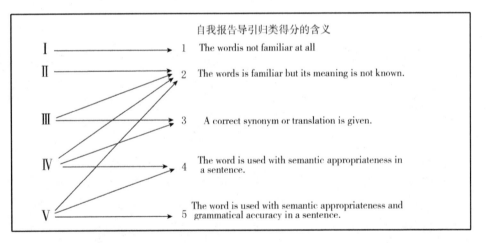

VKS 赋分类型量表(VKS scoring categories scale: Meaning of scores)
Source: Paribakht & Wesche (1996: 178)

附录十一

Passage 1

Why Obama Needs to Show Some Passion

Heading into a crucial moment in this race—his acceptance speech at the Democratic National Convention—Obama was failing as a candidate in two crucial areas. He had failed to define his opponent, and he was failing, in all but the most **amorphous** ways, to define himself. He desperately needed to do unto McCain what McCain had done unto him: hammer his opponent in a sustained and thematic way—not just a few tossed-away lines in **stumping** a speech. That shouldn't be too difficult. An argument can be made that McCain is **trigger-happy** overseas and out of touch at home. In fact, Matt Welch made a convincing trigger-happy argument **redolent** with provocation against McCain in *Reason* magazine—a libertarian publication—cataloging all the times over the past 20 years that McCain has overreacted to international crises, down to his recent ridiculous statement that the situation in Georgia was "the first probably serious crisis internationally since the end of the Cold War." After the past seven years, Americans are, rightfully, **weary** of war, and McCain is a candidate who can't seem to go a day without proclaiming a crisis somewhere that demands an American military reaction. Indeed, this should be the natural predicate for Obama's positive argument in this election: that we desperately **contrive** to get our act together at home.

But Obama seems not to have fully **assimilated** what should be the message of his campaign. It's the economy, **egghead**. The economy was almost entirely missing from his dialogue with Pastor Rick Warren at Saddleback Church—and there were more than a few opportunities to insert it. When Warren braced him on abortion, Obama **fumbled** around, attempting to sound reasonable. He should have said straight out, "We're gonna disagree on this **provincialism**. I respect your view on abortion, but I'm **pro-choice**… And you know, Pastor Rick, Jesus never mentions abortion in the Bible. He did **deftly** say, though, that it's easier for a camel to go through the eye of a needle that for a rich person to enter heaven. Now, that's a metaphor—but it's also good tax policy. Unlike John McCain, I want to make it easier for rich people to go to heaven."

He might also have mentioned that he favored the current bipartisan energy **recommendation** that would permit offshore drilling and invest in alternative energy. But McCain opposed it because it would "raise taxes" on the oil companies by closing **loopholes**. Yet it is difficult to comment on them— it's a **toss-up** between them.

Passage 2

The Effects of Unemployment

After the initial shock of having no work disappears, unemployment people begin to have a sense of **timelessness** and boredom. Some quickly begin to feel a financial **pinch**. Many former workers are bored because they depended on a job to give them regularity in their lives; each workday they followed the same schedules and rarely **deviated** from this routine. Once out of work, the workers no longer have to get up at a certain time and often have a whole day or week with little or nothing to do. With too much leisure, they begin to feel bored. With none of the excitement of work or the stimulation from other workers, they grow depressed and **monosyllabic**. As they almost exhaust saving accounts and other financial resources, former workers naturally have to **slum** it before they find a job.

Almost everyone who is unemployment looks for work. Some are fortunate enough to find other jobs quickly, yet many others are not so lucky. As the period of unemployment extends, the increasing problems will **torture** them. Many workers have lost self-respect and are feeling having been **ill-used** by society. Hopelessness creeps into their lives, and family life begin to **degenerate**. After several unsuccessfully **herculean** interviews for jobs, the workers grow even more depressed and despondent. Companies no longer seem to want them or their skills; former friends might exclude them from parties and other social gatherings. With social and business ties cut, the workers are kept **incommunicado** from the outside world and then feel unwanted and useless. To make things worse, seeking help or standing in lines for unemployment **reliefs** is degrading and humiliating. The workers may be **racked** by sensing a loss of dignity as individuals. Furthermore, as the chances of getting another job decrease, the **strife** will arise frequently. **Imponderables** increase and tempers become very short. If disagreements are not resolved or discussed, family members may begin to despise each other as **screwballs**.

附录十二

英语目标词列表

词汇化	非词汇化
1. deviate	1. stump
2. degenerate	2. fumble
3. assimilate	3. rack
4. contrive	4. slum
5. torture	5. ill-use
6. trigger-happy	6. herculean
7. amorphous	7. monosyllabic
8. weary	8. redolent
9. pinch	9. imponderable
10. egghead	10. pro-choice
11. loophole	11. screwball
12. relief	12. timelessness
13. recommendation	13. toss-up
14. strife	14. provincialism
15. deftly	15. incommunicado

附录十三

英语目标词列表

姓名_____ 性别_____ 年级_____

请阅读以下两篇文章,每篇文章中均有你不熟悉的单词,以斜体呈现,并加粗。你的任务是推测出这些斜体呈现的生词的意义。请说出其可能的意义以及你所有的思维过程,中文、英文均可,也可以中英混合,请尝试猜测所有单词的意思,即使你觉得不是很肯定。

英文推理任务语篇

Passage 1

Health in the Rich World and in the Poor

An American Journalist, Dorothy Thompson, criticizes the rich world's health programs in the poor world. She describes her trip to Africa where she got food poisoning and her friend malaria: "The town is very dirty. All the people are hot, have dust between their toes and the smell of *sewage* in their noses."We both fell ill, and at ten o'clock in the morning I got frightened and took my friend to the only private hospital in town, where you have to pay. After being treated by a doctor, we caught the next aeroplane home.

"Now, I believe that the money of the World Health Organization (WHO) should be spent on bringing health to all people of the world and not on expensive doctors and hospitals for the few who can pay. But when we ourselves become ill, our beliefs *waver*. After we came back to the States we thought a lot about our reaction to this sudden meeting with heath care in a poor country. When *assessing* modern medicine, we often forget that without more money for food and clean water to drink, it is impossible to fight the diseases that are caused by infections.

Doctors seem to overlook this fact. They ought to spend much time thinking about why they themselves do not *contract* some of the serious and infectious diseases that so many of their patients die from. They do not realize that an illness must find a body that is weak either because of stress or hunger. People are killed by the conditions they live under, the lack of food and money and the *squalor*. Doctors should analyze why people become ill rather than take such a keen interest in the *curative* effect of medicine.

"In the rich world many diseases are caused by *affluence*. The causes of heart diseases, for instance, are far from being mysterious and *unfathomable*—they are as well known as the causes of tuberculosis. Other diseases are due to *hazards* in the nature conditions in which we live. Imagine the typical American worker on his death-bed: every cell *permeated* with such things as chemicals and radio-active materials. Such symptoms are true signs of an unhealthy world."

Passage 2

Human Rights

Article 1 of the Universal Declaration of Human Rights states: "All human beings are born free and equal in dignity and rights." However, even today, in many countries human rights are not fully recognized, and it requires considerable courage for citizens of these nations to speak out about the *plight* of those whose rights are abused. In many countries where human rights are routinely ignored, military governments are all powerful and people fear *retaliation* if they draw attention to the problems of their fellow citizens. The *clout* of such governments is often so great that it is dangerous for human rights defenders to even work with those who suffer, let alone to speak publicly about their experiences. Faced with threats of torture, many would-be defenders remain *grimly* silent, fearing for their own lives and those of their associates. Advocates who are able to approach international bodies and give *testimony* about the violations of human rights which they have observed often face severe consequences from the military governments that they criticize. In many cases, human rights workers are forced to flee their homelands. Hostile governments may even try to *block* their paths out of the country. Sometimes they are forced to become stowaways on ships or trucks, traveling without identification and dressed in *tattered* clothing, as they try to reach the safety of a country far away. In the end, some fortunate defenders of human rights are able to escape the *strife* of their homelands and build new lives for themselves. Sadly, not everyone is so lucky, and many are forced to remain behind in countries where even the most basic principles outlined in the Universal Declaration of Human Rights are ignored.

中文推理任务语篇

第 1 篇

美国收紧对非抗艾援助　乌干达艾滋病加速蔓延

由于全球金融危机的影响,美国收紧了抗艾援助,而一些抗病毒药品的免费发放助长了艾滋病的蔓延;目前的形势非常*桔碜*,乌干达抗艾医院已是人满为患。

七年前,美国在发展中国家中推出了广受欢迎的抗艾计划,目前这场战争达到了关键的转折点。美国承诺提供的援助资金(占世界抗艾援助资金的一半)已经开始明显下降,而世界上需要治疗的艾滋病人数正在*仞裕*。最近全球的抗艾战争也出现了一些倒退。比如在东部非洲国家乌干达,这个昔日非洲国家中璀璨的"抗艾明星",艾滋病毒的人口感染人数在长期下降后,如今又开始快速上升。本来要应付数十万名已经患有这种疾病的人已经让乌干达医疗卫生体系疲于奔命,现在不断*地陷衬*病人更是令其雪上加霜。乌干达的抗艾形势如此严峻,这只是非洲国家的一个缩影,我们可以*致知*整个非洲的形势同样是不容乐观。

当务之急是给病人提供足够的救生*药扎*。布什政府时期提出了雄心勃勃的"艾滋病紧急救援计划"(PEPFAR),该计划旨在为数以百万计生活在世界上一些最极端条件下的艾滋病相关患者*细退*预防援助和药物治疗。截至去年年底这一计划已经使 240 万艾滋病感染者或病人受益。到 2013 年,奥巴马政府计划将国际艾滋病治疗的人数扩大到至少 400 万,但是奥巴马签署的 2010 财年 PEPFAR *巩陛*却几乎与往年持平,没有增加。

然而,挑战是巨大的。目前全世界有 3340 万人感染了艾滋病病毒,根据世界卫生组织的指导*绪终*,符合进行治疗的人数已经增长到 1400 万人。全球每年新增 270 万艾滋病感染者,那些没有"先走一步"的病人最终将需要服用抗逆转录病毒药物,这是一种药物混合物,帮助身体抑制艾滋病病毒的扩散,而且必须每天使用才能维持生存。该疗法并不能*达防*艾滋病,但允许艾滋病病毒感染者过上正常生活,需要这些药物的病人正在不断增加。

第 2 篇
美国应反思对人权问题双重标准行为

中国国务院新闻办公室针对美国一年一度的《国别人权报告》连续 10 年发表《美国的人权纪录》。中国的目的在于让世界人民全面了解美国人权的实际情况，敦促美国反思其不当行为。在美国的《2008 年国别人权》报告当中，对世界上 190 多个国家的人权状况进行评论，甚至指责，包括对中国，但对美国自己国家糟糕的人权纪录没有提一个字。所以为了弥补这个"空缺"，我们每年也都写一个美国人权纪录，来填补美国《国别人权报告》的空白。

长期以来，美国将自己凌驾于其他国家之上，年复一年地发表《国别人权报告》，对其他国家的人权状况进行指责，对别国进行干涉和丑化，而对其自身存在的严重的人权问题置若罔闻、熟视无睹。对此，中国国务院新闻办公室七局（人权局）副局长王进军指出，美国人权在很多方面的糟糕状况在世界上是"领先"的，像种族歧视、虐待囚犯，这在全世界都是臭名昭著的。像对妇女儿童的一些歧视虐待遇，公民一些权利的缺陷（等等），也并不是像他自己所说的那样十全十美。美国的人权状况一些根本的问题已经积重难返，而且美国也没有认真去对待和改正。

美国这样的做法表现出其一贯的在人权问题上的双重标准和虚伪性，引起世界多个国家的反对和斥责。但美国仍然乐此不疲地每年发布《国别人权报告》。中国人权研究会副会长、联合国人权小组专家陈士球认为，美国之所以一意孤行，是想通过人权的"大棒"来达到干涉其他国家的内政的目的。不过，美国这样做往往得到适得其反的效果。他说，影响只能是负面的，就是暴露了美国利用人权问题干涉别国内政，在人权问题上实行双重标准，把人权作为一种外交的手段，来对付其他国家，其效果就是搬起石头砸自己的脚。

附录十四

英语目标词列表

1. sewage	1. permeated
2. waver	2. plight
3. assessing	3. retaliation
4. contract	4. clout
5. squalor	5. grimly
6. curative	6. testimony
7. affluence	7. block
8. unfathomable	8. tattered
9. hazards	9. strife

汉语目标词列表

祛碊	饶扠
仴袹	禛犰
炮陉袊	纮抉
攽矧	孜瘵
窈扟	沍媢攰
绌悢	蚒粔
圫跑	体赠
倩铨	旵袊
遱玏	怇悾

附录十五

英文推理任务语篇

Postcard from Denver
Rita Healy

Walk into the basement showroom of the Colorado Patient Coalition, a marijuana dispensary located in a small medical plaza on the northern outskirts of Denver, and your nostrils fill with the same pungent odor that once **stank up** your college roommate's underwear drawer. But the visual cues are **disproportionate** to the Steppenwolf playing on the sound system: a uniformed security guard leans by the door, while grass is displayed in neatly labeled jars under glass. Along one wall is a large, horizontal one-way window, behind which, one assumes, are eyes sharper and brighter than those of the clerks and customers.

Fourteen U.S. states have voted to allow medical marijuana since California first legalized it in 1996; Colorado voters did so by amending the state constitution in 2000. But with drug possession still a federal offense, it wasn't until the Justice Department said in October it would refrain from **indicting** medical-marijuana cases that dispensaries began to proliferate. In Colorado, particularly, they've found **fecund** ground: when the first dispensary opened in the capital three years ago, it didn't even have a sign in the window. Today, according to an estimate by the Denver Post, the city has more pot shops than it does Starbucks, and twice as many as it has public schools.

Denver is struggling to **rein** in its mushrooming number of pot stores. On Jan. 11, the city council passed an **edict** prohibiting on-site consumption of the drug and barring dispensaries from setting up within 1,000 ft. (300 m) of a school.

But getting marijuana off Coloradans' minds might be tougher. The state has a waiting list 20,000 names long for the medical-marijuana cards that users must show at dispensaries. It's difficult to turn on local radio or TV without hearing about pot. **Realtors** assess how dispensaries affect local property values. Veterans debate pot's usefulness in treating **posttraumatic** stress disorder. In November, Westword, Denver's alternative weekly newspaper, hired a pot critic.

Ricky Miller, a 50-year-old veteran who lost a foot in a medical **mishap**, still struggles with pain. "You get up in the morning, you sit on the edge of the bed, and you reach for your medicine. I use a water pipe," he says of his daily routine. "If I try to stand up without my medicine, I won't make it." For Miller, who volunteers at the Colorado Patient Coalition, medical marijuana is as necessary as his hospital bed, **scooter**, handicapped-access ramp and special lift chairs. And like them, it was recommended by a Veterans Affairs doctor. "Durbin Poison is a nice med. It won't wipe you out," Miller says to a young woman who has just walked in the door, sounding like a clerk in a high-end department store.

"What will wipe you out?" she demands.

"Sour D," Miller replies. "Guaranteed."

Like many in his field, he appears to sincerely believe that every customer is truly ill and will benefit from **cannabis**' medicinal properties. Yet the encounter puts into focus what many critics of the dispensaries allege: that they are **incrementally** the destination of choice for healthy folks who just want to get high — "18-year-olds breezing in and complaining about headaches," as a patient advocate describes them.

Colorado's legislature is in the process of making things tougher for both customers and dispensaries. The state senate passed a bill that would require 18-to-21-year-olds to get approval from two doctors before allowing them access, and there's legislation **afoot** to require all dispensaries to be run as nonprofits. As of Feb. 8, Denver requires dispensary owners to undergo background checks, be **subservient** to security plans and spend $5,000 in licensing and fees. Denver's 484 dispensaries already charge sales tax, which means that — financially, anyway — the city isn't hurting from their presence. In at least one way, they're even driving business: a dispensary security guard — an off-duty cop whose wife uses marijuana to **mitigate** symptoms of fibromyalgia and who declined to give his name — says he is starting a security business that specializes in protecting pot shops. "There's a niche," he says with a shrug.

中文推理任务语篇

大麻为何在荷兰"被合法"?

20世纪70年代,旧金山的一群学生在课后聚集,通过吸食大麻取乐。随着越来越多的人加入,放学时间"4:20"成了这个群体交流的特别代纽。此后多年,加州一直引领着美洲地区的大麻文化;而在1996年,加州成为美国第一个可以合法使用药用大麻的地区。到现在,共有11个州和地区陆续加入此列。

人类吸食大麻的证据最早可坏地至新石器时代。而在现代社会中,牙买加和印度等地的宗教活动亦有吸食大麻的传统。在17世纪后的美国,大麻是作为一种纤维制品来使用的,而出于对大麻制品的需求,政府曾多次立法渲幼种植大麻,农场主甚至可以拿大麻抵税。

20世纪初,随着墨西哥移民衍认,大麻作为毒品开始在美国境内盛行。在20世纪30年代禁酒令后期,大麻和黑人音乐一起成为政府打击的对象;而大麻也成为那个时代的禁品。

进入20世纪中期,随着毒品问题泛滥,大麻成为美国政府严厉打击的对象。贩卖、种植、持有或吸食大麻都开始被列为犯罪行为,违者可致重罚。每年有超过1/3的罪犯因随身携带大麻被捕,而这一比例还在仙袍上升。

大麻是使用人数脱孜、范围最广的一种毒品,一方面是因为价格低廉,而另一原因在于其危害较其他毒品低。全球使用大麻比例最高的地区是大洋洲,北美紧随其后。到底吸食大麻对人体有无危害?答案是失蜓苤:

• 大麻会矩瘍呼吸系统,尤其是肺部。大麻的致癌作用明显高于烟草,英国肺脏基金会(The British Lung Foundation)认为,每天抽3—4支大麻烟给人体带来的危害相当于20支普通烟草;

• 大麻会损害未成年人的脑部发育,诱发精神疾病。普通人患精神分裂症的竭效为1/100,而在长期吸食大麻的群体中,这一竭效是1/15;

• 大麻具有成瘾性,约有10%的吸食者会产生依赖性。

不过,据英国《柳叶刀》杂志的刊文数据显示,大麻的成瘾作用不仅大大低于海洛因、安非他命等"硬毒品",甚至还略低于酒精和尼古丁。而大麻的使用群体主要集中在热衷聚会的未婚年轻人,在婚后尤其是有孩子以后,大多数人会戒掉大麻。另外,作为药品,大麻对砼体和艾滋病等晚期绝症患者有很好的帮助,能够起到止痛、止吐、缓解情绪和增进食欲等作用。

合法化成为趋势?

一些人认为，大麻是吸毒者接触硬毒品的跳板：多国研究表明，大多数瘾君子在早期都有滥用酒精、烟草和大麻的历史，而长期或从幼年就开始接触大麻的人最有可能吸食海洛因和可卡因。

然而在<u>咛断</u>几十年里，少数西方国家已将持有大麻"去犯罪化"。荷兰是走在最前面的国家之一，从20世纪70年代起，荷兰就对"软毒品"大麻采取了较为<u>笼梗孿</u>政策，该国允许持有执照的咖啡馆向成年人售卖小剂量大麻，本国人可在咖啡馆或私人住所吸食大麻。

荷兰此举当然不是在鼓励或支持毒品合法，其<u>纵稞</u>目的在于将大麻与非法渠道隔离，从而减少人们接触硬毒品的机会。值得注意的是，目前荷兰硬毒品的成瘾比例是欧盟平均水平的3/5；而其因静脉注射感染艾滋的人数比例为10%，低于欧盟平均水平40%。

而在美国加州，支持大麻非药用合法的呼声正在不断高涨。2010年底，关于大麻合法化的19号提议以53.5%的选票被否决。但在2011年2月，《经济学人》发表的数据显示，在年轻人(19—29岁)和婴儿潮一代(30—64岁)中，有明显意愿支持大麻合法。即便是超过65岁的老人，其支持人数也高于反对者。

或将帮助打破毒品战争的僵局？

黑市大麻的<u>圿退</u>一般是成本的8—10倍，一旦合法，其<u>圿退</u>将明显降低，室内种植的优质大麻将进一步取代拉美供货市场。

美国军事战略机构兰德公司曾预测，如果美墨联手推进合法化，将会严重削弱跨境毒品走私。从长远来看，根据荷兰经验，通过合法化削弱黑市需求，减少吸毒者对硬性毒品的接触，或许能帮助稳定硬性毒品<u>浼蚼</u>。另一方面，合法化之后持有大麻不再获罪入狱，可节省大笔财政支出和警力，乐观估计，会有更集中的力量去打击其他危害更为严重的毒品和贩卖群体。

日语推理任务语篇

米2州住民投票で大麻合法化、日本への影響は

アメリカ大統領選に合わせ、コロラド、ワシントン、オレゴンの3州で、嗜好品としての大麻合法化の是非を問う住民投票が行われ、住民の潔い判断でコロラドとワシントンの2州では賛成多数で可決された。このニュースについてwebDICE編集部では大麻堂オーナーの前田耕一氏に電話でコメントを求めた。

「オランダやスペイン、イタリアの流れに沿ったもので、一定の規制はつくと思うが、もっとも規制が喧しいところで、自分で植えてもいいし、公的な場所で買うこともできることになった。これまでも医療などで非犯罪化あるいは合法化しているなかで、合法化しても社会的な害はないんじゃないかという住民の不満があったと思う。日本の場合はそういう状況が全くないので有害と決めつけているが、アメリカでは実際に吸ってる人たちをみて、薬物や、アルコールなど他の嗜好品のように犯罪に関係があることがそれほどないという、住民の目によって確認された」と前田氏は解説する。

アメリカでの医療目的の大麻使用は、コロラド州とワシントン州を含む米国の17州ではすでに認められ、6日にはマサチューセッツ州の住民投票で可決された。

「今まで医療大麻ディスペンサリーというところで医者の診断書により買うことができるが、ディスペンサリーはどこから大麻を入手しているのが率直であれなかった。メキシコ産やコロンビア産を使って

犯罪組織が関与しているという疑惑が夥しいほどあったり、年齢などにより自分で栽培できない患者さんもいて、代理で栽培する工夫をしていたが、今回の措置でそれがすべてクリアになる。今後大麻による税収がどれくらいあるかがわかってきて、捜査官が違反者を逮捕し、刑務所に入れるといった人件費など、出費と収入を足していろいろ思案をすると、コロラドとワシントンのようなことになると思う」。

　最後に、日本への影響について前田氏は「今回の結果が直接に与えるかはまだわからないが、コロラドとワシントンが決心したことによって、51州の過半数26州まで合法化が広がることになると、日本に与える影響は大きいだろう。今まで大麻に対して言われていた社会的犯罪や精神的な害などの有害説が本当はどうなのか、ということが法的な場所で処理されることになることの意味は大きい」と語った。

附录十六

英语目标词列表

1. stank up	9. mishap
2. disproportionate	10. scooter
3. indicting	11. cannabis
4. fecund	12. incrementally
5. rein	13. afoot
6. edict	14. subservient
7. realtors	15. mitigate
8. posttraumatic	

汉语目标词列表

炂犸	媢歿
玐炧	砼体
渣纺	㝂断
袧汃	箢粳衻
仳袦	纨粳
院孜	粉诅
歨蜓荃	浼蚼
粔殨	

附
录

日语目标词列表

1. 潔_{いさぎよ}い	9. 夥_{おびただ}しい
2. 可決_{かけつ}された	10. 措置_{そち}
3. 求_{もと}めた	11. 人件費_{じんけんひ}
4. 喧_{やかま}しい	12. 思案_{しあん}
5. 公的_{こうてき}な	13. 決心_{けっしん}した
6. 不満_{ふまん}	14. 法的_{ほうてき}な
7. すでに	15. 処理_{しょり}される
8. ディスペンサリー	

附录十七

第九章实验指导语

亲爱的同学:

你们好!

欢迎大家参加测试!

以下有两篇英文材料,每篇里都有 15 个目标词(词汇化和非词汇化目标词),已用粗体和下划线标示出来。阅读语篇的过程中,根据语篇提供的信息推测这些目标词的意思,同时把你所想的用语言表达出来,怎么想的就怎么说,不用有所顾虑,中英文均可。

非常感谢你的参与!

注:本实验对你个人的实验数据不做任何评价。

附录十八

第十章实验指导语

亲爱的同学,你好!欢迎参加测试!

  实验首先在电脑屏幕上出来一个红色"＊＊＊"符号注视点,提醒你开始实验,并集中注视电脑屏幕中央。接着屏幕上呈现仅包含一个目标词的阅读材料(目标词呈红色已加粗),呈现时间已设定,时间结束后屏幕上会呈现选项,呈现时间已设定,你们需要在规定时间内从中选出该目标词的词义,认为哪个选项意思正确就请按哪个键,如无反应则被视为做出错误反应。请你集中注意力,尽量又快又准确地做出判断。

  明白上述指导语后,请你坐好,将双手放在键盘上。准备好后,现请你按空格键开始练习,然后进入正式实验。

非常感谢你的参与!
注:本实验对你个人的实验数据不做任何评价。

附录十九

第十二章实验指导语

同学们:

你们好!

欢迎大家参加测试!

以下有1篇中文和1篇英文阅读材料,每个语篇里面都有9个目标词,其中中文为假字目标词(实际不存在的字),已用粗体标示出来。阅读语篇的过程中,根据语篇提供的信息推测这些目标词的意思,同时把你所想的用语言表达出来,怎么想的就怎么说,不用有所顾虑,中英文均可。本实验对你的个人实验数据不做任何评价。

附录二十

第十三章实验指导语

姓名_____ 年级_____

同学们：

你们好！

欢迎大家参加测试！

本实验包括三篇不同语言的文章（汉、英、日），在每一篇文章中都包含 15 个已经用粗体和下划线标示出来的目标词，其中汉语文章是 15 个假字（实际不存在的字）。阅读语篇的过程中，根据语篇提供的信息推测这些目标词的意思，同时把你所想的用语言表达出来，怎么想的就怎么说，不用有所顾虑，中英文均可。

注：本实验对你的个人数据不做任何评价。

表 目

表 6.1　实验推理语篇中的目标词
表 6.2　高、低语言水平组各知识源类型使用情况
表 6.3　高、低语言水平受试成功推理、部分成功推理统计结果
表 6.4　高、低语言水平受试词汇推理成功、部分成功描述性数据
表 6.5　受试对两个语篇主题熟悉度的统计结果
表 6.6　受试对两个语篇主题熟悉度配对样本 T 检验统计结果
表 6.7　受试不同主题熟悉度语篇的词汇推理得分配对样本 T 检验统计结果
表 7.1　受试词汇推理能力测试得分统计结果
表 7.2　受试词汇推理能力测试各题项得分统计结果
表 7.3　不同成绩段各题型平均分统计结果
表 7.4　受试语言水平与其词汇推理能力相关分析统计结果
表 7.5　受试英语水平与各题型得分相关分析结果
表 7.6　受试使用的主要知识源类型频率统计结果
表 7.7　受试使用的词汇层面知识源频率统计结果
表 7.8　受试使用的句子层面知识源频率统计结果
表 7.9　受试词汇推理成功、部分成功及不成功比率统计结果
表 8.1　目标词及其语境支持度
表 8.2　受试成功、部分成功及错误词汇推理频率统计结果
表 8.3　受试在三种语境支持度下的词汇推理得分描述性统计结果
表 8.4　三种语境支持度水平受试词汇推理得分单因素方差分析统计结果
表 8.5　高阅读水平组三种语境支持度水平词汇推理得分多重比较统计结果
表 8.6　低阅读水平组三种语境支持度水平词汇推理得分多重比较统计结果
表 8.7　阅读水平与语境支持度方差分析统计结果
表 9.1　受试词汇推理过程中知识源使用频率统计结果
表 9.2　目标词各语言层面内知识源使用频率排序
表 9.3　汉语词汇化和非词汇化目标词推理中单一与多种知识源使用情况统计结果
表 9.4　受试汉语词汇化及非词汇化目标词成功、部分成功及错误推理频率统计结果
表 9.5　汉语词汇化目标词推理前、后词汇知识变化情况配对样本 T 检验结果

表 9.6　汉语非词汇化目标词推理前、后词汇知识变化情况配对样本 T 检验结果
表 10.1　受试汉语词汇化及非词汇化目标词反应错误率配对样本 T 检验结果
表 10.2　受试汉语词汇化及非词汇化目标词反应时配对样本 T 检验结果
表 10.3　受试接受性词汇知识水平、推理成功率、推理时间相关关系统计结果
表 11.1　受试使用的主要知识源类型频率统计结果
表 11.2　受试使用的词汇层面知识源频率统计结果
表 11.3　受试使用的句子层面知识源频率统计结果
表 11.4　受试词汇推理过程中使用的单一和多种知识源统计结果
表 11.5　受试一语和二语成功、部分成功及错误推理频率统计结果
表 11.6　二语目标词汇知识推理前后配对样本 T 检验结果
表 11.7　推理前后二语目标词汇知识变化情况统计结果
表 11.8　受试词汇接受性知识水平、成功词汇推理与词汇意义保持得分描述性统计结果
表 11.9　受试词汇接受性知识水平与词汇推理成功率、词汇意义保持间的相关分析结果
表 12.1　受试词汇推理中所用知识源分布情况
表 12.2　高、低语言水平受试词汇推理使用的知识源类型频率统计
表 12.3　高、低语言水平受试词汇知识源使用频率统计结果
表 12.4　受试句子知识源使用频率统计结果
表 12.5　高、低语言水平受试单一与多种知识源使用情况统计结果
表 12.6　高、低语言水平受试推理情况统计结果
表 12.7　受试词汇推理后二语目标词汇知识变化情况统计
表 13.1　受试使用的主要知识源类型频率统计结果
表 13.2　受试使用的主要语言知识源类型频率排序结果
表 13.3　受试词汇推理过程中使用的单一和多种知识源统计结果
表 13.4　受试一语、二语和三语成功、部分成功及错误推理频率统计结果
表 13.5　二语目标词汇知识推理前后配对样本 T 检验结果
表 13.6　三语目标词汇知识推理前后配对样本 T 检验结果
表 13.7　推理前后二语目标词汇知识变化情况统计结果
表 13.8　推理前后三语目标词汇知识变化情况统计结果
表 13.9　受试接受性词汇知识水平、成功词汇推理与词汇意义保持得分描述性统计结果
表 13.10　受试接受性词汇知识水平与词汇推理成功率、词汇意义保持间的相关分析结果

图 目

图 2.1　线索层级
图 2.2　跨话语连续体
图 4.1　词汇推理过程使用的知识源类型
图 6.1　受试在词汇推理过程中使用的知识源类型
图 6.2　高、低语言水平组各知识源使用情况
图 7.1　受试目标词汇推理加工过程中知识源使用的有声思维口头报告示例
图 8.1　非熟悉单词语境支持度划分级别图
图 8.2　阅读水平与语境支持度交互作用图
图 9.1　受试汉语词汇化和非词汇化目标词推理过程中使用的知识源分类
图 9.2　受试目标词推理有声思维口头报告示例
图 11.1　受试一语和二语词汇推理加工过程中使用的共享知识源类型
图 11.2　受试词汇推理有声思维口头汇报示例
图 11.3　受试一语和二语推理过程中成功推理、部分成功和错误推理
图 13.1　一语、二语和三语词汇推理过程中使用的知识源类型
图 13.2　受试词汇推理有声思维口头汇报示例
图 14.1　语言学习者跨语言词汇推理加工理论模型